本书为"失地农民就业保障可持续发展研究"
（2015AA004）项目的研究成果

华中科技大学社会学文库

教授文集系列

筚路致远

变革中的人们和社会保障制度

FROM TRIALS
AND TRIBULATIONS
TO THE PIONEERING WORK

People and Social Security
in Evolution

吴中宇 著

社会科学文献出版社
SOCIAL SCIENCES ACADEMIC PRESS (CHINA)

华中科技大学社会学文库总序

在中国恢复、重建社会学学科的历程中，华中科技大学是最早参与的高校之一；也是当年的理工科高校中唯一参与恢复、重建社会学的高校。如今，华中科技大学（原为华中工学院，曾更名为华中理工大学，现为华中科技大学）社会学学科已逐步走向成熟，走在中国高校社会学院系发展的前列。

30多年前，能在一个理工科的高校建立社会学学科，源于教育学家、华中工学院老院长朱九思先生的远见卓识。

20世纪八九十年代是华中科技大学社会学学科的初建时期。1980年，在费孝通先生的领导下，中国社会学研究会在北京举办第一届社会学讲习班，朱九思院长决定选派余荣珮、刘洪安等10位同志去北京参加讲习班学习，并接见这10位同志，明确学校将建立社会学学科，勉励大家在讲习班好好学习，回来后担起建立社会学学科的重任。这是华中科技大学恢复、重建社会学的开端。这一年，在老前辈社会学者刘绪贻先生、艾玮生先生的指导和领导下，在朱九思院长的大力支持下，湖北省社会学会成立。余荣珮带领华中工学院的教师参与了湖北省社会学会的筹备工作，参加了湖北地区社会学界的许多会议和活动。华中工学院是湖北省社会学会的重要成员单位。

参加北京社会学讲习班的10位同志学习结束之后，朱九思院长听取了他们的汇报学习情况，对开展社会学学科建设工作做出了重要指示。1981年，华中工学院成立了社会学研究室，归属当时的马列课部。我大学毕业后分配到华中工学院，1982年元旦之后我去学校报到，被分配到社会学研究室。1983年，在朱九思院长的支持下，在王康先生的筹划下，学校决定在社会学研究室的基础上成立社会学研究所，聘请王康先生为所长、刘中庸任副所长。1985 年，华中工学院决定在社会学研究所的基础上成立社会学系，聘请王康先生为系主任、刘中庸任副系主任；并在当年招收第一届社会学专业硕士研究生，同时招收了专科学生。1986 年，华中工学院经申报获社会学硕士学位授予权，成为最早拥有社会学学科硕士点的十个高校之一。1988 年，华中理工大学获教育部批准招收社会学专业本科生，当年招收了第一届社会学专业本科生。至此，社会学有了基本的人才培养体系，有规模的科学研究也开展起来。1997 年，华中理工大学成立了社会调查研究中心；同年，社会学系成为独立的系（即学校二级单位）建制；2016 年 5 月，社会学系更名为社会学院。

在 20 世纪的 20 年里，华中科技大学不仅确立了社会学学科的地位，而且为中国社会学学科的恢复、重建做出了重要的贡献。1981 年，朱九思先生批准和筹备了两件事：一是在学校举办全国社会学讲习班；二是由学校承办中国社会学会成立大会。

由朱九思先生、王康先生亲自领导和组织，中国社会学研究会、华中工学院、湖北社会学会联合举办的全国社会学高级讲习班在 1982 年 3 月 15 日开学（讲习班至 6 月 15 日结束），上课地点是华中工学院西五楼一层的阶梯教室，授课专家有林南先生、刘融先生等 6 位美籍华裔教授，还有丁克全先生等，学员是来自全国十几个省、市、自治区的 131 人。数年间，这些学员中的许多人成为各省、市社科院社会学研究所、高校社会学系的负责人和学术骨干，有些还成为国内外的知名学者。在讲习班结束之后，华中工学院社会学研究室的教师依据授课专家提供的大纲和学员的笔记，整理、印刷了讲习班的全套讲义，共 7 本、近 200 万字，并寄至每一位讲习班的学员手中。在社会学恢复、重建的初期，社会学的资料极端匮乏，这套讲义是国内最早印刷的社会学资料之一，更是内容最丰富、印刷量最大的社会学资料。之后，由朱九思院长批准，华中工学院出版社（以书代刊）出版了两期《社会学研究资料》，这也是中国社会学最早的正式出版物之一。

1982 年 4 月，中国社会学会成立暨第一届全国学术年会在华中工学院召开，开幕式在学校西边运动场举行。费孝通先生、雷洁琼先生亲临会议，来自全国的近 200 位学者出席会议，其中主要是中国社会学研究会的老一辈学者、各高校社会学专业负责人、各省社科院负责人、各省社会学会筹备负责人，全国社会学高级讲习班的全体学员列席了会议。会议期间，费孝通先生到高级讲习班为学员授课。

1999 年，华中理工大学承办了中国社会学恢复、重建 20 周年纪念暨 1999 年学术年会，全国各高校社会学系的负责人、各省社科院社会学所的负责人、各省社会学会的负责人大多参加了会议，特别是 20 年前参与社会学恢复、重建的许多前辈参加了会议，到会学者近 200 人。会议期间，周济校长在学校招待所二号楼会见了王康先生，对王康先生应朱九思老院长之邀请来校兼职、数年领导学校社会学学科建设表示感谢。

21 世纪以来，华中科技大学社会学学科进入了更为快速发展的时期。2000 年，增设了社会工作本科专业并招生；2001 年，获社会保障硕士点授予权并招生；2002 年，成立社会保障研究所、人口研究所；2003 年，建立应用心理学二级学科硕士点并招生；2005 年，成立华中科技大学乡村治理研究中心；2006 年，获社会学一级学科硕士点授予权、社会学二级学科博士点授予权、社会保障二级学科博士点授予权；2008 年，社会学学科成为湖北省重点学科；2009 年，获社会工作专业硕士点授予权；2010 年，招收第一届社会工作专业硕士学生；2011 年，获社会学一级学科博士点授予权；2013 年，获民政部批准为国家社会工作专业人才培训基地；2014 年，成立城乡文化研究中心。教师队伍由保持多年的十几人逐渐增加，至今专任教师已有 30 多人。

华中科技大学社会学学科的发展，历经了两三代人的努力奋斗，先后曾经在社会学室、所、系工作的同志近 60 位，老一辈的有刘中庸教授、余荣珮教授，次年长的有张碧辉教授、郭碧坚教授、王平教授，还有李少文、李振文、孟二玲、童铁山、吴中宇、陈恢忠、雷洪、范洪、朱玲怡等，他们是华中科技大学社会学学科的创建者、引路人，是华中科技大学社会学的重大贡献者。我们没有忘记曾在社会学系工作、后调离的一些教师，有徐玮、黎民、王传友、朱新称、刘欣、赵孟营、风笑天、周长城、陈志霞等，他们在社会学系工作期间，都为社会学学科发展做出了贡献。

华中科技大学社会学学科的发展，也有其所培养的学生们的贡献。在 2005 年社会学博士点的申报表中，有一栏要填写 20 项在校学生（第一作者）发表的代表性成果，当年填在此栏的 20 篇已发表论文，全部都是现在的 CSSCI 期刊源的论文，而且还有 4 篇被《新华文摘》全文转载、7 篇被《人大复印资料》全文转载，更有发表在《中国人口科学》等学界公认的权威期刊上的论文。这个栏目的材料使许多评审专家对我系的学生培养打了满分，为获得博士点授予权做出了直接贡献。

华中科技大学社会学学科发展的 30 多年，受惠、受恩于全国社会学界的鼎力支持和帮助。费孝通先生、雷洁琼先生亲临学校指导、授课；王康先生亲自领导组建社会学所、社会学系，领导学科建设数年；郑杭生先生、陆学艺先生多次到学校讲学、指导学科建设；美籍华人林南教授等一大批国外学者及宋林飞教授、李强教授等，都曾多次来讲学、访问；还有近百位国内外社会学专家曾来讲学、交流。特别是在华中科技大学社会学学科创建的初期、幼年时期、艰难时期，老一辈社会学家、国内外社会学界的同仁给予了我们学科建设的巨大帮助，华中科技大学的社会学后辈永远心存感谢！永远不会忘怀！

华中科技大学社会学学科在 30 多年中形成了优良的传统，这个传统的核心是低调奋进、不懈努力，即为了中国的社会学事业，无论条件、环境如何，无论自己的能力如何，都始终孜孜不倦、勇往直前。在一个理工科高校建立社会学学科，其"先天不足"是可想而知的，正是这种优良传统的支撑，使社会学学科逐步走向成熟、逐步壮大。"华中科技大学社会学文库"，包括目前年龄大些的教师对自己以往研究成果的汇集，但更多是教师们近年的研究成果。这套文库的编辑出版，既是对以往学科建设的回顾和总结，更是目前学科建设的新开端，不仅体现了华中科技大学社会学的优良传统和成就，也预示着学科发挥优良传统将有更大的发展。

雷　洪

2016 年 5 月

前　言

　　本书《筚路致远——变革中的人们和社会保障制度》，一是探究社会变革中的人们的变化和社会保障制度的改革发展；二是整理回顾自己从事社会科学研究的历程。我从事社会学和社会保障方面的研究三十余年，主要内容包括社会情境与个体行为研究、职业适应与就业观念研究、劳动保障与经验借鉴研究、下岗职工与社会保障研究、社会发展与社会保障研究。

　　社会情境与个体行为研究。在变革的年代，人们的价值观由一元化向多元多样化转变，其价值取向直接影响个体的行为方式，因此，对个体行为方式的描述和分析，有助于我们解决市场经济带来的一些问题。研究认为：戈夫曼与舒茨的行动理论都强调了人在社会构造中的作用，强调了社会情景是通过人的主观意识被接受的，人们总是按照自己对外部社会的理解进行活动和创造世界的；回族居民的经济地位获得与重要节日网络规模、餐饮网、重要节日中开支的总费用呈正相关；大学生个体社会化是一个学习社会文化的社会化过程，学术交流是大学生实现个体社会化的必然；德育教学中的畸形社会化倾向使人们对德育产生了误解，要从保证德育主要内容、总体目标正确性和坚定性、加强整个社会道德教育等方面进行改革；"高考移民"是对迁入地相对优惠的高考招生政策的一种"搭便车"行为，应加以控制；对农村家庭养老中的"富而不养"问题，要加强家庭道德、村民自治组织和农村老年协会和农村舆论方面的社会控制，并辅之以法律、政策和组织等手段予以解决；我国城市居民对民族精神的认知总体来说是积极、健康的，但也存在对一些问题认知的差异性、不足和偏差；私营企业的雇工之间的交往呈良好发展态势，归属感有强有弱；私营企业主是生产资料的所有者和企业的经营者，其素质是建立良好的劳资关系的主体条件。

职业适应与就业观念研究。在变革的年代，人们的基本追求从求生存转变为求发展，人们在职业适应和就业观念上的变化验证了这一趋势。国有企业青年职工在职业适应性上存在不同程度的困难，因此产前培训和职工教育方式的类型选择，对提高国有企业青年职工的职业适应程度十分重要；失业的青年人与中年人都追求稳定和相对有保障的工作，区别只是程度的不同而已；城市中年失业者的就业观是社会变迁、家庭环境和个体因素综合作用的结果，老年护理工作将是中年失业者的一个很好选择；有劳动能力的失业者都希望有工作可做，建立既解决失业者生活问题又帮助其就业的社会保障制度，是国家社会经济发展和失业者就业再就业所需的；同等情况下，因性别原因，女性劳动者较男性劳动者仍然难以找到工作，应从立法、政策、制度，以及在更广泛的社会意义上解决女性就业弱势群体的社会支持问题；养老保险制度对劳动力供给数量和质量的影响表现在更多的不确定性上，建立既保障老人基本生活需要又促进劳动力市场良性运行的养老保险制度是重要的；农村家庭儿子外出就业使老人的经济收入总量有所增加，支持方式上出现了货币化的倾向，对老人对经济生活的满意度影响不大，所以说农村老人的经济支持问题还是家庭养老的首要问题。

劳动保障与经验借鉴研究。劳动保障政策是一种用来解决就业问题的政府行为。毛泽东就业保障的基本思想，对我国制定促进就业的长期战略和积极就业政策具有重要的现实指导意义；政府提供的就业公共服务，无论从其提供的数量和水平，还是从其满足公共需要的程度上，在建设服务型政府中都应加强；户籍制度、身份制、社会保障制度和"双轨制"格局等这些制度安排产生了一部分社会弱势群体，对户籍等制度安排的调整与改进有助于他们摆脱现有的不利地位；生产资料的所有制决定了国有企业和私营企业的劳动关系差异，但共性的是劳动关系的发展都处在市场化的初级阶段，国家应通过法律法规的完善，权力的调整和制约，在企业内部创造自然整合的条件，实施对利益的调整，建立稳定和谐的劳动关系；虽然中美两国之间有很大的差异，但对于社会保障制度的"减震器"和"安全网"的作用是有共识的，美国建构的由政府决策、市场介入、民间参与、个人支持组成的多层次社会保障的改革给我国社会保障制度改革和发展提供了经验；社会工作由朴素的社会自治性事务到成为专门解决各种各样社会问题的一种制度或方法，为中国社会工作的提高和创新提供了参照；在全球化、网络化、文化多元化的背景下，不同的价值观念互相碰撞、交融已不可避免，弘扬和培育民族精神是应对全球化挑战的必然选择。

下岗职工与社会保障研究。在变革的年代，一部分国有企业职工变为下岗职工—下岗失业人员—失业人员，由"单位人"变为"社会人"。他们的出现改变了我国城市贫困结构的构成，而且同质性强，因此正视下岗职工生存状况、帮助下岗职工脱离困境，是我们研究的重要内容。下岗职工在生活状况、社会态度、社会援助和社会保障等方面认知比较一致；下岗职工的经济支持，应以个人支持、企业支持、社会支持、家庭支持为主体，充分调动社区资源、发展社区经济、开展社区救助、完善社会保障制度、引导下岗职工劳动自救；国有企业下岗职工基本生活费、失业救济金和城镇居民最低生活收入，构成对城镇职工、居民的三道保护屏障，以切实解决因下岗失业而带来的生活困难；再就业工程的实施是一项更主动的、积极的劳动力市场政策，对促进下岗失业人员的就业再就业具有更为直接的作用；要面向全体劳动者，建立以促进就业为中心的社会政策体系，保障失业人员的基本生活，促进失业人员再就业；下岗职工自身必须正视劳动方式的转化、社会生活方式的转换、心理取向的转变这三重角色转换过程，继续社会化是国有企业下岗职工在现代社会中的必然趋势，以在新的社会条件下与社会互动从而达到协调。

社会发展与社会保障研究。伴随社会发展，我国社会保障由城市普及乡村。社会保障体系建设在以保障人的生存、促进人的发展为理念，以城乡平等、全面覆盖为基本目标，以满足所有社会成员基本生活需求为最终落脚点的基础上不断完善、全面推进；农村流动人口参加社会保障面临"城保"和"农保"两难的选择，统筹城乡发展、建立完善的农村社会保障制度才能让农民做出合理的选择；自愿参与原则下的新型农村社会养老保险，实施效果在很大程度取决于影响农民参保行为的非经济因素，扩大情景互动的优势，规避内生互动的不利影响，增进农民对制度的信任，是在该政策推行中需重要思考的；乡镇企业在经济发展的同时，工伤事故的发生也较为严重，但乡镇企业职工社会保险意识淡薄，参保手续烦琐等原因也使工伤保险工作在乡镇企业难以开展，要增强职工保险意识，理顺关系，逐步在乡镇企业实行一套完善的工伤保险制度；社会保险和商业保险，都是通过保险补偿确保社会再生产的继续和人民生活的安定，通过集中与分散资金来分散风险，且具有互助性，但在参加方式、社会效益、基金来源和管理体制等方面不同；社会变革使原有的社区成员分化为不同的阶层群体，这种分化使传统关系密切，出入相友，守望相助，疾困相抚，乡亲、邻里情感及心理上的认同感趋于弱化，因此，激发城市居民继承传统中有现实意义的价值观念是必要的，也是文化建设长远而持久的任务；社会变革中的国有企业发展，要处理好企业与各方的利益关系，增强互利意识，这是促进企业发展的内在动力；社会经济发展对创造型人才、具有团队精神和组织管理能力的管理人才的需求，要求教育创新、因发展施教。

回顾三十余年的教学科研工作经历，思绪万千，我将其归结为：源于生活，实践研究；恩师指导，进入前沿；相遇知己，探索成长；学术之路，筻路致远。

源于生活，实践研究。从经历中发现问题，抓住问题进行研究，联系实际，不断推进。曾与我朝夕相处的在工厂工作的同伴和我倾吐他们下岗后的经历时，我想这就是我要研究的课题，我主持的基金项目大都是关于劳动就业和社会保障方面的。例如，教育部人文社会科学研究"九五"规划项目"下岗职工的社会保障与失业保险问题研究"，国家社科基金项目"扩大就业再就业与健全社会保障体系研究"及其他基金项目。

恩师指导，进入前沿。我参加的第一个课题"乡镇企业职工工伤保险研究"，是由时任系主任刘中庸先生指导的，开启了我步入科研之路的大门；由我执笔撰写的《乡镇企业职工工伤保险的调查与思考》一文发表在《社会学研究》1995 年第 3 期，由此一路到独立获得国家项目。我参加教育部哲学社会科学研究重大课题攻关项目"弘扬与培育民族精神研究"，得到了曾任和时任华中科技大学党委副书记刘献君教授、欧阳康教授的亲自指导，忘不了刘献君老师对我文章写作的点拨和文稿的亲自修改，使我触摸到学术研究的前沿。参加王平、雷洪和风笑天教授的课题，使我在理论研究方面更进一步。丁建定教授在社会保障领域的研究和规划，指导我将社会保障方面的研究逐步推向深入，独著出版了两本书，参著多本书。在北京求学期间，得到了郑杭生、王思斌等国内著名学者的指导，参加学术会议遇到国内劳动和社会保障领域、公共管理领域、经济学等领域的众多知名学者，他们开阔的视野、精湛的论理、风趣的发言、使我受益匪浅，对我学术水平的提高影响甚远。

互相学习，探索成长。我的研究很多是和我曾经的学生现在的同事共同完成的，他们对学术研究的执着、热情和活力，激励我不敢怠慢，我们互相鼓励，共同探讨，把研究逐步推向深入。我的许多课题的完成、论文的发表、书的出版，都得益于这个流动的群体，胡仕勇、张旭升、赖志琼、王友华、文太林、张旋、项益才、吴玉峰、谭丽、曾映雪等曾经的学生现在的高校教师，他们对我的研究给予了极大的帮助，我指导的本科生和研究生与我一起进行了研究所需资料的收集调查，例如在进行"下岗职工的社会保障与失业保险问题研究"和"扩大就业再就业与健全社会保障体系研究"等课题研究中，我们共同探讨、实地调研、发表相关研究论文多篇。

学术之路，筚路致远。跌跌撞撞走过了三十多年的教学科研之路，"筚路蓝缕，以启山林"。我的学术之路，正是如此。开始写论文，不会写，但要写出来，"非淡泊无以明志，非宁静无以致远"。我曾经是知青、工人、行政人员，后转入了学术殿堂，学术研究对于那时的我来说，简直望洋兴叹。但科研是要进行的，论文是要写出来的，唯有静下心来，才能由不会写到能够写。多年来，我的研究得到了我所在单位历届系主任的指导，得到同事和学生们的帮助、鼓励，正是他们的热情和期盼，鼓舞我在学术之路坚持下来，在此向他们表示诚挚的感谢！

此论文集的内容是由社会情境与个体行为研究、职业适应与就业观念研究、劳动保障与经验借鉴研究、下岗职工与社会保障研究、社会发展与社会保障研究五部分构成，大部分正式出版的文章未经修改，这些文章，因为年代、本人的知识和能力所限，不够深入，文中的不足之处在所难免，真挚地感谢各界专家和读者的批评与指正。同时，文章的写作参考引注了近600篇/本的文献资料，感谢文献资料的作者，正是他们的研究才有了我们进一步的研究。感谢我的研究生王宁、杨鹏、刘逸诗和钱艺，他们的努力使本书的出版成为可能，他们协助我收集和整理了所有的文章。感谢华中科技大学社会学院提供的全方位的支持，有了学院的组织，才有了今天的成果。再次向大家表示最诚挚的感谢！

吴中宇

目　录

1 ｜ 社会情境与个体行为

2 ｜ 职业适应与就业观念

5

社会发展与社会保障

1 社会情境与个体行为

社会网络与少数民族居民
经济地位的获得

——基于宁夏回族居民的实证研究[*]

近年来，社会网络分析范式被国内学者逐渐接受并运用于经济学、社会学等社会科学领域，产生了丰富的研究成果，此种分析范式在中国语境下也具有一定合理性。但在研究对象上，以往的研究主要集中于农民工、流动人群、大学生等，对少数民族则较少关注和研究。本研究以宁夏回族居民为研究对象，主要探究社会网络对我国少数民族居民经济地位获得的影响效果及作用机制。

一 文献梳理与研究假设

1. 重要节日网络与经济地位获得

中国社会在本质上是一个关系社会。特别是在当前，我国正处于转型期，各种正式制度还没有完全建立起来，人们在很多时候还依赖于通过社会网络等非正式制度来获得各种支持或资源。有关社会网络结构的指标变量主要由网络规模、紧密度、构成、趋同性、异质性等组成。同时，不同的网络指标变量对应着基于不同方法生成的网络。本研究围绕宁夏回族居民重要节日网络构建了网络规模、网络紧密度这两个指标。网络规模，指的是网络

　　* 基金项目：教育部人文社会科学研究青年项目"适应与包容：城乡统筹背景下的边缘社区发展研究"（项目编号：09YJC840034）。原载《北方民族大学学报》2014年第1期，与王友华等合写。

成员数量的多少，数量越多，网络规模也就越大。林南认为，社会网络中成员越多，从中得到的各种资源也就越多，越有助于其工具性行动的成功。[①] 在以往的实证研究中，有学者也发现所处网络规模越大的个体越容易获得较高的职业地位，在求职时效率也越高，求职成功率也越高。[②] 据此，本研究提出以下假设。

假设 1a：社会网络规模对经济地位获得有着积极的正向作用，即个人社会网络规模越大，越有利于其经济地位的获得。

网络紧密度，指的是网络成员之间相互联系的紧密程度，其一般测量方法是用网络中的实际联系数量除以网络中所有可能存在的联系数量。[③] 格兰诺维特[④]在其著名的弱关系强度的命题中提出，弱关系由于连接的是松散网络中那些互动不频繁、异质性较强的成员，因此能够获得一些非重复性、非冗余性的信息，从而有助于工具性行为取得成功；相反，核心网络带来的往往是强关系，网络成员间同质性强，获得的信息更多是重复的，因此往往不能有助于工具性行为成功。在西方学者的研究中，测量网络紧密度的方法主要是"定名法"。但是 Ruan[⑤]、边燕杰[⑥]等研究中国社会网络的学者，结合中国的传统文化背景，认为在中国可以网络中亲戚等强关系的比例作为测量网络密度的近似指标。因此，本研究提出以下假设。

假设 1b：核心社会网络对经济地位获得作用不显著，即个人社会网络中亲戚比例对其经济地位获得没有显著影响。

---

① 林南：《社会资本：关于社会结构与行动的理论》，上海人民出版社，2005，第171—172 页。
② 林南、敖丹：《社会资本之长臂：日常交流获取工作信息对地位获得的影响》，《西安交通大学学报》2010 年第 6 期。
③ Scott, J. *Social Network Analysis: A Handbook* (London: Sage Publications Ltd, 1991).
④ Granovetter, Mark. "The Strength of Weak Tie," *American Journal of Sociology* (78), 1973.
⑤ Ruan, D. "The Content of the GSS Discussion Networks: An Exploration of GSS Discussion Name Generator in a Chinese Context," *Social Networks* (20), 1998.
⑥ 边燕杰、李煜：《中国城市家庭的社会网络资本》，载《清华社会学评论》第 2 辑，鹭江出版社，2001，第 85—96 页。

假设 1c：核心社会网络对经济地位获得作用不显著，即个人网络中朋友比例对其经济地位获得具有显著影响。

2. 餐饮网与经济地位获得

民以食为天，饮食文化在中国有着悠久的历史。人们通过相互之间的餐饮互动，一方面解决了温饱等基本生理问题，另一方面也维持了原有的感情，或认识了新的朋友。特别是在社会物质财富极大丰富的现代社会中，请客吃饭的社会性功能更加凸显。边燕杰等人通过对中国城市居民的调查发现，中国城市居民对于请客吃饭有相当一致的看法，那就是维持社会关系的一种方式①。在中国成为宴席主人、客人或陪吃的频率越高，也就意味着社会资本越多，拥有更多的社会资源，越能有助于其成功。因此，本研究提出以下假设。

假设 2：餐饮网对经济地位获得有着积极的正向作用，即个人餐饮网越大，对其经济地位的获得影响越大。

3. 重要节日费用开支与经济地位获得

布迪厄认为，社会资本的生产是人们在社交活动中时间、精力和经济成本的投入过程。在剖析边燕杰、丘海雄等学者相关研究的基础上，刘林平认为对企业社会资本的测量可以从生产投入的角度来进行。② 具体来说，他认为既然物质资本、人力资本都可以用金钱来衡量，那么社会资本的投入也同样可以用花费在社会关系上的费用来衡量。受此启发，本研究认为，同为社会行动者的个人，与企业一样，在重要节日中花费越多，那么投入社会关系中的费用可能就越多，生产出的社会资本也就越多，也应该越有助于其经济地位的获得。鉴于此，特提出以下两个研究假设。

假设 3a：重要节日中费用开支越大，越有利于个人经济地位获得。

假设 3b：重要节日中人情费用开支越大，越有利于个人经济

---

① 边燕杰：《中国城市中的关系资本与饮食社交：理论模型与经验分析》，《开放时代》2004 年第 2 期。

② 刘林平：《企业的社会资本：概念反思和测量途径——兼评边燕杰、丘海雄的〈企业的社会资本及其功效〉》，《社会学研究》2006 年第 2 期。

地位获得。

二 调查设计、变量

1. 调查抽样

本研究使用的数据来自 2012 年下半年在宁夏回族自治区进行的问卷调查。为了保证样本的代表性，调查中采用了"概率与规模成比例抽样"（PPS）的方法。首先抽中宁夏 8 个区县，之后在每个区县中抽取 3~4 个乡镇，然后又在每个乡镇抽取 1~2 个社区，最后在每个社区中抽取 20 名左右的居民。此次调查共抽取972 个被调查对象，但根据本研究的研究目的，在剔除非回族居民之后，共有 215 名回族居民成为本研究的研究对象。

2. 因变量

在现代社会中，一个人的经济地位可以操作化成职业地位、主观经济地位评价等，但最主要的还是一个人的经济收入，特别是对于经济发展水平不是很高的发展中国家来说尤其如此。因此，本研究中经济地位获得被操作化为居民上一年度的经济总收入。

3. 自变量

考虑到我国不同地区、不同民族中文化传统的差异性，赵延东[①]在边燕杰等人使用的"春节拜年网"基础上发展出"重要节日交往网络"，以更加准确地测量个体的社会交往网络。本研究的研究对象是回族居民这个特殊群体，因此本研究的社会网络指的就是回族居民中的重要节日社会网络。在重要节日里，每个人都有比较充裕的时间和机会跟自己社会网络的成员进行互动，因此重要节日社会网络最能体现一个人的社会网络状况。在本研究的实地问卷调查中，调查员首先询问"在过去一年中，哪个节日联系的人最多?"，之后才进一步询问在该重要节日中该被调查者通过登门拜访、电话、信件互相拜年的亲属、朋友人数以及通过手

---

① 赵延东：《测量西部城乡居民的社会资本》，《华中师范大学学报》（人文社会科学版）2006 年第 6 期。

机短信联系的人数。由此构建了本研究的三个重要节日网络变量：网络规模，由上述的三个人群相加而成；网络亲属比例，由亲属人数除以网络规模而生成；网络朋友比例，由朋友人数除以网络规模而生成。

此外，本研究的另一个网络变量是餐饮网。在调查问卷中，操作化为以下三个题项：在过去一年里，"您请人在家或者在外就餐过吗？""您被请到别人家或在外就餐过吗？""这些和您吃饭的人，新认识的朋友多吗？"，进行信度检验后，发现三个题项的 alpha 值为 0.8302，表明有着较高的内部一致性。为了分析的简洁，在借鉴前人研究的基础上，采用主成分方差最大法对其进行因子分析，发现特征值大于 1 的因子只有一个，且能解释三个变量的 74% 比例方差。因此，以新生成的因子变量来指代上述三个题项，此因子被命名为"餐饮网因子"。同时，本研究的另外解释变量为与重要节日有关的两个费用指标：一是上个重要节日总花费；另一个是上个重要节日中人情往来费用。

4. 控制变量

除了上述自变量之外，本研究还引入了一些可能影响经济收入的变量作为控制变量。这些变量包括被调查者的年龄、性别、政治身份、婚姻状况、受教育程度、城乡户口以及个体主观社会阶层。

三　研究方法

在以往的同类研究中，国内学者多倾向于采用 OLS 回归方法来进行统计建模。然而，采用此种统计分析方法存在以下几个前提假设条件，即随机误差项服从零均值、同方差的正态分布。如果这几个前提假设能够很好地被满足，那么 OLS 回归方法要比其他任何方法都要有效[1]。相反，如果这几个假设前提没有得到很好满足，那么另外的一些回归建模方法就更加有效。本研究根据研

---

[1] 劳伦斯·汉密尔顿：《应用 STATA 做统计分析》，郭志刚等译，重庆大学出版社，2011，第 214 页。

究假设的需要构建了四个回归模型。为了检验本研究四个模型能否使用 OLS 回归估计方法，即能否满足其假设前提条件，本研究在尝试运用 OLS 回归估计方法分别建模之后，利用 STATA 统计软件中的 rvfplot 命令绘制了四个模型的残差拟合图（见图 1）。

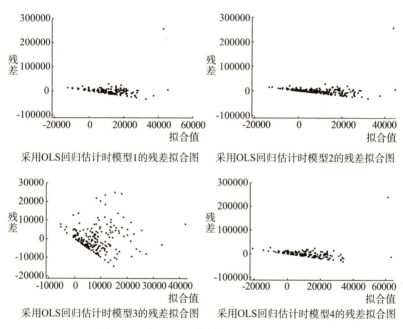

图 1　四个 OLS 回归模型的残差拟合图

从图 1 可以看出，四个残差离合图中的散点都不是均匀地分布在 Y 轴 0 值线周围，都呈现有规律性的分布趋势。也就是说，四个模型中的误差都不是正态、独立且同分布的，即不满足采用 OLS 回归估计方法的前提条件。此外，图 1 中的四个残差拟合图还清楚地显示四个模型中都存在一些特异值。为了克服这一难题，有关学者发展了稳健回归方法（robust regression）。这种方法在数据不理想（比如误差非正态）时能够取得比 OLS 高得多的效率，还能很好抵抗特异值的牵引。① 因此，本研究使用稳健回归方法，而不

① 周文光、李尧远、梁炜：《Stata 在社会科学研究中的高级应用》，西北工业大学出版社，2011，第 64 页。

是常用的 OLS 回归估计方法。

四 结果分析

1. 描述性结果分析

从表 1 可以看出，本研究的回族居民样本中平均年龄约为 39 岁，标准差为 14 岁。其中，男性为 83 名，占被调查者的 38.60%，党员较少，只有 6.05%。88.84% 的被调查者都有生活伴侣。在受教育层次上，宁夏回族居民受教育程度普遍偏低，小学及以下学历的占了绝大多数，比例为 56.74%，接受了高等教育的只有 2.33%。在主观个人社会阶层上，大多数被调查者认为自己属于中层或中下层，其比例分别为 35.81% 和 29.77%。调查样本中大多数是农村居民，其比例占了 71.63%。

表 1 样本描述性统计分析 (N = 215)

自变量		频数	百分比
性别	男性	83	38.60
	女性 (参照组)	132	61.40
政治身份	党员	13	6.05
	非党员 (参照组)	202	93.95
是否有生活伴侣	有	191	88.84
	无 (参照组)	24	11.16
受教育层次阶段	小学及以下 (参照组)	122	56.74
	初中与高中	67	31.16
	职高、中专与技校	21	9.77
	专科及以上	5	2.33
主观个人社会阶层地位	中上层	17	7.91
	中层	77	35.81
	中下层	64	29.77
	下层 (参照组)	57	26.51

续表

自变量		频数	百分比
户口	城市户口（参照组）	61	28.37
	农村户口	154	71.63
连续变量			
		均值	标准差
	年龄	38.90	14.29
	网络规模	41.12	62.30
	网络亲戚密度	0.49	0.26
	网络朋友密度	0.24	0.18
	餐饮网	-9.37	1
	重要节日费用	1734.27	2175.13
	重要节日人情费用	974.41	1724.36
因变量	2009年个人年收入	9493.11	21996.49

表1还显示，回族居民的重要节日网络规模比较大，平均每个回族居民在他们的重要节日里通过各种方式联系互动的成员有41位。同时，网络规模的标准差为14，这也提示被调查者相互之间的网络规模相差比较大。网络中亲戚密度为49%，即网络成员中有近一半是自己的亲戚。此外，网络中还有近1/4的成员是被调查者的朋友。在重要节日的费用开支上，平均每个宁夏回族居民的花费为1734.27元，但标准差为2175.13元，表明回族居民在重要节日的花费上彼此之间差别比较大。其中，重要节日中人情费用均值为974.41元，标准差为1724.36元，这同样意味着不同回族居民在人情开支上的费用差异比较大。

此外，作为本研究的因变量——回族居民上一年度的个人总收入，其均值为9493.11元，这意味着平均每个回族居民在上一年度挣了大约9500元。同时，21996.49元的标准差也表明，被调查者之间在经济地位获得上差别较大。

2. 稳健回归结果分析

如前所述，为了更好地检验解释变量对回族居民经济地位获得的解释力，本研究构建了四个回归模型。对表2中四个模型的解

释力进行比较后发现，与基准模型相比，其余三个模型都提高了
对因变量的解释力，其中，模型 2 和模型 4 提高的幅度最大，高达
14 个百分点之多。这表明本研究采用的理论分析范式和构建的相
关变量具有较强的合理性。

分析表 2 中模型 2 后可以看出，网络规模变量显著影响了回族
居民的经济年收入，即网络规模越大，被调查者的年收入也就越
高。其余两个网络结构变量：网络亲属比例和网络朋友比例与因
变量呈负向相关，也就是说重要节日社会网络中亲属或朋友越多，
回族居民挣的钱越少，但这种影响没有通过统计上的显著性检验。
在另一个网络模型即餐饮网模型中，餐饮网因子通过了统计上的
显著性检验。换言之，如果回族居民在过去一年中与家人、朋友
在家或在外就餐的机会越多、在就餐时认识的新朋友越多，那么
上一年度经济总收入也就越多。模型 4 表明重要节日总费用和人情
费用都与因变量显著相关，不过，前者是正向相关，而后者是负
向相关。这就意味着那些在重要节日中总费用开支越大的回族居
民，上一年度的经济总收入也越高，但如果在人情开支上的费用
越多，那么上一年度的经济总收入也就越少。此外，在控制变量
中，男性、有伴侣、受教育层次和主观个人中层社会地位在四个
模型中都通过了统计上的显著性检验，表明这些变量对回族居民
经济地位的获得都有显著性影响。至于年龄变量，只在模型 2 和模
型 3 中显著，但它们的标准误也更大。

表 2　社会网络对经济地位获得的稳健回归结果分析

变量	模型 1	模型 2	模型 3	模型 4
男性	4405 *** (891.6)	4043 *** (891.3)	4187 *** (987.3)	4682 *** (859.8)
党员	46.35 (1801)	174.7 (1729)	460.5 (1915)	−619.0 (1738)
有伴侣	4554 *** (1288)	4061 *** (1272)	6284 *** (1456)	3880 *** (1238)
初高中	4124 *** (1026)	3141 *** (1024)	3964 *** (1108)	2516 ** (1034)

续表

变量	模型 1	模型 2	模型 3	模型 4
职高、技校、中专	11105 *** (1694)	11063 *** (1674)	10249 *** (1813)	11433 *** (1659)
大学及以上	17588 *** (2931)	16775 *** (2852)	17697 *** (3047)	20393 *** (3171)
中下社会阶层	1345 (1080)	1061 (1078)	1656 (1148)	1623 (1044)
中间社会阶层	2842 *** (1058)	1967 * (1068)	3965 *** (1148)	2644 ** (1022)
中上社会阶层	−443.5 (1707)	−1680 (1655)	−738.2 (1969)	191.2 (1653)
农村户口	−916.9 (1107)	−80.83 (1087)	−189.3 (1167)	−468.6 (1068)
年龄	48.86 (31.67)	71.80 ** (32.40)	73.49 ** (34.90)	41.41 (30.61)
网络规模		56.45 *** (6.904)		
网络亲属比例		−115.6 (1864)		
网络朋友比例		−225.0 (2415)		
餐饮网因子			1065 ** (517.8)	
重要节日费用				2.257 *** (0.553)
重要节日人情费用				−1.412 * (0.717)
常数项	−4249 * (2268)	−6447 ** (2589)	−7410 *** (2468)	−6007 ** (2664)
观察值	214	205	188	212
R^2	0.437	0.577	0.502	0.576

注：①括号内为标准误；②*** $p < 0.01$，** $p < 0.05$，* $p < 0.1$。

五 结论与讨论

首先，以重要节日网络为代表的社会网络对回族居民经济地位的获得有着一定的影响，但内部作用机制比较复杂。其中，网络规模显著影响了被调查者的上一年度经济总收入，这支持了研究假设 1a。同时，代表强关系的网络亲属、朋友比例在统计上的检验不显著，支持了研究假设 1b 和 1c。值得注意的是，这两个变量的影响方向是负向的，也就是在回族居民网络中强关系比例越多的人，经济收入可能越低。本研究在证实这些假设在宁夏回族居民样本中的适用性的同时，进一步提出强关系或疏散网络结构甚至可能负向影响人们的经济地位获得。此外，另一个网络变量餐饮网因子也同样显著影响被调查者的经济年收入，支持本研究的研究假设 2。

其次，尽管重要节日费用和重要节日人情费用都显著影响回族居民的经济地位获得，但前者的影响方向为正，意味着本研究的假设 3a 得到支持，而后者的影响方向却和假设的完全相反，表明研究假设 3b 没有得到支持。不难发现，重要节日人情费用的开支应主要用于两种途径。一种是对原有关系的维持，另一种是拓展新的关系。在前一种开支途径中，其对象主要是以前就有联系或互动的人群，这个人群中强关系较多，如亲戚、朋友，从中获得的信息更多是同质性的，从此类人群中获得的更多是一种情感支持；后一种费用开支针对的对象就是那些新认识或想竭力拉上关系的人群，这类人群要么地位高，要么异质性较强，能够给费用支付人诸如信息、人情等方面的帮助，从而获取一种工具性支持。因此，只有当人情费用开支主要用于第二种途径时，才有可能有助于被调查者经济地位的获取。

本研究在理论上检验了社会网络有关理论在如宁夏回族这样的少数民族特殊群体中的适用性，其有关理论命题大部分都得到了支持。在格兰诺维特弱关系强度命题和林南的社会网络有关命题的基础上，本研究进一步尝试提出强关系可能负向影响人们的工具性行为。同时，在借鉴有关学者的企业社会资本研究基础上，本研究创造性地构建了个体社会资本的两个替代指标，研究结果发现仅有重要节日总费用的有关假设得到了证实，而另一个有关重要节日人情费用的有关假设却没有得到支持。对其中的作用机制，本研究结合中国传统文化背景，尝试性地进行了分析。在具体的研究方式上，本研究在对常用 OLS 回归模型的前提假设条件进行剖析和检验之后，采用了更为有效率、更有可能得出无偏估计的稳健回归方法。

戈夫曼与舒茨的社会情景中
个人及个人行动理论分析

——现代社会学思想流派中的主观主义倾向*

戈夫曼和舒茨作为现代社会学思想的重要人物，许多现代社会学家都深受他们的影响，因此研究他们，对了解现代社会学思想的发展和把握众多社会学思想的联系有着重要的意义。本文从他们思想构成的核心处选取他们的个人与个人行动思想进行分析，力图把握他们这一思想的精髓。在分析的基础上，本文尝试找出他们思想的联系，从而对某些现代社会学思想流派的某种共同倾向进行分析。

一 戈夫曼的个人和个人行动理论及其分析

戈夫曼的思想深受米德（Mead）的影响，尤其是米德讨论到的主我（自生的自我）和宾我（受社会压制的自我）之间的紧张。这在戈夫曼的著作中被称为"在我们所有人自我与我们经过社会化的自我之间的决定性矛盾"。这种紧张源于我们被期望干什么与我们实际想干什么之间的差异。我们身处在别人的期望之中，而且我们应该保持行为的一致。正如戈夫曼所指出的那样，"我们的行为不能起伏不定，让人不可捉摸"。为保持一个稳定的自我影像（self-image），人们为他们的社会观众进行表演。作为这种表演兴趣的结果，戈夫曼把精力花在戏剧分析上，或者说视社会生活为一系列在舞台上表演的行为。

---

* 原载《华中科技大学学报》（社会科学版）2001 年第 4 期，与胡仕勇合写。

　　戈夫曼理论中对自我的解释由他的戏剧分析理论得出，"自我是没有具体位置的实体……分析时，自我根据他的利益给予者而做出表现，因为他本人自身并不能制造情境……产生和维持他们自身的行为方式并不存在这种情况之中"。

　　他认为演员并不是自我的所有者，而是演员与观众互动的产物。自我是"所提供布景的一种戏剧化的结果"，因为自我是戏剧元素相互作用的结果，易于在表演中受到破坏。戈夫曼的戏剧理论阐述了这些干扰因素应如何防止和制止。尽管戈夫曼的戏剧理论关注这些破坏因素，但是戈夫曼仍然指出大多数的表演是成功的。这种表演的结果是：在一般情况下，一个稳定的自我影像是与表演者相一致的，它看起来像扮演者本身。

　　戈夫曼假设，当个体间互动时，他们想表现出为对方所接受的某种自我（宾我），然而，即使当他们表现宾我时，演员们仍能意识到观众中的成员可以破坏他们的表演。正因为如此，演员们有控制观众的需求，尤其是对那些破坏性因素。演员们希望呈现在观众面前的宾我是如此逼真以至于观众确信那就是观察对象本人的原貌。演员们也希望这将导致观众自愿地表现出他们乐于被牵制。戈夫曼将这种兴趣归纳为"印象管理"。这涉及一些演员使用的在他们可能遇到问题时去维持某种印象的技巧，以及一些他们去处理这些问题的方法。

　　紧跟着这种戏剧化的类推，戈夫曼谈到了一个前台。前台是功能非常固定的表演场所和被控制的观察者环境的一部分。关于前台，戈夫曼进一步细分为环境和个人前台。环境指的是演员表演必备的实体物质；没有它，演员们就不能经常表演。例如，一个外科医生需要手术室，的士司机需要计价器，滑雪运动员需要雪。个人前台由一系列感官设备组成，它们使观众确认表演者并期望它们连同他们一起进入环境中。例如，对一个外科医生而言，他被期望穿上医生制服、有特有的工具，等等。

　　戈夫曼接着细分个人前台为外表（appearance）和举止（manner）。外表包括可以表明扮演者社会身份的那些元素（例如，外科医生的医用制服）；举止告诉观众扮演者想扮演的那种角色，粗鲁的举止和温和的举止表明表演的不同类型。总之，我们希望外表和举止是一致的。

尽管戈夫曼把他的前台理论和其他的理论作为符号互动理论而提出，但是他也确实讨论了它们的结构和特征。例如，他认为前台变得制度化，以至于出现"集体表象"，并导致了在某种前台上表演的内容。当经常扮演固定的角色时，表演者发现为这样的表演已经建立起了特定的前台。戈夫曼讲道，这样出现的结果是前台倾向被选择而不是被创造。这表达的更多是结构化的观点，远超出大多数符号互动理论学家告诉我们的范围。

尽管有如此的结构化观点，戈夫曼最感兴趣的还是互动领域。他说，因为人们总是试图在前台表演，表现出他们理想化的一面，因此不可避免地会认为在表演时必须隐藏一些事情：（1）掩饰演出前的秘密纵欲行为（例如饮酒），更经常的是试图隐藏过去的生活（例如酗酒）等不利于演出的行径；（2）掩饰演出前的准备失误，以及修正这些错误的步骤，例如，计程车司机可能会极力找借口来掩饰未遵守乘客指示方向前进的原因；（3）只显示结果产品，而掩饰制造生产的过程，例如，教授可能花费数十小时的时间去准备一门课程，但是，他或许表现出对这些题材极为熟悉；（4）隐藏不让观众知道产品幕后的"肮脏的工作"，这些肮脏的工作"可能是肢体上不干净、半合法、粗鲁的、残暴的，或是其他堕落的行径"；（5）可能将其他的标准原则置于一旁；（6）隐藏参与演出时所要遭遇的羞辱或耻辱的处置待遇。一般而言，演员极力试图隐藏此类事物，尽可能不让观众知道。

另一个在前台戏剧分析的方面是演员经常试图表达出自己比实际更靠近观众的感受，例如，演员可能试图掩饰他们在表演的那一刻是他唯一的一次或是他最重要的一次。为做到这样，演员会尽量使观众与他之间没有隔离感。即使被发现了，观众自己也会去应付这种不诚实，以避免因演员的理想化形象的破坏而陷入尴尬。这表明了表演的互动特征，一个成功的表演依靠所有方面的参与。这种印象管理的另外一个例子是，演员试图表达这样一种观点，即演员和观众的关系与这样的表演是唯一的。观众也希望他是这种唯一表演的接受者。

演员试图确信任何表演的所有方面都融合在一起。在某些条件下，一个不和谐的因素可能毁坏一个表演。然而，表演在众多要求的一致中变化。神甫在弥撒时所犯下的一个小错就具有极度的破坏性，但是，假如计程车司机转错了一个弯，它不可能完全破坏整体的表演。

被表演者使用的另一技巧是神秘化表演。演员经常通过限制观众和他们之间的接触来使他们的表演充满神秘色彩。通过制造他们与观众之间的"社会距离"，他们制造一种在观众中的敬畏。反过来，这避免了观众对表演的质疑。戈夫曼再一次指出，观众参与这个过程并通过与表演者保持一定距离去寻找维持这种表演的可靠性。

戈夫曼也讨论了后台。在这个地方，前台事实被隐匿或者不同类型的非正式行为出现。后台经常紧靠着前台，但是它可能与之隔离。扮演者可以放心，没有前台观众的成员出现在后台。而且，他们应用不同的印象管理模式确保如此。当演员可以防止观众进入后台时，表演可能会变得轻松。还有一个残余的领域，即外在的地方，它既不是前台也不是后台。

没有一种地方一直是这三种的其中之一。而且，一个特定地方在不同的时候可能有所有三种形态。当一个学生造访时，一个教授的办公室是前台；当学生离开时，办公室成为后台；而当教授在进行大学的篮球比赛时，办公室成为外在的地方。

由上面的对戈夫曼行动理论的表述，我们不难得出这样几点基本的看法。

第一，他指出人们之间的互动发生在一套特定的社会情景之中，为此，他发展了许多新的概念，诸如前台、后台，提出了一些有价值的理论观点，诸如上面所提到的理想化表演与神秘化表演，等等。

第二，他对社会情景的"个人"进行了定性分析。首先，他的理论是一种具有心理学倾向的理论，"自我"是他理论的核心概念之一。但他并不主张把人归结为"心理机器"，把"自我"看作一种独立的内省的产物，而是主张人的"自我"具有社会性，是在与他人的相互交往过程中发展起来的。同时，"自我"也不是一个不变的存在，而是在与他人交往中不断调整。其次，在个体与社会的关系上，他反对把个体看作纯粹是社会结构的产物。在他看来，真实社会结构的产生同样依赖于个体的能力，是模式化互动的产物。正因为如此，社会结构也不是僵死的，而是变动的。他更注重从过程的角度来看待社会结构。

第三，他旗帜鲜明地指出人在行动中具有主观能动性。他探讨了个体在扮演自己的角色、实现自我利益和社会期望时所使用的表演技术，使得这一过去未曾被探讨的领域得到研究。另外，他关注人的行为发生的微观环境（社会情景）。戈夫曼关注个体在情境中的实际行为，个体在自我表演中为了给别人展示一个良好的自我形象，熟练地施展表演技能，对社会规范约束下的自己的角色采取灵活的方式去扮演，在不违反社会公认的准则的同时，也能实现自我设计。他看到了个体在实现社会期望过程中所采取的一系列的幕后行动与理性计算，戈夫曼则通过对个体在情景中的即刻投入的分析，深刻揭示了社会期望实现的微观机制。

二 舒茨的社会情景中的个人与个人行动理论及分析

舒茨的现象学社会学是对众多学术流派的继承和发展。首先，舒茨把胡塞尔的"生活世界"和"主体间性"引入社会学，并把这两个概念视为沟通现象学和社会学的中介；其次，舒茨发挥了韦伯的"理解"概念，把重新建构人们在日常生活中解释他们自身世界的方式归为现象学社会学的任务，因此，他的观点又可以看作对韦伯传统的阐发，是"理解社会学"；再次，舒茨还考察了行动者个体的主观认识过程，进而回答了关于人类社会的知识是如何成为可能的这一问题，因此，它又是用自然观点来研究社会的"社会学的社会学"。因此，他的理论显得繁芜庞杂。另外，由于他的思想的哲学思辨性和逻辑连贯性都比较强，往往会出现谈到一点就必须介绍其他方面的理论。因此，在这样一个基础上提炼他的社会情景中个人和个人行动理论是比较困难的。鉴于此，在本文中，笔者尽量精简他庞杂的内容，提纲挈领地阐述他的行动理论。

在舒茨看来，人生活的社会情景就是胡塞尔所提出的"生活世界"，它是先于任何一种客观的科学反思的世界，不被反思也不被分析；它只能被理解为现象（即意识）给予的具体性世界，是一个直接具有正式生命活动的"活的"世界。在这个意义上，生活世界是被人们用类型化方式组织起来的意义整体。而这样一个生活世界是可以被人认识的。

在他看来，在这种情景下的个人是一个有意识、可以反思、具有内省能力并且可以控制自己行为的客观实体。个人在日常生活中逐渐积累经验去应付这个社会世界，他所获取的知识和经验都是在社会化过程中由师长传授，并被他当作确信不疑的东西来使用的。舒茨把这种规则、方法、观念和信念的总和称为"现有的知识储备"。它给人们的行动提供了一个参考框架，构成了社会成员所面临的首要现实，成为塑造和指导所有社会现实的绝对的现实意识。对于特定的个体来说，其知识储备具有个人传记性的特征，因为每个人都是以一种独特的方式使自己处于日常生活之中，舒茨把这种特征概括为"生平情境"。"生平情境"是个人日后解释所有新事物与行动的前提条件。舒茨把生平情境所包含的某些未来实践活动的可能性称为"现有的意图"，它决定了个体在深入这种类型化的世界时开放视界的程度。在人们所生活的这个世界根据其生平情境的相关成分转化为"我的"世界。

那么人们是怎样靠着"现有的知识储备"与"生平情境"在生活世界与别人互动的呢？我们的行为又是怎样产生的呢？舒茨认为，在人们的生活中存在"主体间性"的现象。这是胡塞尔提出的一个概念。简而言之，它意指在生活世界中，除了"我的"世界存在外，还有其他的世界存在。我所经历的这个世界不是作为我私人的综合而成，而是对每一个人都存在的，其对每一个人都可以理解，一个主体间的世界加以经验的。它赋予生活两种作用：（1）自我与他人的"立场可相互交换性"；（2）"相关系统的一致性"。简而言之，我们所经历的这个世界一开始就是一个主体间性的文化世界，我与他人共同分享它。

经过主体间性的作用后，人们便可以交流、互动。至于他所思考的行动的发生，其思想脉络比较复杂，在这里简单概括如下。他把行动定义为行动者设计的具有自我意识的人类行为。另外，他区分了行动与活动以及公开的行动与隐藏的行动的区别。另外他还指出隐藏行动包括了所有各种否定性的决定形式。他认为行动的源泉存在于行动者的意识中。在论述这一部分时，他讲到了人对意义的主观理解、情境定义、行动的各种视界。另外他还专门谈到了行动的设计与角色。在这个地方，戈夫曼与舒茨有许多异曲同工之处。例如，在社会情景中角色的定位与角色间的互动机制等部分，我们都可以看到他们思想一致的地方。在这一部分，他区分了"原因"动机和"目的"动机以及自我的片段和关联（relevance）等。在这一部分的论述中，我们可以清楚地看到舒茨的行动理论深受心理学、理解社会学、知识社会学以及符号互动理论的影响。

从上面的分析中，我们不难看出舒茨借助胡塞尔的"生活世界"与"主体间性"的概念，实现了把社会学分析集中在人们的主观领域这一目标，从而在韦伯的理解社会学传统下探讨他所认为的主观领域中的个人与个人行动。在考察了舒茨的行动理论后，我们也不难发现这样一个结论，在社会情景中的个人与个人行动，他着重强调了人的主观性，他认为作为对象的真实性不能离开人的主观意识，无数感知的事物正是经由意识的综合、建构，才能成为一个有意义的社会。

三　小结与分析

从戈夫曼与舒茨的行动理论，我们不难看出他们有许多共同点，例如他们都非常注重人的主观性对行动的影响，都表现出了人本主义的哲学倾向，都深受韦伯的理解社会学的影响，都接受刺激—理解—反应的行为模式，并把焦点放在理解上，认为理解就是一种把握意义的过程。这正深深体现了现代社会学理论中主观主

义社会学的倾向。总之，我们从戈夫曼与舒茨的行动理论中，可以
对现代社会学中主观主义倾向大致归纳如下几点。

第一，他们都强调了人在社会构造中的作用，强调了社会情
景是通过人的主观意识被接受的，人们总是按照自己对外部社会
的理解进行活动和创造世界，人的活动中产生的社会也不是客观
的，有人的主观意识渗入。

第二，他们把人看作能动的主体，是创造社会的本质力量，
虽然他们也承认制度和结构的制约性，但更注重的是前者，是人
的内在世界。人们对自身行为的调整并非都是由外部强加的，而
应看作在意识引导下的自觉过程。

第三，他们把研究的注意力放在有人类社会特色的地方，为
人类社会特有的现象，即与心灵和主观世界相联系的现象。

第四，他们在进行社会行动理论论述时，普遍关心的是行动
的动机是什么、行动过程中行动者对情景的解释是什么、行动对
人的心灵世界的影响是什么，等等。

参考文献

莫里斯·纳坦森：《舒茨的现象社会学导论》，《国外社会学》1990 年第
5 期，第 10—15 页。

蔡禾：《现代社会学理论述评》，安徽人民出版社，1992。

乔纳森·H. 特纳：《现代西方社会学理论》，范伟达主译，天津人民出版
社，1988。

D . P . 约翰：《社会学理论》，南开大学社会系译，国际文化公司，1988。

舒茨：《日常生活中的现象学》，卢凤兰译，桂冠图书出版公司，1991。

杨善华：《当代西方社会学理论》，北京大学出版社，1999。

戈夫曼：《日常生活中的自我呈现》，浙江人民出版社，1989。

戈夫曼：《日常接触》，华夏出版社，1990。

Erving Goffman, *The Presentation of Self in Everyday Life*, New York：Double-
day, 1959.

Georgy Ritzer, *Contemporary Sociological Theory*, London：McGrae-Hill, 1992.

学术交流在大学生个体
社会化中的作用 *

高等学校的根本任务是培养人才，即促使大学生个体社会化。学校教育，特别是课堂教学在培养学生、促使其社会化方面具有极其重要的作用。笔者拟就学校教育中的另一方式，即高校中的学术活动的教育作用做些初步探讨，以期进一步加大学校的社会化强度，使培养的人才素质得到更全面的提高。

一 开展学术活动，是大学生个体
社会化的必然过程

从社会学的角度来看，可以认为学校教育活动是一种有组织、有计划、有目的地促使学生个体社会化的过程。学生在此过程中学习社会文化，使自己逐步发展成为社会成员。随着社会的进步，运用学术活动的方式强化了这一过程，提高培养人才的质量已成为一种必然。

人类个体成长的过程，是一个学习社会文化的社会化过程。德国著名哲学家康德认为："人只有靠教育才能成为人。人完全是教育的结果。"① 然而，教育的方式是多种多样的。对前人所创造的知识进行自学是接受教育；在各级各类学校里，在教师的指导下学习也是接受教育；在为人类进步做出具体贡献的努力中仍是

---

① 康德：《康德教育论》，转引自《中外名言大全》，河北人民出版社，1987，第253页。

接受教育。这些都是个体实现社会化的途径和过程。

20 世纪 70 年代初，许多国家相继进行了成功科学家成功之因的调查研究，认为人只有具有广博的基础知识、合理的知识结构、敏锐的综合思维能力才可能取得成功。日本在 1971 年的"第三次教育改革"中，提出了培养"世界上通用的日本人"的教育目标。新加坡政府提出，要培养具有纵观全局、能从总体处理问题的"战略头脑"的"有教养的新加坡人"。美国人认为"专业化必须建筑于跨学科的广阔基础之上，因为在当今的技术社会中，解决问题要求人们的思想具有宽阔的视野"。不难看出，在科学技术、社会生产力高速发展的今天，对个体社会化的要求已经发生了巨大的变化。高等学校的人才培养目标，已由培养专业人才向培养具有广博的知识和善于综合地解决现实问题的"通才"方向发展。这样，在大学生的社会化过程中就呈现一对矛盾：社会要求的是"通才"，而课堂教学无论怎样延长学时和学制，都不可能把某个学科和专业的全部知识都传授给学生。如何解决这对矛盾呢？开展学术活动，进行学术交流是一条有效的途径。这是因为大学生在其社会化过程中，可以通过学术活动吸收不同学科的知识、思维方式和学术思想，使所掌握的知识结构日趋完美，思想更为活跃，解决问题的能力更强。这种学术交流对于大学生个体社会化的效应，正如英国作家萧伯纳所说，倘若你有一种思想，我也有一种思想，而我们彼此交流这些思想，那么，我们每个人将各有两种思想。各种思想的交流、吸收与交融，是大学生实现个体社会化的必然。

在今天的社会里，社会个体不参与学术交流、开展学术活动，就不可能取得学术上的进步和事业上的成功。随着科学技术的发展，人类创造的知识量急剧增加。单靠个人掌握的知识难以取得科技上的重大突破，只有合理地组织具有不同专业知识的人进行交流，在共同的具体目标下相互切磋探讨，让各种思想进行聚合、碰撞、互补、催化，才能产生出新的思想和成果。

二 开展学术活动，是大学生实现 个体社会化的重要途径

学校教育是教育工作者按照社会发展的要求和人才成长的规律，对受教育者施加影响，以培养受教育者具有所期望的素质的社会化过程。在学校的个体社会化过程中，教育者施加的影响不仅可以通过课堂教学，而且可以通过学术活动的方式来实施。

1. "知"为"行"之始，活跃的学术有利于大学生知识的汇聚、增长和优化

1905 年，年仅 25 岁的阿尔伯特·爱因斯坦提出了"光能是与波动数成比例的不连续的光量子构成的"光量子学说，在历史上第一次揭示了微观客体的波粒二象性。为此，他荣获 1921 年度的诺贝尔物理学奖。同年，爱因斯坦发表《论运动物体的电动力学》论文，否定了时间和空间是绝对之理论，建立了"狭义相对论"。爱因斯坦为什么能在业余时间、没有名师指导的情况下完成划时代的科学研究呢？这当然与他爱好哲学和抽象思维有关，而另一个起决定性影响的因素则是在他的"奥林比亚科学院"的学术交流活动。1902 年 6 月爱因斯坦找到一份安定的工作后，业余时间都用来同几位朋友读书、学习和讨论问题。正是这个学术交流活跃的读书组织——"奥林比亚科学院"，为爱因斯坦提供了超出当时正在专门从事此类学科研究的荷兰物理学家罗伦兹和法国数学家、物理学家彭加勒的知识条件。在短短的 3 年时间里，他们读书、讨论，有时是激烈的辩论，涉及物理学、数学、哲学等广泛的科学领域，从而使爱因斯坦的知识领域不断扩大，知识结构日趋合理，抽象思维异常活跃，终于在物体能量与质量的关系、微观客体的波粒二象性、时间与空间的基本概念等诸多领域取得划时代的成就，成为科学巨匠。这一典型事例启示我们，开展学术活动，不仅有利于大学生知识结构的优化和知识量的增长，还有利于锻炼他们把握问题、解决问题的能力。

2. 活跃的学术气氛，是促进大学生思维发展的重要环境

哲学家弗兰西斯·培根曾说过："史鉴使人明智；诗歌使人巧慧；数学使人周密；博学使人深刻；伦理学使人庄重；逻辑与修辞使人善辩。凡有所学，皆成气质。"[①] 这段话说明，不同学科在培养人才方面具有不同功用。一般来说，理工科学生在形式逻辑思维方面具有特长，办事比较严谨；文科学生则擅长辩证思维、发散性思维和跳跃式思维。但是，无论学工还是学文，他们在社会化过程中都必须掌握一定的对社会事物的是非、善恶、美丑的判别准则，掌握处理人与人、个人与集体、个人与国家之间关系的正确准则。然而，准则的形成和确立，是一个需要经过多次比较分析、综合、抽象概括、选择和验证的思维过程。无疑，多种形式、不同层次的学术活动有利于促进多学科知识的渗透、多种思想的交流、多方面价值观的比较和选择，是开发大学生思维的有效途径。

"人的发展取决于直接和间接交往的其他的一切人的发展。"[②] 个体的社会化过程是人与人之间交往的过程及其结果，是由个体所处的社会关系所决定的。事实上，只有通过开展学术活动，才有可能使那些工作任务繁重的名家、学者与大学生交流，才有可能使大学生以"主体"的角色进入各种问题的讨论、思考、学习之中，把高校的人才培养目标和要求内化为自身的信念，形成自身的素质。心理学研究也表明，开展学术活动，可以从不同角度进行知识、经验、理论的交流，促使参加者批判地思考问题，产生创造性的思维灵感。由于交流是从不同角度探讨问题，因而有利于打破个体的思维定式，激发他们思考的激情。

3. 活跃的学术，有利于强化高校的社会化效果，提高人才培养质量

据介绍，哈佛大学经常举办各种学术活动，每周有 50 多次，

---

① 弗·培根：《培根论说文集》，水天同译，商务印书馆，1983，第 180 页。
② 《马克思恩格斯全集》第三卷，人民出版社，1979，第 515 页。

平均每天 10 次左右。① 讲演者中有驻美大使、西欧议员、驻联合国代表、州议员、大学教授、美国驻外大使等，讲演的内容极为广泛。"这些内容丰富多彩的讲座和报告会迅速地传递着最新信息，强烈地使人感到哈佛大学确实是处于知识信息交汇的集中点。"② 哈佛大学举办如此多的讲座和报告会，不仅在于帮助大学生对专业课程的学习和理解，更在于对他们进行"百科全书式"的综合教育，以培养适应社会发展需要的人才。

我国的许多高校都采取措施，通过开展多层次、多角度的学术活动来提高教育质量、强化学校的社会化效果。如中央党校和国家高级教育行政学院，经常邀请国家领导人和各方面负责人、各行业专家到学校讲演，使各方面的最新信息汇集于学校，拓宽了学生的思路，促使学生高效率地思考。又如北京大学和清华大学，不仅举办的讲座和报告会多，而且学生学术团体的学术活动也极为活跃。许多事实表明：学术活动的状况与高校培养人才的质量之间密切相关，学术活动活跃、质量高的高校，培养的人才质量往往也高。

三　高等学校是学术的殿堂，更是大学生实现个体社会化的摇篮

高等学校，特别是重点高校，拥有大批学者、教授（其中相当一部分是著名的学者、教授）；设有门类齐全的学科；具有较为先进和完善的教学、科研设施；拥有书籍资料完备的图书馆和信息库；具有良好的校园环境、后勤保障以及适合育人的独特校园文化氛围。这些构成了高等学校作为学术殿堂的重要基础，为开展学术活动，实施大学生社会化提供了保障。关于如何充分发挥高校学术殿堂的功能、活跃学术、促进大学生的社会化，笔者提出如下建议。

① 倪世雄：《从哈佛看第一流大学的特点》，《复旦教育论坛》1987 年第 2 期。
② 倪世雄：《从哈佛看第一流大学的特点》，《复旦教育论坛》1987 年第 2 期。

1. 充分发挥学校在活跃学术工作中的领导作用，有目的、有计划、有组织、有制度地不断推进学术活动的深入开展

首先，学校应达成共识，开展学术活动是培养学生的重要途径，而且还是培养杰出人才的有效途径。其次，制定政策和学术工作制，促进不同层次、不同学科的学术活动在全校范围内有序地展开，真正发挥重点大学多学科的学术优势。再次，发挥学校各职能部门的作用，积极创造条件，聘请校外知名人士来校讲学，开展学术活动。最后，建立主管或兼管学术活动的管理机构，以利于日常学术活动的协调、指导检查和总结。

2. 充分发挥教师的主导作用

人的各种素质的社会化表现是密不可分的。正如英国哲学家罗素所说："并没有一门课程只给学生普通陶冶，而另一门课程只给专门知识。"[①] 因此，教师不仅要在课堂教学中传道授业，而且在学术活动中也要做到这些。为了充分发挥教师的影响力量，特别是知名学者、教授的知识和人格力量，学校应创造条件并明确要求，使这些教师能够每年至少报告一次本学科的学术现状和前景，或介绍治学做人的经验和规则，在学术活动中实现教书育人的目标。

3. 充分发挥学生的主体作用

大学生从事各种学术活动的一般条件，高校已经具备，但从更广义的校园文化生活条件来看则是不充足的。因此，学生如何安排自己的课余生活将是一篇大文章。爱因斯坦在论说人的差异时强调，人的差异产生在业余时间。业余时间安排得合理、充分，学生的学业、学校的学风就一定能够发生可喜的变化，校内违纪现象必定大幅度减少。开展丰富多彩的学术活动，则是使大学生合理、充分使用业余时间的重要措施。为此，第一，高校应依据学术社团管理的有关规定，有目的地在学生中组织各种学术团体，使学生参与学术活动有一定的组织保障。第二，开辟大学生自己

---

① 华东师范大学教育系等：《现代西方资产阶级教育思想流派论著选》，人民教育出版社，1980，第121页。

的学术园地。高校应该从思想上引导、技术上指导、物质上帮助学生自办刊物，使学生的学术思想得到交流、碰撞、检验、论证和提高。第三，制定政策，把开展学术活动与开展学生勤工俭学、参加科学研究结合起来，部分地解决学术活动经费不足的矛盾。第四，建立学术成果考核制度，将学术成果作为对大学生学业的一项要求。

　　总之，进行学术交流、开展学术活动、活跃学术气氛是实现大学生社会化、培养杰出人才的有效途径和重要措施，是建设一流大学的基本要求之一。

德育教学中的
畸形社会化倾向：问题及对策[*]

一　畸形德育社会化倾向

　　人的本质属性在于人的社会属性。人一生下来，就面临着如何从一个生物人逐渐成为一个社会人的问题，也就是面临着社会化的问题。"所谓人的社会化，是指人们通过社会互动，形成人的社会属性，促使其与社会保持一致性，实现人的共同生活的过程。"在这一过程中，学校扮演着一个很重要的角色，它承担着两个任务：一是教会学生如何"做事"，即引导学生去学好科学文化知识和技能；二是引导学生如何"做人"，即引导学生如何去处理人与人、人与集体、人与组织、人与民族和国家的各种关系。关于"做人"这一方面，在学校主要通过德育社会化来完成的。所谓德育社会化，是指教育者根据社会发展的需要和受教育者的特点及需要，通过课堂教学及一系列活动，让受教育者在解决社会互动的矛盾中逐渐养成社会所需要或认可的德行的过程。要使这一互动过程更加合理和有效，就应遵循以下客观规律：德育的具体内容、方式、水平与学生个体的生理、心理不同阶段的发育状况相适应，与不同时期学生参与社会生活的状况及需要相适应，与当时整个社会的实践状况与要求相适应，德育内容之间的安排也要彼此相适应。在本文中，我们把学校德育社会化内容的安排所出现的非规律化的倾向称作畸形德育社会化现象，简称畸形社

　　*　原载《江苏高教》2002年第3期，与张旭升合写。

会化倾向。

二　畸形德育社会化倾向的表现

1. 德育社会化中的过度倾向

德育社会化中的过度倾向是指德育内容、方式、目标水平超越了学生个体的生理、心理的发育水平，超越了其参与社会生活的程度。这一点在低年级德育社会化过程中体现得极其明显。如在小学或幼儿园教育中出现了一些"主义""政党作用""接班人""人类奋斗目标"等抽象概念。

从生理和心理上来说，小学生的生理、心理、意识和行为能力尚未健全，他们的思维偏向于具体化、简单化、形象化、表面化等，而不善于进行概括性、复杂性、抽象性的思维。在这一时期，按宋代伟大的教育家朱熹的话说，就应教之以事（他主张对8—15岁的青少年教之以事，对15岁以上的则教之以理）。在应教之以事时，而教之以理，这显然超越了儿童本身的生理和心理的承受能力。

从其社会实践来说，小学生的社会互动具有空间上的狭窄性（主要是家庭、学校和社区等），内容上的有限性和互动原则的单一性（以"唯乐主义"为原则）。在这一时期，他们所关心的是如何与同学和伙伴们在一起玩得开心，怎样做才能受到老师和父母的表扬和认可，并处理好各种关系的问题。而政党、主义、人类奋斗目标、接班人之类内涵极其丰富的概念，无论从小学生自身的需要还是社会的实践来说，都很难激起他们内心的兴趣，要让他们来内化这些内容，似乎有拔苗助长之嫌。

从德育内容本身的层次来看。德育教学应该遵循人类认识的客观规律，即由浅入深、由表入里的规律。如果违反了这一客观规律，要想取得理想的效果是令人难以想象的。所以要想提高德育的有效性，必须使其德育内容也应有一定的层次性。人的认识是遵循"父母—他人—群体—民族"，即"家庭—故乡—祖国"的顺序来展开的，学生德育社会化同样要遵循人的这一认识过程。

首先要让他们在与同学、父母、老师的社会互动中，遵守一些最基本的道德规范，养成良好的品性，也就是要在他们的日常生活中，进行习惯养成教育，然后才谈得上进一步的德育社会化。我们很难想象一个连自己的父母都不尊敬的人会忠于他的政党或国家，更难想象连一个合格的公民都做不到的人会做什么社会主义事业的接班人。

2. 德育社会化中的滞后倾向

德育社会化中的滞后倾向是指德育的内容、方式、目标、水平低于或落后于个体生理、心理发育水平，落后于青少年及整个社会的认识或实践。这主要表现在目前的高校中，仍在抓德育养成教育，如培养大学生的讲文明礼貌、讲卫生、讲公德等方面的教育。

从大学生的生理和心理来说，无论从生理或心理来看，他们都逐渐走向成熟，抽象思维和概括能力比以前都有明显的增强。这一阶段他们的行为模式已不像中小学生那样"刺激—反应"了，而存在着"刺激—判断—行为"更为复杂的过程。所以这时的德育，最为有效的应是"教之以理"。这时德育内容的安排，就要适应大学生的生理和心理特征，通过把道理说透来引导他们对自己周围世界形成正确的判断和评价。在该"教之以理"时而"教之以事"，这显然是滞后了。

从大学生的社会实践来看，相对于中小学生而言，大学生阅历要丰富得多，眼界也开阔得多，更为重要的是，在长期的社会互动中，通过处理一些矛盾和困惑，他们已习惯去遵循一定的行为准则、规范、理想等，这时他们的行为方式已具有了一定的稳定性。在这一时期他们更加关注的问题是个人的前途与政党、国家、民族的关系，人际交往，社交礼节，如何选择职业及投身实践等。此时再进行行为习惯养成教育就显得滞后了。

从社会发展的实践来看，首先，德育内容与社会发展需要相比显得滞后了。随着我国改革开放的深入，社会的经济、政治、文化科学知识和生活方式等都发生了一系列的变化，但我们的大学德育教学仍没有进行相应的变革。如市场经济条件下强调的是效益、公平、公正、诚信、竞争等观念，但在学校的德育中却得不到认可和宣扬。在市场经济条件下，社会对人才的要求更加重视其主观能动性和创造性，但我们学校的德育内容安排仍存在着以"听话""服从"为目标，培养服从型人才，使德育实质上变成了使学生去想被认为是正确的东西。其次，教师本人所授德育内容与大学生已接受的新的思想比较而言显得滞后了。在知识更新和信息增长速度越来越快的今天，大学生德育社会化的渠道更加多样化，其所掌握的信息往往比德育教师所掌握的信息量更大，涉及面更宽，而且年轻的大学生们更易接受一些新鲜的、活的信息和思想，他们的德育更具有开放性，他们一般能在开放中吸纳新时代的精神。德育工作者如果不能继续社会化，跟上时代发展，更新观念和知识、技能，加强自身的道德品质修养，在进行德育教育时就会有落后于时代之感，这就会使他所传授的德育内容有滞后的倾向。

3. 德育社会化中的片面倾向

德育社会化中的片面倾向是指将德育内容、目标加以片面化、极端化的倾向。这种倾向主要表现在以下几个方面。一是表现在重智轻德上。二是表现在德育内容上，片面地重视德育知识的教育与掌握，而忽视德育情感、意志和行为的培养。三是表现在德育定位上的片面倾向。在很长一段时期，我们学校所讲的集体主义道德原则，就是要求个人无条件地服从集体利益，而漠视或忽视个人的正当权益和利益，在市场经济冲击下，却出现了矫枉过正的现象：过度重视个人利益而忽视集体利益，从一个极端走向了另一个极端。四是表现为我们学校德育教育中所树立的典型和榜样也具有极端化的倾向。

4. 德育社会化中的重复倾向

德育社会化中的重复倾向是指目前的学校德育中出现的简单重复德育的内容和目标的现象。从小学到大学，德育社会化的内容应是一个由浅入深、由表入里、由简单到复杂、由形象到抽象、相互联系的统一体。但在我国目前的德育社会化的过程中却出现了一些内容简单重复的现象，如中学的"社会发展简史"与"中国革命史"，初三的"国情及党的路线方针政策"与高三的"政治"，高中的"哲学原理"与大学马哲，都或多或少地存在着简单重复的现象。虽然文字由少到多，但其内容深度及其考试难度很难说有循序渐进的特点，只是简单地重复德育内容。

5. 德育社会化中的冲突倾向

德育社会化中的冲突倾向是指学校在进行德育社会化时，学校德育内容之间，学校德育内容与家庭、社会德育内容之间存在相互矛盾与冲突的现象。学校德育内容的冲突，表现在显性与隐性课程的冲突，如老师在显性的德育课堂上讲为人要诚实、做事情要实事求是，在隐性的德育课程中却做出些违反这一原则的行为，如为了应付义务教育检查弄虚作假、找人顶替。表现在学校德育与家庭德育中，学校德育强调是拾金不昧，讲"我为人人，人人为我"的集体主义，在家庭德育中却讲"人不为己，天诛地灭"的个人主义，或"你有多傻"的利己主义。还表现在学校德育与社会德育内容之间存在着冲突，如学校德育所强调的顺从型与依附型的人格与市场经济条件下所要求的有主见、创造型的人才相冲突。

三 畸形德育社会化倾向的危害及对策

各异的具体畸形德育社会化现象相互联系、相互加剧，比如过度的德育社会化和滞后的德育社会化必然造成重复德育社会化，也易形成极端德育社会化。

这些畸形德育社会化带来了一系列的危害。首先，过度社会化、滞后社会化和片面社会化的存在，使人对德育产生了种种误解，如"德育就是政治教育""德育就是说共产党好""德育就是考前背背就行"等。其次，浪费大量人力、物力和时间。过度社会化、滞后社会化、重复社会化，都不同程度上存在着这样一个现象：在不适当时期进行不适当的教育或在不同时期讲同一德育内容，这些都是对有限教学资源及学生宝贵时间及金钱的浪费。最后，导致德育效果不理想。德育教学中五种畸形社会化倾向的存在，使得学校德育不能有效调动学生主体的积极性和主观能动性，使得本来灵活的德育变成了僵死的教条，产生了"教师难教""学生厌学"的怪现象，这样德育很难内化，更不要说外化了。

要解决德育教学中这五种畸形社会化倾向，可以考虑从以下这几个方面进行改革。

第一，要保证德育主要内容、总体目标的正确性和坚定性。德育的主要内容、总体目标，直接关系到我们的学校德育应培养有什么样思想、道德、品性的人的大问题。这是一个大的方向问题，在保证其正确的前提下，我们在德育教学中就应坚定地加以坚持。如我们目前德育中的集体主义、爱国守法、勤劳诚信等方面就应加以坚持。

第二，要加强整个社会的道德教育。学校只是社会的一个缩影，学校德育目标和要求从其本质上来说，还是来源于社会，并将最终服务于社会。同样，在学校进行德育社会化的过程中，家庭、社区和社会大环境的综合影响具有决定性的作用，所以要想提高学校德育社会化的效果，就必须提高学校德育与家庭、社区和整个社会德育的一致性和统一性，以避免产生混乱和冲突的现象。我国提出了"以德治国"的方略，颁布了《公民道德建设实施纲要》，都是为了从社会大环境方面来提高我国的整体道德水平，它必将促进我国学校德育水平的提高。

第三，要合理安排道德、政治、思想、品德等各个组成部分在德育中所占的比例及前后顺序的问题。也就是注重德育教学中各个分阶段的具体德育内容的安排问题。这一安排应遵循以下原则来进行：各个阶段的具体德育内容应与学生个体的生理、心理不同阶段的发育状况相适应，与不同时期学生参与社会生活的状况及需要相适应，与当时整个社会的实践状况与要求相适应，而且德育内容之间的安排也要彼此相适应。

"高考移民"现象的社会学分析[*]

一 引言

　　一年一度的高考报名时间又到了，然而却有一部分考生通过亲友、熟人或者是中介甚至中学教师、校长的帮助，采用转学或者迁移户口的办法离开原学籍所在的学校或原户籍所在地，到高考分数线较低或是当地升学率较高的省份应考，以达到高考升学的目的。这种利用各地客观存在的高考分数线的不同及录取率的高低，教育发达地区的考生通过转学或迁移户口等办法到教育欠发达地区应考的现象，笔者称之为"高考移民"现象。这一发端于 20 世纪 80 年代的现象，到 90 年代已渐成气候，且呈愈演愈烈的趋势。

　　高考移民多为成绩中等生，如果按当地的高考分数线，升学无望或是只能考上一般的高等院校，一旦他们移民到高考录取分数线较低的省份，不仅绝大多数能考上大学，甚至还能考上十分理想的大学，因此移民的诱惑相当大。但也存在少部分学校，为提高本校的高考升学率，从外地或本地别的学校挖尖子生，向他们提供一些优惠条件或优厚待遇，如免学费、住宿费、资料费等，不过此种情况并不在本文的探讨范围之内。那些高考录取分数线较低或是升学率较高的教育欠发达地区，如新疆、宁夏、青海、内蒙古、山西等，成为高考移民的"涌入盆地"，成为高考移民的"重灾区"；也有少量流向上海、北京等录取分数线低、录取率高

---

　　* 原载《当代青年研究》2004 年第 4 期，与赖志琼合写。

的教育发达地区，但由于进入成本较高，尚未形成规模。

据不完全统计，2003 年新疆共有 8.7 万名考生报名，报名阶段已查出不符合报名条件的考生 890 名，其中大部分是"高考移民"。由于"一多一高二低"（招生计划多，录取比例高，录取分数线低，报考条件低）的现状，海南成为"高考移民"的向往之地。省外考生将户口迁入海南的人数在逐年增加，1999 年 198 人，2000 年 293 人，2001 年 586 人，2002 年增至 1875 人，来自全国24 个省（市、自治区），占全省考生总数的 9.5%。2002 年高考前，海南省查出持假学生档案报名的外省就读生 1 人，持假户口报名的 24 人，两地重复报名的 167 人。

高考移民现象的出现势必挑战现有的公共教育体制，打破了原有的相对平衡的高考招生秩序，是对高考公平性的一种破坏。对移民自身来说，不仅经济成本较大，而且还要承受不小的心理压力，付出较大的精神成本；对当地的考生来说，正当权益无疑受到了侵害，因此他们对移民考生采取一些过激的行为也能理解。一些省市陆续出台了一些相关的政策措施，以杜绝或阻止高考移民现象的发生。如海南省政府办公厅不久前下发《海南省普通高等学校招生报考条件暂行规定》，对"高考移民"进行限制；陕西省出台《2003 年陕西省普通高等学校招生工作实施办法》，其中明确规定，在陕西省常住户口不满 3 年者（从落户之日起，到报名开始之日止）不得报名参加普通高校招生考试。

以上资料表明，高考移民现象已不仅仅关系到移民这一特定群体的利益问题，它已经成为一个不可忽视的社会现象，必须引起有关各方的高度重视。

二 "高考移民"现象的原因分析

"高考移民"实际上是教育发达地区考生的一种"理性"选择行为，是由于"教育市场"上客观存在的高考分数线差异而导致的结果。之所以说这是一种考生的"理性"选择行为，是因为它符合经济学中对人们行为的"经济人"假设条件。但它是对迁入地相对优惠的高考招生政策的一种"搭便车"行为,是一种"上有政策,下有对策"的投机行为。因此,有必要探究其发生的原因,从而找到相应的解决办法。

1. 客观存在的高考分数线"差"及升学率的高低

考虑到历史及现实的各种因素,如我国地域的辽阔、各地经济发展水平不一、教育经费投入及产出有高有低,同时也为体现我国政府对少数民族考生集中地区教育的大力扶持,我国实行高低有别的高考录取分数线政策。而造成北京、上海等教育发达地区的高考录取分数比外地低的原因主要有三点:一是人口基数小、政府投入大、教育水平发达、高校多而集中、招生人数多、报考人数相对较少,这直接造成了录取线相对较低;二是当地生源就业形势好;三是这些地区经济发达,职普分离较早,为高考分流了大批考生。

笔者统计了一下 2001 年(考虑到 2001 年所获资料更全,而且由于高考分数线相对比较稳定,结论不会出现很大的偏差)全国各省(市、区)的高考录取分数线,并按各地高考分数线将全国各省区分为以下几类(见表 1 和表 2)。

表 1　2001 年全国各省(市、区)重点文科类高考录取分数线

分数线	540 分以上	540—530 分	530—520 分	520—510 分	510—500 分	500 分以下
省(市)	山东　浙江 江西　广西 (其中山东为 580 分)	河北　湖南 山西	重庆　江苏 辽宁　安徽 湖北　福建 陕西	黑龙江 四川　广东	天津　吉林 贵州　海南	北京　上海 甘肃　宁夏 青海　云南 西藏　新疆 内蒙古

注:由于广东、广西、福建、陕西、海南五省实行 900 分的标准分制,为了比较的方便,将分数线分别乘以 0.83。

表 2　2001 年全国各省(市)重点理科类高考录取分数线

分数线	550 分以上	550—540 分	540—530 分	530—520 分	520—500 分	500 分以下
省(市)	山东　河北 浙江　湖北 湖南　江西 (其中山东为 607 分)	重庆　江苏 山西	安徽　四川 广西	上海　辽宁 黑龙江 广东	甘肃　吉林 天津　福建	北京　贵州 宁夏　青海 云南　西藏 新疆　陕西 海　南

从以上的各省（区、市）高考录取分数线的简单统计情况来看，我国的高考录取分数线存在较大的差距。2001年重点文科类全国录取分数线最高的山东省与最低的西藏之间的差距更高达140分，重点理科类录取分数线之间的差距为150多分。而高考分数线的差距引发了各地高考升学率的重大差别。如2002年，北京等地的高考升学率一般在70%以上，其实际升学率甚至可以达到100%，而大部分省市则多集中在50%左右。

因此客观存在的高考录取分数线"差"及各地高考升学率的高低有别，从而导致"高考移民"由录取分数线高的省份向录取分数线低的省份迁移的现象出现也就不足为奇了。

2. 高考的重要性

过去人们常以"黑色的七月"来形容高考所在的七月，用"千军万马过独木桥"来形容高考竞争的激烈程度，用"一纸定终生"来形容高考对考生一生的重要性。一年一度的高考不仅成为考生家长们关注的焦点，也成为包括广大专家学者及普通老百姓关注的焦点。

在我国目前，高考是最主要也是最重要的一种人才选拔机制。对于大多数的普通老百姓来说，高考是向上流动的重要途径，并在很大程度上决定了考生终生的命运，其重要性可见一斑。而对很多的农村学生来说，高考也是他们跳出农门的最佳途径。结构功能主义认为，对个人来说，正规的学校教育其显功能除了社会化外，还有社会定位的重要功能；同时它也存在着不为人所意识到的潜在功能，如提供一种合适的生活方式，否则人们无法找到工作时会沮丧、不满意。更令人关注的另一潜功能是其能够让人建立一种持久社会关系网络。这种网络不仅提供了友谊，而且可为将来就业提供帮助，并提供了丰富的社会资源。

这就是很多存在升学困难的考生家长们不惜花费大量的金钱，甘于冒"道德风险"，搭不发达地区教育制度的"便车"，也要达到让自己的子女考上大学的强大动力所在。

3. 户籍制度的客观存在及各地教育资源分配的不公

出于人口管理的需要，我国从1958年开始实行相对严格的户籍制度，将人口划定在不同的省（区、市），公民的入学、求职、就业、调动等统统都与户口挂钩，从而产生了某种因户籍所在地不同而出现的"户口级别"现象。有些地方的户口相对就更"值钱"，出现了所谓的"宁要都市一张床，不要乡下大瓦房"的有趣现象。不仅乡村与城市之间户口意义的不同，就是城市与城市之间，户口所包含的意义也不一样。而我国公民受教育的权利又是与户口紧密地联系在一起的。

就教育来说，各地的教育资源、教育水平不可等量齐观。据笔者统计，1999 年，每百万人口中北京市共有高校 5 所，为全国之冠，最少的是四川省和贵州省，仅有 0.7 所，前者是后者的 7 倍；在普通中学专任教师与在校学生数之比这一数据统计中，北京也为全国之冠，为 8 : 100，比例最低的为安徽省，为 4 : 100，前者是后者的 2 倍。我国的高考录取分数线的划定及招生名额的计划性分配是与各地的教育水平、教育资源状况联系在一起，同时也体现了我国政府对少数民族集中地区基础教育的扶持，但它带有较强的计划经济色彩。实际上出现了所谓的高考分数线"马太效应"，高考录取分数线高、升学率低的还是那些省（市、自治区），高考录取分数线低、升学率高的也还是那些省（市、自治区）。

三 "高考移民"现象的利与弊

高考是目前中国能够获得普遍认同的公平选拔人才的一项比较成熟的制度。尽管这种公平也是相对的、有限的，但它提供了一种"分数面前，人人平等"的相对公平理念，是在我国目前的经济、社会条件下，最公平的人才选拔机制。因此一年一度的高考也就成为全社会关注的焦点，不仅考生家长关心，社会各界人士也关心。

德国大哲学家黑格尔曾说过，存在即合理。高考移民现象的存在，固然与我国高考招生制度中划定不同档次的录取分数线的初衷背道而驰，但既然它存在，也就必然具有其合理性的一面，其正功能与负功能同样明显。

移民，总是和趋利性相联系的，利益位差越大，流动的冲动势能就越大，高考移民也概莫能外。人们之所以花费不小的成本来移民，是因为这已成为一种投资，一种可以取得丰厚回报的投资。而且广大老百姓之所以愿意花费大量的金钱投资于子女的教育，其根本原因在于教育的产权是明晰的。上大学、受高等教育，所获得的利益都归自己所有，不会出现"搭便车"的问题。而高考移民本身成为一种现象，也正是市场作用的结果。而且，考生及其家长能够对高考制度存在的不公进行质疑，本身就是社会进步的表现，是人们权利意识觉醒的表现，尽管这种行为是一种"上有政策，下有对策"的投机行为。因此，对高考移民的积极性应该予以充分考虑。由于各个省的高考招生名额是已经按计划分配好了的，名额的多寡之间存在一种数量上的显性不公平。由此，在市场的作用下，出现了以脚投票的方式——考生由那些录取分数线高、录取率相对较低、高考竞争激烈的省份移民到录取分数线相对较低、录取率相对较高、高考竞争相对更弱的省份。这样便会在客观上造成一种压力，引起相关政府主管部门的重视，从而有利于出台一些消弭这一不公平现象的政策措施，以最终实现在高考面前所有人一律平等的理想目标。

任何事物都有其两面性。高考移民现象的大量发生，打破了各省高考原有的相对均衡有序的状态，而且对那些教育欠发达地区的考生来说这是一种不公平的体现。他们与移入地的考生存在学习上的竞争，与他们分享了有限的教育资源，同时也会无形中提高当地的高考录取分数线。由于国家制定的梯次性、分不同档次的高考录取分数线政策，是从当地的教育实际情况出发的，对当地的考生存在适度的照顾，对当地考生来说，是一种利好的政策。而高考移民的到来无疑会在短期内提高当地的高考成绩，存在一定的"分数泡沫"，使其不能真实地反映当地的教育水平。有资料显示，从1999年到2002年，高考成绩达到海南省本科第二批录取分数线以上的，省外考生所占比例节节攀升：4.1%、5.8%、10.5%和11.7%。尤其是2002年，第一批本科入围人数中省外考生占23.5%，比例之高，令人惊叹。

这样自然容易会遭到当地考生的"仇视"，引发他们的"不满"情绪。尤其是在一些高考欠发达地区，当地考生与高考移民之间的矛盾冲突日益激化，甚至引发一些群体性事件，从而影响到社会的稳定。在海南、新疆等地便出现了当地考生集体罢课、静坐，与当地教育主管部门交涉等事件。

四　对策及建议

1. 缩小各地高考分数线之间的差距

由于高考移民现象出现的直接原因在于倾斜的高考分数线，因此改革目前相对不公平的高考分数线"差"势在必行。但考虑到要一下子彻底根除存在了多年的高考分数线"差"这一现象是不太可能的，同时也会对现有的稳定的高考秩序造成一定的冲击，因此，在保持合理分数线"差"的同时，逐步缩小各地分数线之间的差距，真正做到"分数面前，人人平等"。有关部门可以根据各地的教育资源状况、每年毕业生人数、高考升学率等各项指标，对各地高考招生名额的分配及分数线的划定进行充分的认证，以保证各地考生的利益。

2. 加大对教育相对落后地区基础教育的扶持力度

我国边远地区、少数民族地区教育水平之所以比较落后，其根本原因在于基础教育十分薄弱，即使是高考分数线向这些省份倾斜也不能从根本上改变这一状况。基础教育是一个投入大见效慢、回报相对隐性的领域。由于我国的基础教育实行"分级办学、分级管理"的体制，落后地区的教育困难重重，其首要的便是教育经费极度匮乏，教师工资待遇偏低，致使他们无心思长期教学。边远地区及少数民族地区由于自身经济的不发达，很难对基础教育施加更大的投入；而由于当地经济的落后，这些省份出去的大学生毕业后往往不愿回到家乡，而纷纷流向东南沿海等经济发达地区，"孔雀东南飞"就是对这一现象的极好描述。因此国家必须加大对这些经济落后地区基础教育的扶持力度，每年定期从中央财政划拨一部分专项资金，用于改善办学条件，提高教师的待遇；

同时在政策上，鼓励毕业大学生支边，到落后地区施教，实行人才接力计划，提高这些地区的基础教育水平。

3. 弱化"高考"的作用，强调终生教育

伴随着知识经济时代的脚步，"学习化社会"的雏形也随之显现，教育将成为人类生活中最重要也是最普遍的事情。随着现代教育技术的发展和不断介入，人类正掀起一场新的学习革命，教育和学习的方式将发生深刻的改变。"建设和完善终身教育体系"已写入我国教育法总则，终身教育的思想越来越被人们重视，并越来越深刻地影响教育的改革与发展。

在现代社会，知识更新期明显缩短，产业结构调整频繁，转岗、再就业的概率增大，这使人们进一步接受教育成为必然。为此，传统教育的终点即终身教育的起点，把每个人的受教育的时间同每个人的社会实践历程叠合起来，使教育与实践双向互动。因此过去那种"一纸定终生"的单一人才选拔方式已经无法适应知识经济的要求，它必将被日益多元化的选拔方式所取代，高考的重要性也相对减弱。人们可以通过各种方式，如网络远程教育、电大、夜大等，来达到获取专业知识和职业技能的目的。

农村家庭养老中的"富而不养"问题及社会控制[*]

中国养老问题的真正重点和难点不在城市而在农村。随着农村老龄人口绝对数的不断增长、抚养比逐年增高、空巢家庭不断增多，急需积极培育社会养老机制。但在今后较长一段时期内农村仍将以家庭养老为主，这已成为共识。在社会养老机制还未建立起来之前，解决好家庭养老中所出现的新问题，应是目前农村养老工作的重点。正是基于以上考虑，笔者认为，除对那些确因经济问题而导致养老出现问题的家庭给予关注外，农村出现的家庭养老的"富而不养"问题应受到高度重视。

一 "富而不养"问题的特点及危害

所谓"富而不养"，即家庭成员中的年轻子女或孙子女在经济上有供养老人的能力而不提供援助或所提供的援助低于家庭平均生活水平的社会现象。"富而不养"问题具有以下特点。

第一，具有一定的普遍性。在苏南一带的农村，晚辈盖洋楼，长辈住老屋或在楼房边搭一小屋的现象相当普遍。在山东甚至出现了一个怪现象：村里老人因不堪忍受子女的不孝行为，另建"躲儿庄"。据《中华老年报》载，山西省有关单位近 4 年已接待老人来访 2 万多起；上海市每年平均处理 6000 起；1995 年天津市津南法院受理赡养案例比 1994 年增长了 116.7%；福建省各地 1996 年和 1997 年审结的 562 起涉老案件中，80% 以上是赡养纠纷

---
* 原载《华中科技大学学报》（社会科学版）2002 年第 3 期，与张旭升合写。

案件。

第二，纠纷数量呈上升趋势。1995 年在陕西平县的百户家庭养老调查中发现，在养老问题上，子女孝敬老人或基本能履行赡养义务的只占 44%，在赡养问题上有分歧和矛盾的或尽赡养义务有困难的占 36%，不尽赡养义务的占 17%，因赡养问题引起纠纷、告状诉讼的占 3%。① 另据最近《经济日报》（2001）报道："老年人的赡养纠纷案目前正以每年 10% 的速度递增，在所有涉及民事案件中，赡养纠纷案占到 13.5%，高居榜首，这类纠纷案中又以发生在农村的物质纠纷居多。"

第三，纠纷中的老人是社会的弱者群体。农村老人"活到老，做到老"，无退休之说，所以老人在自身没有劳动收入之时，只能依靠子女的援助。可随着年龄的增大，劳动能力减弱，劳动收入也会随之减少，当完全丧失劳动能力时，劳动收入也就没有了，倘若子女的援助减少甚至没有，"这些老年人的收入水平和消费水平大大低于其他人"，甚至面临怎样生存下去的大问题。所以在侵犯老年人权益的案件中，赡养权受到侵害者所占比例最高，得不到家庭赡养的老年人多是那些高龄、多病、无配偶、生活在农村的老人。

"富而不养"问题具有严重的危害性，对老人而言，直接威胁到他们最基本的生理需要，同时对老人的心理也是一个沉重的打击；对子女家庭而言，这种行为又在其子女面前树立了一个很不好的榜样，为他们自己未来的养老种下了苦果；对社会而言，它起到了不好的示范作用，如果任其发展，必将威胁到社会的稳定。

二 "富而不养"问题的原因分析

成年人的爱己、爱妻或爱夫和爱子的感情较浓，无须外在的提倡和强调，相对而言孝亲的理性色彩较浓，他们往往难以自发地奉行。所以无论在传统社会还是在现代社会都需要有相应的社

---

① 李长通：《关于农村社会养老保险的思考》，《渭南师专学报》1998 年第 3 期。

会控制手段来内化人们的养老责任，从而保证养老行为的真正落实。"富而不养"问题与农村中社会控制力量的减弱有一定的联系，具体表现在以下几个方面。

其一，孝文化的弱化。孝道通于政，历代王朝统治者的宗法统治，都很重视灌输以"三纲五常"为主要内容的儒家伦理道德和诸德之本的孝道，使之深入人心，成为民众不知其所以然却"由之"的生活准则。如汉代倡导以孝治天下，晋元帝以后至清代竟有六位皇帝御注《孝经》，唐玄宗曾两次亲注《孝经》，并御书勒石，颁行天下广为流传。在家庭中一个人从小就接受孝道教育，即子女对父辈的孝心，无条件地敬爱父辈、顺从父辈。在学校和社会上，更加重"孝"轻"利"，提倡"以身殉道"的献身精神。这种传统的伦理道德和孝道虽有糟粕，却具有"正名""导向""监控"和"强化"人们养老行为的作用，为家庭成员和睦所需要，使中国家庭养老得以绵延千载，成为优良传统而受到重视和尊重。即使中国封建经济的解体和宗法制度的不复存在，传统的孝道也应批判地继承，这是历史的必然。但问题在于人们在批判传统孝道的过程中出现了"极左"的评价，怎样才算是批判地吸收，该肯定哪些，该否定哪些，目前人们还没有达成共识，新的具有时代特色的孝道尚未完全形成。在市场经济中老人地位的式微是一个必然结果。我国目前正处在市场经济发展的初期，人的个性、物欲过度张扬，利益、等价交换等价值观已渗透了生活中的方方面面，亲属、邻里、亲子关系无一不受影响，有的甚至亲情完全被物欲所掩盖。"致富"似乎已成为一些人的终极目标价值，至于对老人的"养"与"不养"或"养到何种程度为养"这好像已不是他们所关注的问题。

其二，村落中家族和舆论力量的弱化。在传统社会，家族势力的存在虽然有其消极意义，但以血缘为纽带的家族通过"家法"和"族规"，可以协调和处理家族中的矛盾和纠纷，将家族成员的养老行为很有效地控制在一定范围内。中国现代化、工业化和城市化的发展，计划生育的实施，社会流动的加剧，农村的家庭规模由大到小、结构由紧到松，功能也由多到少，人们的家庭观念也逐渐出现了淡化的趋势，农村中家族势力对每个家庭及成员的控制力也相应地大大削弱。随着农村家庭联产承包责任制的推行，尤其是市场经济的发展，亲情关系的感性行为也逐渐被理性的利益选择所取代，村落的舆论力量也大为削弱，甚至出现漠视养老的不道德现象。

三　加强社会控制，解决"富而不养"问题

社会控制是指社会依靠自身力量影响、限制和规定社会成员、社会群体的思想及行动，利用奖励和惩罚引导社会成员的行动，协调个人和社会之间以及社会各组成部分之间的关系，借以保证社会的协调、稳定发展。社会控制包括政策、法律、组织等硬控制和道德、舆论等软控制。加强农村的社会控制，要考虑到农村丰厚的文化资源、家庭养老问题的复杂性以及处理问题的可操作性，重点还是要发挥家庭道德、村民自治组织和老年协会组织的作用，并辅之以舆论、政策和法律等手段。

第一，家庭道德控制。家庭道德是处理家庭成员之间关系的行为规范，它为人们分辨家庭问题的是非提供了一个尺度和标准。个人一旦将它"融化在血液"中就成了支撑人们行为的精神力量，并成为自己的一种内在需要。这样就能保持有序的家庭生活，以达到社会控制的目的。家庭道德既有一定的稳定性，又有一定的可变性。新的家庭道德具有一定的滞后性，而且还不可能自发产生，是需要积极地进行倡导和推广的。不少"富而不养"者并不是缺少供养的能力而是缺乏供养的意愿，是他们的家庭道德修养出了问题，没把尊老敬老当作应尽的义务和内心的一种需要来看待。为了使人们的养老敬老的义务内化于心，可以考虑从以下几个方面着手来加强我国的家庭道德建设：首先要加强家庭道德建设，使之制度化和社会化，从而提高整个社会的家庭道德水平；其次是要在社会上开展一些尊老敬老的志愿者活动，倡导尊老敬老之风；最后是在广大中小学中开展养老、敬老道德教育与实践

活动并办好家长学校，以引导家长对子女的言传身教方面的教育。

第二，发挥村民自治组织和农村老年协会的作用。村落社会是一个熟人世界的"无讼"社会，重亲情和人情的村民，在面对家庭矛盾和纠纷时更多是依靠邻里及村委会的协调来解决。村民选出的书记和村主任在解决"富而不养"问题的过程中，是"与两边都能说话""两边都信任的人物"。在解决"富而不养"问题时，他们通过讲道理、做工作，一般都能达到调解的目的，如果调解失败也可以代表老人向上面反映情况以求得到解决。另外，预防与解决"富而不养"问题，还需要发挥老年协会的作用。农村老年人具有相同的背景（老龄、孤独等）、问题（物质需求、精神需求、照料需求）和利益，这使得农村老年协会的形成成为可能。老年协会一方面可以利用集体的影响力提高老人在家庭和社会中的地位，以预防"富而不养"问题的产生；另一方面还可以监督和协助"富而不养"问题的解决。

第三，舆论、政策和法律手段的积极干预。相对于城市而言，村落中人们之间的同质性、归属感和认同意识都很强，人们活动空间、时间的同域性、同步性，都决定了舆论在村民中有极高的位置，人们一般都很在乎别人对自己的议论。电视、广播等大众传媒可以传播尊老敬老的观念和行为，同时对侵犯老人合法权益的行为进行曝光、抨击、谴责，从而创造一个好的舆论氛围，从精神和道义上支持尊老与敬老行为。

对村民行为影响最大的不是国家宏观的方针，而是具体执行过程中的政策。在中国传统社会中就对有老年人的家庭实行免役减税资助和放宽迁移条件等政策。现代社会为了鼓励人们养老，也应对有老年人的家庭施行倾斜性的政策，甚至还可考虑把家庭养老状况与当地领导的政绩挂钩。

通过具有权威性、强制性和普遍性的法律，可以动员全社会的力量来关心和解决老年人的问题。法律的干预可考虑从以下几个方面入手：首先制定一个老年节；其次要严厉打击虐待、遗弃老人等侵犯老年人合法权益的违法行为；最后考虑到"富而不养"的老人大多高龄、多病、无配偶，有条件的地方应逐渐健全农村老人的法律援助制度。

当然，要解决农村中"富而不养"的问题，单靠某一种手段是难以达成的，要运用舆论、道德、法律、政策、组织等各种手段，动员社会、群体、家庭、个人等各种力量加以综合控制，以确保老年人在团结、温暖、和谐的家庭和社会氛围中度过晚年。

城市居民的民族精神认知状况分析[*]

民族精神即某一民族依据自身的生存环境和生产实践在建构自身生活方式的历史性进程中所形成的总体性世界认知图景和人生价值选择。① 民族精神认知是社会成员对民族精神的普遍认同的价值取向和行为准则的一种心理状态，对自我生活和个体的社会态度都有深刻的导向作用。学者们对此的研究、讨论、思考不可谓不多，然而众多学者大多是从纯学理的角度出发进行相关研究，少有关于我国民族精神现状的实证研究。同时，在研究对象上，大多以大学生为样本，较少针对社会的某一群体进行研究。因此，本文的研究主要从社会心理学的角度，对城市居民民族精神认知状态进行分析，总结出当前我国城市居民对民族精神的认知特点及存在的问题；并从社会心理学的相关理论出发，就在我国城市居民中如何弘扬和培育中华民族精神提出了一些针对性的建议。

研究以笔者参加的华中科技大学社会学系 2004 年 7 月所做的教育部重大招标课题"弘扬和培育中华民族精神"调查资料为依托。此次大规模的调查，将民族精神的内涵具体化为 17 种价值观，包括国家观、民族观、集体观、个人观、人生观、发展观、竞争观、伦理（道德）观、诚信（信任）观、战争观、劳动观、幸福观、利益观、责任（义务）观、人际观、人情观和友谊观，然后分别对这 17 种价值观的理论和实证内涵进行了相关权威研究的资料收集，在此基础上设计出有代表性的具体问题。研究对象为农

* 本研究得到教育部哲学社会科学研究重大课题攻关项目（03JZD0027）组和华中科技大学文科资金资助。原载《社会心理研究》2006 年第 3 期，与王友华合写。

① 邓卫红：《弘扬和培育民族精神》，《桂海论丛》2003 年第 5 期。

村居民、城市居民、大学生、中学生、小学生、高级知识分子六个群体。问卷调查采取多阶段立意的配额抽样方法：首先在全国范围内选取陕西、黑龙江、广东、湖北、北京和上海六个具有代表性的省和直辖市；然后选取省会城市或直辖市的一个区以及一个中等城市或地区；每个城市或城区选择两个街道和两个乡镇；每个街道选取四个社区居委会，每个乡镇选取四个行政村；每个社区居委会和行政村按照偶遇抽样的方法各选取 30 个调查对象。按社区分为城市社区和农村社区。

本文从上述调查的有效问卷 6241 份中，抽取北京（353 人）、上海（352 人）、广东（333 人）、黑龙江（350 人）、陕西（327人）和湖北（334 人）六省市的城市居民共 2049 人的样本资料，其中男性城市居民为 1058 人，女性城市居民为 991 人；对城市居民民族精神的认知现状进行描述性统计分析。

一 城市居民的国家观和民族观

以国家或民族整体利益为基础，中华民族形成了一套完整且持久的文化价值选择与整合机制；对国家或民族利益的维护，构成了中华民族发育、生长、壮大的动力机制；在中华民族漫长的发展进程中，涌现了许许多多的杰出英雄人物。调查发现，我国城市居民非常赞成和比较赞成林则徐为民族英雄的比例很高，为93.0%。这说明，绝大多数城市居民都认同林则徐和岳飞在中华民族发展中所起的巨大作用。我国城市居民在对民族英雄的认知上有着很大的一致性。

在对待国家利益上，我国城市居民认为国家利益重要的比例为 93.1%，占了绝大多数。国家统一是我国人民的愿望，也是中华民族伟大复兴的必然要求，94.0% 的城市居民认为"台湾、新疆、西藏是我国不可分割的部分"；78.6% 的城市居民认为"一旦台湾分裂应该以武力保卫祖国统一"；94.2% 的城市居民认为"国家兴亡，每个人都有责任"；86.1% 的城市居民认为"各国之间的矛盾都应该用和平方式解决"。

由于种种原因，我国各民族之间的发展很不平衡，在有些方面差距还很大。在历史上，也曾出现了"民族地方主义"和"大民族沙文主义"这两种不利于民族团结的倾向。调查结果表明，目前我国绝大多数城市居民（93.1%）都非常赞成和比较赞成"我国56个民族无论大小都是平等的一家人"这一观点，并有73.7%的城市居民非常赞成和比较赞成"国家应当继续推行优先照顾少数民族发展的政策"。这表明，经过长期社会主义教育我国大多数城市居民都能正确地对待各民族之间的关系，理解和支持中央的优先发展少数民族的政策。

二 城市居民的沟通与交流

社区文化建设不能脱离中华民族源远流长的历史文化，必须立足于我们中华民族传统文化的基础之上。中国几千年的传统文化中，人与人之间的沟通、交流占据重要的地位。人是社会的人，是生活在一定群体中的，因此也就离不开人际交往。调查发现（见表1），有91.5%的城市居民非常赞成和比较赞成"人与人间的友谊是很珍贵的"，有92.2%的城市居民赞成"良好人际关系在生活中非常重要"。这表明，我国绝大多数城市居民都能正确认知人际交往在生活中的地位和作用。

每个人都有遇到困难的时候，也都有需要别人帮助的时候。调查结果（见表1）表明，87.2%的城市居民非常赞成和比较赞成"别人在困难时自己应尽力帮助"，69.0%的城市居民反对"帮助别人要看对自己是否有利"，89.9%的城市居民肯定了"人与人之间应该互相团结、合作"。

表1　城市居民对人际关系的认知

单位：%

	非常赞成	比较赞成	一般	不太赞成	不赞成
人与人间的友谊是很珍贵的	65.7	25.8	7.5	0.6	0.4
良好人际关系在生活中非常重要	65.3	26.9	6.4	0.6	0.8

续表

	非常赞成	比较赞成	一般	不太赞成	不赞成
别人在困难时自己应尽力帮助	54.1	33.1	10.7	1.1	1.0
帮助别人要看对自己是否有利	5.9	9.4	15.8	34.5	34.5
人与人之间应该互相团结、合作	61.0	28.9	8.8	0.8	0.7
人与人之间应该互相信任	57.6	31.0	9.0	1.4	1.1
害人之心不可有，防人之心不可无	54.6	32.4	9.7	1.9	1.4
人与人之间应该互相宽容	61.1	31.9	6.0	0.6	0.4
人人都应该尊重别人	67.1	25.2	6.1	1.0	0.5
人与人交往应该礼尚往来	40.9	31.1	19.6	5.4	2.9

注：本文涉及的百分比均是其在样本中的有效百分比。下同。

人与人之间如何相处呢？调查结果（见表 1）显示，88.6%的城市居民赞成"人与人之间应该互相信任"，87.0%赞成"害人之心不可有，防人之心不可无"这种传统思想，绝大多数（超过92.0%）的城市居民赞成"人与人之间应该互相宽容""人人都应该尊重别人"，72.0%的城市居民赞成"人与人交往应该礼尚往来"。

三 城市居民的诚信观

市场经济应该是法治经济和诚信经济。但在我国体制转型时期，市场经济在繁荣城市经济的同时，也给国民传统伦理道德带来极大的负面影响，敲诈、假冒、伪劣等现象层出不穷。人与人之间的关系在许多时候变成一种赤裸裸的金钱关系，社区居民之间、邻里之间的互信、互助、友爱、友情日渐淡薄。大多数社区居民认为除了自己或家人以外，没有任何一个人可值得信任。调查也说明这一问题（见表 2），在最信任的人中，城市居民信任"自己"的人数最多，占了 80.1%，其次分别是"父母"（74.5%）、"配偶"（50.7%）、"子女"（39.6%）；而信任度最低的是"老乡"，仅占 1.6%，其次分别是"邻居"（3.3%）、"同事"（5.9%）、"领导"（7.5%）。

在对"您认为目前人们是否讲诚信"的回答中，有8.4%的城市居民认为"大家都讲"，有38.8%的认为"多数人讲"，有20.1%的认为"大约一半人讲"，有24.4%的认为"只少数人讲"。可见，城市居民对目前我国社会中诚信状况的认知不是很让人乐观。

表2　城市居民最信任的人

单位：%

	是		否		合计
	频数	百分比	频数	百分比	
自己	1621	80.1	403	19.9	2024
配偶	1027	50.7	997	49.3	2024
父母	1508	74.5	515	25.4	2024
子女	802	39.6	1222	60.4	2024
亲戚	248	12.3	1776	87.7	2024
老乡	33	1.6	1991	98.4	2024
领导	151	7.5	1873	92.5	2024
同事	120	5.9	1904	94.1	2024
老师	328	16.2	1696	83.8	2024
同学	168	8.3	1856	91.7	2024
朋友	531	26.2	1493	73.8	2024
邻居	67	3.3	1956	96.7	2023

四　城市居民的责任与义务

在社会生活中，每个人对不同的对象都承担着相应的责任和义务。经分析（见表3）发现，城市居民最为认同自己对家人的责任和义务，认为对他们具有很大、较大责任和义务的比例高达93.2%，其次是认同对"自己的工作""自己做的事情""自己"的责任和义务；相反，城市居民最不认同的则是对"社会中所有的人"，其次是对"自己的同事或同学"和"自己的领导"。

表3　城市居民对不同对象个人有多少责任和义务的认知

单位：%

	很大	较大	一般	很小	没有	不知道
对自己	57.2	19.4	19.3	2.6	0.7	0.9
对自己的家人	71.3	21.9	6.0	0.4	0.0	0.4
对自己的亲戚	22.7	33.6	38.8	3.3	0.9	0.7
对自己的朋友	23.1	34.7	36.1	4.0	1.4	0.7
对自己的同事或同学	15.6	29.3	45.1	6.4	2.8	0.9
对自己的领导	17.7	24.3	37.8	9.5	7.6	3.0
对信任自己的人	37.1	36.8	21.4	3.6	1.1	1.3
对有困难的人	32.7	31.9	28.9		1.3	1.5
对社会中所有的人	15.5	15.5	43.8	13.6	7.2	4.3
对自己的国家	51.1	24.7	17.2	3.4	1.6	2.0
对自己的家乡	33.7	30.3	27.7	4.9	1.7	1.8
对自己居住的社区	24.9	29.3	35.5	6.2	2.4	1.7
对自己的劳动集体或学校	26.0	31.4	34.5	4.3	2.0	1.8
对自己的工作	56.7	28.5	11.5	1.4	1.2	0.6
对自己做的事情	56.6	27.2	12.8	1.5	0.7	1.2

　　城市居民作为国家公民，对我国法律等制度和所生活的社会环境也负有相应的责任和义务。调查发现，绝大多数的城市居民（90.4%）非常赞成和比较赞成"遵守国家法律是公民的基本责任和义务"，有88.1%的城市居民非常赞成和比较赞成"依法纳税是公民应尽的义务"。如果发现小偷在邻居家偷窃，有88.4%的城市居民会报警。如果发现马路上一个下水道的井盖不见了，有45.5%的城市居民会打电话给有关部门，有25.8%的城市居民会设法提醒周围的人。当自己有钱时，有86.8%的城市居民愿意拿出一定的钱赞助慈善事业、希望工程或贫困的人。

五　城市居民的利益观

　　利益是生活在社会中的每一个人包括城市居民都必须面对的

问题。调查表明，有83.1%的城市居民认为集体利益非常重要和比较重要。从表4也可看出，非常赞成和比较赞成"个人利益要服从集体利益"的城市居民占了大多数（70.2%）。可见，大多数城市居民都能正确对待集体利益。

在现实生活中，存在着各种不同的利益。如何面对和处理这些利益之间的关系也是城市居民们不可回避的问题之一。调查结果（见表4）表明，非常赞成和比较赞成"利人利己"的城市居民最多，占的比例为77.6%，其次是非常赞成和比较赞成"只要不损害他人的利益就可以追求自己的利益"的城市居民（72.4%）；而对"损人利己"和"损人不利己"持肯定态度的城市居民则最少。这表明，大多数城市居民都能正确、理性地对待自己和他人的关系。同时，也应看到一些腐朽落后的思想，如"人不为己，天诛地灭"在我国城市居民中还存在一定的市场。

表4　城市居民处理个人利益与集体利益关系时的认知

单位：%

	非常赞成	比较赞成	一般	不太赞成	不赞成
毫不利己，专门利人	30.1	20.4	23.7	14.2	11.6
利人利己	47.4	30.2	11.9	5.1	5.4
损人利己	2.6	3.1	7.8	19.5	67.0
损人不利己	3.1	4.7	10.2	14.3	67.7
主观为自己，客观为别人	10.2	18.4	34.2	20.1	17.1
个人利益要服从集体利益	35.8	34.4	22.1	4.6	3.1
只要不损害他人的利益就可以追求自己的利益	36.8	35.6	17.7	5.6	4.3
不讲条件只讲奉献太难做到	17.9	28.4	30.6	13.3	9.8
做人做事要考虑自己的利益	11.8	24.3	31.1	19.0	13.8
见义勇为牺牲自己的生命不值得	10.7	14.2	28.4	23.6	23.1
人不为己，天诛地灭	10.8	11.8	22.5	18.4	36.5

六　城市居民的劳动与奋斗观

劳动是人类存在的生活方式，也是城市居民勤劳勇敢、自强不息的民族精神的体现。调查结果（见表5）显示，我国大多数城市居民对待劳动的态度都是积极的。非常赞成和比较赞成"不劳动不得食""不劳而获是可耻的""人生在世就该劳动"的城市居民的比例都比较高，分别为70.6%、69.3%和78.1%。

表5　城市居民对劳动价值的认知

单位：%

	非常赞成	比较赞成	一般	不太赞成	不赞成
劳动、工作很累，是痛苦的	9.0	10.8	19.9	28.2	32.0
学习紧张、辛苦，是难受的	8.5	12.8	19.2	28.7	30.8
劳动是为了赚钱	19.2	26.4	24.2	16.5	13.7
如果已经很有钱就不需要劳动、工作	4.6	4.5	10.7	30.0	50.2
不劳动不得食	43.9	26.7	12.4	7.8	9.2
不劳而获是可耻的	47.3	22.0	15.3	7.1	8.4
人生在世就该劳动	46.9	31.2	15.4	4.1	2.4
劳动只有分工不同无贵贱之分	53.5	23.6	13.4	5.0	4.5

在对不同劳动分工的认知上，77.1%的城市居民赞成"劳动只有分工不同无贵贱之分"，但同时也应看到仍有一些城市居民对劳动存在较片面的认识。

拥有财富是每个人都向往的，但对获得财富的手段每个人有不同的见解。调查发现，赞成获得财富"靠自己的劳动""靠自己的知识、能力、特长"的城市居民最多，占的比例分别为87.6%和82.6%；而认为要"靠菩萨、上帝、老天"和"靠投机取巧"的城市居民最少，占的比例分别只有2.4%和3.3%。

自强不息是中华民族的传统美德之一。在对"自强不息的人是值得敬佩的人"的回答中，有68.6%的城市居民选择非常赞成，

23.2%选择比较赞成，只有 2.5%选择不太赞成和不赞成。

随着时代的发展，现代社会充满了竞争。调查发现（见表 6），在对竞争必要性的认知中，有 91.9%的城市居民赞成"要有竞争才能推动社会发展"。在竞争方式上，超过 87.0%的城市居民赞成"竞争要公平""竞争要按规则""竞争中要讲良心、讲道理"。同时，有 91.7%的城市居民赞成"要有竞争，也要互相帮助"。但也应看到，有 11.9%的城市居民赞成"既然竞争就可以不择手段"。

表 6　城市居民对竞争的认知

单位：%

	赞成		不赞成		合计（n）
	频数	百分比	频数	百分比	
不要竞争，要互相帮助	629	33.5	1247	66.5	1876
要有竞争，也要互相帮助	1754	91.7	158	8.3	1912
竞争要公平	1852	94.6	105	5.4	1957
竞争要按规则	1650	87.1	245	12.9	1895
竞争中要讲良心、讲道理	1715	89.4	204	10.6	1919
既然竞争就可以不择手段	222	11.9	1642	88.1	1864
要有竞争才能推动社会发展	1798	91.9	159	8.1	1957

综合以上分析，不难看出，我国城市居民目前对民族精神的认知总体来说是积极、健康的。这表明，我国持续多年的社会主义舆论宣传教育产生了重要作用，因此，我们必须把这种思想教育继续坚持下去。同时，通过调查，我们也发现我国城市居民对民族精神某些方面的认知上存在薄弱环节。如超过一半的城市居民不能正确说出"谁代表国家"，有 15%左右的城市居民不大赞成和不赞成"一旦台湾分裂应该以武力保卫祖国统一"，超过 10%的城市居民认为中国会对世界和平构成威胁，也有一些城市居民对我国的民族政策不是很理解和支持，等等。还有，一些落后的、受封建思想和西方价值观影响的观念在我国城市居民中还存在一定的市场。如超过 10%的城市居民反对"我为人人，人人为我"，超过 13%的城市居民认同"各人自扫门前雪，莫管他人瓦上霜"这一观

点，有 22.6% 的城市居民肯定"人不为己，天诛地灭"这种极端利己主义，超过 15% 的城市居民赞成在帮助别人时要看对自己是否有利。

很明显，一些城市居民在我国民族精神认知上存在不足和偏差，不利于我国社会的发展，不利于我国小康社会、和谐社会的建立。因此，我们必须进一步大力弘扬和培育民族精神。

私营企业职工的状况与心理分析[*]

随着我国私营企业蓬蓬勃勃向前发展，关于私营企业深层次的一些问题已成为理论界的热门话题，如私营企业雇工的具体状况如何，他们对劳资关系的评价与感受如何，这一阶层的阶层意识又是怎样。为了探讨这些问题，我们于1996年7月组织研究生、本科生通过社会认知实习，在武汉市完成了68个私营企业雇工的个案调查。个案材料是通过为期半个月的工作生活接触、交谈和填答问卷完成的。个案是根据实习中的具体情况，通过工作实习建立感情后确定的，获得的是比较真实可靠的第一手资料。调查内容主要包括以下几个方面：私营企业雇工出雇的动机；私营企业雇工择业的愿望；私营企业雇工的需要与满足；私营企业雇工的交往与归属；私营企业雇工对私营企业主的评价；等等。

一　私营企业雇工的现状

社会主义市场经济体制的建立，不仅要触动社会生产方式、人们的生活方式、思维方式和价值观念，而且使社会的阶层结构也发生了深刻的变化，一些新的阶层相继出现。"雇工"这一阶层就是在这一背景下产生的。本文重点对所完成的68个个案中的既有个性又能反映共性问题的16个个案进行分析研究，以描述雇工的基本状况，分析形成现状的原因。对于个案被访者的姓名、工作单位，文章均略去，用序号代表姓名，并标明工作单位性质和

---

*　本文根据风笑天等著《私营企业劳资关系研究》（华中理工大学出版社，2000）第81—97页的吴中宇所撰写的内容缩写。

其从事的职业，典型个案如下。

1. 典型个案

个案 1（湖南新化人，男，43 岁，初中文化，在公司工作，业务员）我家里兄弟姐妹多，经济困难，自己学习成绩一般，所以就辍学了。从 10 多岁开始走南闯北，找门路，做生意。跑了几十年，收获最大的有两点。一是长了见识，敢闯敢干；二是建立了一些关系。现在在公司跑业务主要靠这么多年结交的朋友和哥们帮忙。到现在工作的公司工作有 4 年了，性质是私营企业。我们老板不喜欢"私营企业"这个称呼。我觉得无所谓，反正都是做生意。这几年做下来还可以，国有企业工人每月也就是两三百元钱，我们生意不好的时候也比他们多。我已成家，老婆孩子都在老家。我在公司上班，晚上就在公司住，但经常在外跑业务，也无所谓什么安身之地了。公司就七八个人，也没签什么合同，大家凑到一起干。生意好做，就多分几个钱；不好做，就少分几个钱。几年下来，公司内的几个人没什么大矛盾。

个案 2（湖北麻城人，女，24 岁，高中文化，在一家公司当秘书，处理办公室业务和负责财务管理工作）我从农村老家来武汉有 3 年多了，先在一家商店当营业员，后经亲戚介绍到现在的公司工作。我现在工作的单位实际上是个商店，只有 11 人，不过挂的牌子却是公司。在这里工作没有签什么合同，除了拿工资，其他没什么待遇，也不知道应该有什么待遇。钱赚得不很多，但生活过得很轻松，比在农村舒服。我们这里每个人的工资是保密的。目前的日子过得还可以，但将来怎么办我也不知道。我还没成家，不想回老家，但在武汉成家也很困难，主要是不容易找到合适的对象。我们来的一些人，少数姐妹有成家的，但大多是和一些条件极差的人成家。我不想那样。如果我的户口在武汉，凭我的条件是能找到合适的人成家的，但目前不太可能。

个案 3（武汉市国有企业下岗工人，女，37 岁，初中文化，在公司工作，炊事员）我原是汉口一家国有企业工人，因工厂停业而下岗在家。现在主要是为公司职员准备午餐，有时也帮忙发货。我到这里工作是没有办法的办法。在国有工厂里的生活还是值得留恋的。过去在厂里开大会，学习文件我都不想参加，现在想参加，也没有机会，就像没有依靠一样。我希望以前的工厂早日复工，自己能重新去上班。我与现在工作的单位也没有签订合同，工资的标准是来的时候双方协商定的，没有文字依据。住房是原来工厂分的房子，医疗费不报销。在生病时最容易想到国有企业的好处。过去一点小病就到厂医务室去看，很方便，现在是天壤之别。我不是很想在私营企业干，所以选了这份炊事员工作，不用抛头露面，别人也不知道。

个案 4（湖北松滋人，女，21 岁，高中文化，公司打字员）我到这家公司工作只有半年时间，来之前在老家的一家乡镇企业工作过，学会了电脑打字。是通过亲戚介绍来的，没签订合同。请病假、事假是没有工资的，医药费不能报销，住的房子是在附近租的。来武汉谋职就是想出来见见世面，再就是想多挣点钱。这半年来没挣多少钱，我准备一边在这里工作，一边托人谋取一份更好的职业。我的业务还可以，有希望找到待遇更好的单位。

个案 5（湖北省荆沙人，男，24 岁，大学学历，公司推销员）我来武汉前在家乡一家国有企业工作。辞去国有企业工作到武汉来求职的目的，首先是想积累一些经商经验，建立一些关系；其次是积攒一笔钱，以后自己独立开一家公司，做"老板"。来汉 1年有余，感到要实现自己心中的理想不是那么容易。我是通过熟人介绍来的，没签订合同。工资是根据推销的情况决定的，也没什么比例，完全由老板决定，一般比在老家工作时高一些。与老板没有发生大的冲突，关系还可以。暂时还不想"跳槽"，因为到其他公司做同样的工作，只是具体业务对象发生了变化，其他方面的情况和对自己的锻炼都一样。如果有可能到有名的大公司或大企业去的话，我还是很愿意的。

个案 6（武汉市人，男，40 岁，大专学历，在公司干技术工作）我 1994 年离开国有企业留职停薪，到私营企业工作，目的是为了发挥一技之长，多挣一点钱，以改善家庭物质条件。和老板发生过两次大的冲突，原因是拖欠工资。我所在的企业只有 14 个人，大部分是从外地农村来的，我是唯一的技术人员，老板不敢辞退，所以我不怕；就是辞退了也没关系，我可以找到更合适的工作。我随时准备"跳槽"。我认为私营单位和国有单位不能比：国有单位条条框框多；私营单位没有什么条条框框，怎样干能获利就怎样干，老板说了算；但也听取了大家的建议。在这些方面比我在国有企业干要好些。原来在国有企业，因为人多，领导也很少和我们交谈。这里就不一样，人少，什么事商量着干。虽然我没有股份，但也觉得是这里的主人，大小事基本都参与。我对我所在公司的发展不抱乐观态度，因为私营企业发展比较困难。我所在的公司建立有4年多了，还处在积累资金的初级阶段，没有长期的经营方针和目标，可以说有点随行就市的味道，赚一笔是一笔，能够撑下来就不错了。问到对国家关于私营企业进行税收调控的政策有哪些看法，这方面我们老板比较精明，非交不可的税一定交，但能不交就不交，能偷税、漏税就溜掉。我认为这样做并不违法，比起报纸上刊登的那些明星偷税漏税，老板的这小本生意又算得了什么！我没有与公司签合同，工资收入在雇员中还算可以，但与雇主（老板）不能比。你们只要看一看随老板进出的一条名犬（价值几万元），就知道雇主与雇员之间的收入差异。目前收入比原来在国有企业的收入高（但具体数目不愿谈）。现在风险也大些，公司除了发工资，其他待遇，如住房、医疗费报销等保障都没有。在原单位有一份养老保险，虽离开了原单位，但每月还向原单位交管理费，到了退休年龄就按国家政策在原单位领取退休金，自己收入多时也存一些钱，以备后用。

个案7（湖北应城农村人，男，25岁，高中文化，在工厂做描样或制图工作）我是通过职业中介机构介绍来的，没与老板签订劳动合同，属于临时工。所在的工厂，工作时间紧张，每天工作8小时，中午吃饭时可休息一下，没有星期六，也没有星期天，一年里仅国庆、元旦、春节等重大节日放假几天。平时可以请病假、事假，但工资要扣掉。重大伤病的医药费企业可以报销50%左右。至于失业保险、养老保险等企业应给的其他待遇，听都没有听说过。我所在的厂包吃包住，每月净收入可得300元左右。我们老板还可以，有什么想法也可以找老板谈谈，但车间里管理人员（监工）凶得很。对于目前的工作状况我觉得还可以。关于想不想找更好一点的工作这个问题，我认为无所谓，反正出来打工，到哪还不一样，说不定别的地方比这里还差些呢。

个案8（浙江温州人，男，25岁，自修大学毕业，工厂业务部经理，管理各项进出业务）他是老板的亲戚，工作勤奋，口才颇佳，工厂的生意很多是他招揽的，老板很重用他。他没有透露自己的工资数，但看得出他是满意的。工厂是他亲戚独自办的，他没有股份但很关心工厂的发展。他认为私营企业绝不能停留于传统作坊式的小打小闹水平上，应该加强管理，向管理要效益。他希望工厂能招聘到有技术、懂管理的人才。但由于私营企业的管理混乱，技术人员的职称问题没办法解决，无福利保险，所以一直没有专业人才愿意来。他是企业里文化程度最高的人，头衔也就是经理、副经理之类，技术职称没有。他认为私营企业主可以给你经理之类的头衔，但不敢给工程师一类的技术职称，原因是多方面的。

个案9（湖北孝感人，男，31岁，小学文化，工厂打磨工）因家庭负担重才出来打工。由在本厂工作的熟人介绍到这个厂工作，文化低，只能干粗活，主要是将工件放在砂轮上磨去多余部分。工作环境很差，他毫不讳言："若不是老家太穷，我才不会干。现在不管怎样，除生活费外，每年有2000元左右的盈余，全部寄回家。"工厂里没有工会组织，他也不知劳动保险是什么，也不知签没签合同。问及不想干要走怎么办，他回答，来时说了不想干随时走都可以。

个案10（武汉市人，男，30岁，大专文化，工厂工作，生产管理）曾在一家国有企业当工人，他原来的厂大专以上的学历的人很多，不像现在的企业，有大专以上学历的人只有四五个，而且都是走读生和自学考试的。他进入私企的目的只是为了多挣些钱，没想到老板很看重他，一到厂就主管生产，受人尊重程度和参与决策管理程度都比在国有企业时要强得多。他没有与企业签订任何合同，可以随时离厂。除工资外，其他什么福利待遇也没有。年终没有奖金但有红包。他透露，每月除生活费外还可盈余800元左右。他对自己的收入很满意，打算一直在这家私营企业干下去。问起以后的打算，他讲没想那么多，现在趁年轻，身体好，多赚一些钱。

个案 11（湖北汉川人，男，28 岁，初中文化，在工厂工作，工人）原在家乡务农，由于耕地少，在家没事干，出来找个事混日子。经熟人介绍到现在的厂工作有四年了。没有与工厂签订任何合同，可以随时跳槽。平时没有休假，可以请假，但要扣工资。这几年一直在这个厂工作也没有觉得老板对他们有什么不公平。他觉得在这里工作比在农村强，家乡人多事少，没事就玩牌，经常因赌博打架。在这里就是时间卡得太紧，但是他打算继续干下去。他的老家生活还可以，离武汉不远，交通也方便。他很早就结婚了，现在一子一女，家属跟父母在一起，由父母照顾。

个案 12（湖北蕲春人，男，20 岁，高中文化，在工厂工作，工人）来工厂前曾在一所高校当炊事员，看到服侍的是和自己年龄一样的人，心里很不平衡，干了一月就不干了。后经熟人介绍来这家私营企业当工人，已有半年了。但这里的条件和原来当炊事员的高校比，差远了，生活条件差，劳动时间长，工资低。他又在联系别的单位。他没有签订劳动合同，说签了也没有关系。他上次在高校当炊事员是签了一年合同的。他不想干，跟领班打个招呼就走了，也没怎么样。

个案 13（湖北黄州人，女，26 岁，高中毕业，在从事经营活动的公司主管销售）从小在农村长大，17 岁便开始出来打工，去过北京、广东等地。父母健在，有两个哥哥，他们都希望她能及早地结束打工生涯，找个好人家，可她不想回去。她说："我出来打工并非仅仅是为了挣钱，更重要是为了寻求适合自己的一方乐土。"她是经熟人介绍来公司的，没有与公司签任何合同，在外边租房子住，她希望平时加班、工作多、有生意做，容易打发时光。她不计较上班时间的长短，和公司上上下下的关系也不错。

个案 14（湖北随州人，男，24 岁，初中文化，公司门市部营业员）他选择所在的公司：一是有熟人介绍；二是武汉离家近；三是钱虽然少点但比在工厂做工舒服多了。来这个公司前他去过广东，在一家台资企业干。因那里经常出事，斗殴等事经常发生，家里不放心，让他回来，他又不想回老家，就由熟人介绍到这里工作。他对目前的工作较满意，如果老板不辞退他，他准备在此干几年后再回家。对于其他福利待遇，他根本不抱什么希望，他觉得他们只是城市的过路客，终究要回老家去，谈不上什么失业保险、养老保险。没和老板签合同。他一直在外打工没有成家，农村结婚都很早，但他还想过两年再考虑，因为结婚后要经常请假，这就很难保住现在这个工作。老板一般还好，但不喜欢职工请假，听说他的前任就是请了几次假而被老板辞退的，所以他来这工作一年多了，没请一次假。

个案 15（武汉市人，女，36 岁，高中文化，公司会计）曾在一家国有企业工作，因企业几乎倒闭而自谋职业，现和原企业没有任何联系。先后干过个体、服务员等工作，后到这家私营公司当会计，是经熟人介绍来的。没有和公司签合同，每月除拿工资外，什么福利也没有，她很有意见但不敢说。问及她的收入和老板同事之间的关系，她很婉转地拒绝了。

个案 16（湖北大悟人，女，22 岁，高中文化，公司秘书兼会计）高中毕业她没考上大学被安排在一家幼儿园当老师，看到很多人走出山区，她也想出来，先后在 4 个单位工作过，都是通过老乡介绍的。她一边打工一边参加电脑培训和会计培训。据她讲，到这个企业是凭她的一技之长应聘来的。这是个大公司，她在公司工作，和公司签有合同。但她遗憾地说："合同写得挺好的，但没有按合同上的规定办。"医药费不能报销，但因公致伤可以报销。住的房子是自己租的，室友都是出来打工的，互相之间关系还可以。她的老板也是从农村来的，还比较公平。如果与老板、同事的关系僵了，就要重新找工作了。

2. 私营企业雇工特点分析

以上个案资料描述了不同年龄、不同文化程度、不同经历、不同的职业的雇工的工作、生活和心理状况，主要特征概述如下。

第一，私营企业雇工来自不同的层面，有的是进城打工的农民，有的是国有企业留职停薪的人员，有的来自城市无业青年，有的来自离休、退休人员队伍。这个特殊的阶层具有以下特点。

一是双重性。受雇于私营企业的雇工都具有双重性。来自农村的雇工，一方面具有农村阶层的特性，另一方面又具有城市阶层的某些特性；来自国有企业的雇工，一方面继续拥有公有制的某些资源，具有国有企业职工阶层的某些特性，另一方面是雇工队伍的一分子，具有私营企业雇工阶层的某些特性。二是模糊性。任何一个社会阶层的边缘都是模糊不清的，雇工阶层尤其如此。雇工来源渠道不同，决定了它不仅和城市有着千丝万缕的联系，而且和农村、国有企业、离退休人员等都相互关联。三是不稳定性。雇工这一阶层结构是极不稳定的，只要其成员不再受雇于某私营企业，也就不再从属"雇工"阶层，而脱离私营企业又是轻而易举和屡见不鲜的事，尤其是农村进城打工的雇工。四是开放性。"雇工"阶层不是一种静止结构，它除了存在不断的水平流动和垂直流动外，还存在结构流动。水平流动是指在某种社会分层的排列序列中同等级之间的流动，如工厂的工人到商店当营业员。垂直流动是指在某种社会分层的排列序列中上下等级之间的流动，如私营企业雇工变为私营企业主的向上流动。结构性流动是指在一定的社会分层中，由于社会经济、技术、政治或自然条件等因素的变化而引起的某些活动集团较大规模的变动和转移，如随着私营企业的发展，个体农民雇工大多数变成固定工人。

第二，受雇于私营企业的雇工，年龄一般在20岁至45岁。其中，30岁以上的雇工大多是从国有企业转来的，例如个案3、个案6、个案10、个案15，其中3个又都具有一定的专长。而30岁以下的大多是从农村出来的，例如个案2、个案4、个案5、个案7、个案8、个案9、个案11、个案12、个案13、个案14、个案16，他们的平均年龄为24岁。

第三，从文化水平上看，大部分具有初中以上学历。从国有企业转到私营企业的雇工，大多是高中生、大专生，并有一定的技术专长。如个案6、个案10均是原国有企业的技术人员，个案15是财会人员，到私营企业工作能更好地发挥他们的特长。而从农村走出来的年轻人大部分完成了九年义务教育，他们年轻好学，接受能力强，到私营企业基本能胜任工作。

第四，从雇工的来源地分析，聚集在武汉市的部分私营企业雇工多数是本省人。这也反映了一部分农民就近找工作的择业心态。

二　愿望与动机：雇工出雇的目的分析

导致雇工出雇的原因很多，而且各种原因往往是交互作用的。目前很多人认为城市生活的吸引是一个重要原因，当然，城乡间的很大差别是一个方面，但并不是所有雇工都是因为城里生活好而来到城市的，原因应该是多方面的。

1. 雇工出雇的经济原因

从经济方面来探讨雇工的原因，主要有两点。

第一，从农村来的雇工，特别是从贫困地区来的雇工及其他家庭生活困难者，主要是为了增加收入。个案9就明确表示，若不是老家太穷，他是不会出来打工的。个案1最初出来打工也是因为家里兄弟姐妹多，经济困难。从社会成本上来讲，因他们多半是农村剩余劳动力，他们离开农村并不减少家庭的太多收入，而一旦受雇就能挣到现钱。增加收入是他们出雇的主要原因。

第二，提高生活水平，是另一部分雇工出雇的动机。一部分从国有企业到私营企业的有专长的人员，他们之所以选择私营企业，是因为私营企业给付的工资比国有企业高。如个案10，他进入私企的目的就是趁自己年轻、身体好，多挣些钱，以便过上更好的生活。个案6也是如此，多挣一点钱，以改善家庭物质条件。

2. 雇工出雇的社会原因

从社会方面来分析，原因也是多方面的。

第一，城市生活的吸引。由于长期以来形成的城乡差别，许多农民抱有"城市的一切都比乡村好"的观念，羡慕和向往城市。而城市现代化程度高，人口集中，商品经济相对发达；私营企业的发展，又为进城农民提供了广阔的就业天地。尽管生活条件远不及在家里安逸，但仍然吸引着广大青年农民。

第二，农村地少人多是把农民推向城市的重要因素。同时，随着生产资料的涨价和税费过多，一部分农民丧失对土地的兴趣转而谋求另外的发家致富之路。

第三，长期以来的城乡生活水平的差距，尤其对年轻的农民的职业选择和价值判断产生影响，他们既热爱家乡又想远走高飞。如前所述16个个案中的10个案都是30岁以下的从农村来的年轻人。其中个案2、个案4、个案13、个案14均已在外打工多年，到了成家的年龄，但他们都不准备成家，还要继续打工。文化因素的影响是深远的。

第四，国家劳动人事制度的改革，使国有企业职工有权自主择业，企业有权选择工人，致使国有企业职工流向私营企业成为可能。而多种经济成分并存和私营企业的发展，也需要懂技术、会管理的人才，这为部分有一技之长的人员提供了较理想的工作岗位。

3. 雇工出雇的家庭原因

从家庭的角度分析，一是家庭劳动力多，在家没事干。如个案11，到私营企业做工前在家乡务农，由于家庭人多地少，在家没事干，出来打工混日子。二是家庭生活困难，为解决家庭经济问题出来打工，例如个案9的情况就是如此。三是为躲避计划生育出外打工。四是因家庭不和而出外打工，这在我们所进行的68个个案访谈中有这样的案例，限于篇幅未列出来。

4. 雇工出雇的个人因素

经济、社会、文化等因素直接影响人们的价值判断。从个人发展角度分析，雇工出雇的动机有以下几点。

第一，雇工文化水平较高，有一技之长，为发挥自己的一技之长而选择私营企业。例如个案6，是停薪留职到私营企业工作的，并成为所在私营企业里唯一的技术人员，他认为他的能力在私营企业得到了更好的发挥，国有企业人才济济，且条条框框多，其才能是很难发挥的。

第二，学技术、见世面、提高自己，也是相当一部分从农村来的雇工出雇的原因。一般来说，工业社会的生活要比农业制度下的生活更丰富一些。个人发展的机会多一些，接受新知识、新技术的可能性更大一些。因此，这些人到私营企业工作不太在乎挣钱多少，更重要的是学点技术，见些世面，提高自己。为以后个人的更大发展创造条件。其中，像个案5这一类人才的这种目的更加明确，他说自己辞去原来在家乡一家国有企业的工作而到武汉私营企业工作，目的是就是积累一些经商经验，建立一些关系，为以后自己独立开公司当"老板"做准备。又据中共安徽省庐江县委宣传部对12家私营企业的131名雇工调查资料显示，大部分雇工是为了学技术、见世面而出雇的。

第三，改变生活的方式。生活是丰富多彩的，人们在改革开放的浪潮中，都尝试着改变一下已经习惯了的一成不变的生活模式。国有企业的职工到私营企业去工作；从祖居的山区来到人生地不熟的武汉；从乡村生活而跨入工厂生活，人们在不断地迎接挑战，生存方式在不断地改变。个案16已被安排在一家幼儿园工作，看到很多人走出山区之后，她也决心改变一下自己生活方式，到了武汉。起初是经过熟人介绍才找到工作的，但她边打工边学习，学会电脑打字，最后她凭一技之长，自己应聘到了一家大公司的分公司。

三　私营企业雇工的工资与劳保福利

1. 私营企业雇工对所在企业工资管理形式的认同

从目前的状况分析，私营企业雇工的工资具有保密性、多变性、无规范性等特点。

职工的工资是保密的。这种保密工资制的实行，使私营企业中大多数雇工认为自己工资乃劳动所得而且是合理的。职工们深信，在这里，平均主义是没有市场的。对于自己付出了多大的劳动得到多少报酬这一点一般不存疑虑。在他们看来，别人的高薪是别人的能力与努力所得，自己想获取更丰厚的待遇，只有更加卖力地为公司工作。这种潜在的竞争意识正是私营企业蓬勃发展的一种动力。私营企业主认为，实行保密工资，使分配省掉了许多麻烦。职工中每个人的办事能力、工作程度以及为企业所做的贡献都不可能在一个水准上。报酬的多少虽建立在管理者对职工的综合评价基础上，但也只有相对公平，而没有绝对公平。如果将工资情况公开，会带来很多矛盾，引起很多的争议。

私营企业雇工的工资具有多变性。首先，这种多变性表现在大多数私营企业中是企业主没有与雇工签订劳动合同，工资的付给存在随意性。在所调查的 68 个个案中，92% 的人都没有签订劳动合同。虽然《中华人民共和国私营企业暂行条例》第二十七条规定："私营企业招用雇工必须按照平等自愿，协商一致的原则以书面形式签订劳动合同，确定双方权利、义务。"但大多数雇工工资的给付是由企业主决定。其次，多变性还表现为工资形式的多样性，调查中了解到，生产型的私营企业工资形式一般采用计件工资制，经营型的私营企业工资形式则是浮动工资制，工人所得随效益的好坏而变动。因此私营企业所采取的工资形式因"劳动的质量和强度"由"工资形式或本身控制"，要得到更多的报酬，雇工就得想办法多干活，甚至主动延长工作时间。个案资料中均反映这一状况，处在生产性的私营企业的雇工为得到更多的报酬，劳动时间一般超过 8 小时。而处在经营性的私营企业的雇工，则完全随经济效率高低而浮动不定。这种工资形式之所以能被雇工认同，其原因在于，私营企业主与雇工在追求物质利益上有较高的一致性。同时，如前所述相当一部分从农村来的雇工并不完全是为了挣钱，而是学技术、见世面以提高自己。对于经济收入并不那么斤斤计较。

私营企业雇工的工资还具有无规范性。这表现为工资无级别、无类别、无合同规定。私营企业面对的是大量农村剩余劳动力，长期以来，其就业竞争十分激烈，企业有权决定雇工的工资额，而大量的待雇劳动力并不具备多少讨价还价的条件，这就决定了私营企业中工资标准的无规范性。而国家的工资类别、级别标准，是国家企事业单位决定职工报酬多寡的依据，是根据我国长期以来的就业分配政策制定的。在市场经济条件下，私营企业就业分配政策明显地与国有企事业单位不同，应完全根据市场来决定劳动力资源的配置。

2. 私营企业基本无劳保福利

按照有关劳动法规，私营企业同样要执行职工保险福利待遇的有关规定。但从调查的个案材料可知，这些雇工所在的单位大部分没有给员工上社会保险，员工也没有医疗保险、养老保险待遇，无住房分配。私营企业劳保福利的这种缺失是建立在私营企业中"一揽子"分配制的基础上的。雇主的说法是，一切费用都包括在工资中，各种保险都由员工自己给付；如果让企业给付，还是从工资中扣除。而大多数雇工的出雇，像恩格斯描述的早期雇佣工人那样，都只是"一种例外，一种副业，一种救急办法，一种暂时措施"。很多雇工认为，出来闯一闯，能达到一定的目的就行了。有一部分雇工由于文化程度低，加上从农村来到城市，不知政府对雇工的权利有些什么规定；一部分雇工认为国有企业也正在变革，私企没有劳保福利可能是正常的；特别是那些农村来的雇工，认为自己只是城市的过客，搭的是过路车，乘的是机动船，终究还要回到养他们的土地上。他们只求基本需要能得到满足，因此容忍了雇主损害他们利益的种种做法。

四 私营企业雇工的人际交往与归属感

私营企业的雇工虽来自不同的地区，其具有不同文化程度、不同经历，但他们之间的交往还可以。由于本调查的调查对象所在的企业大多为 9~20 人的小企业，只有个案 8、个案 9 在 60 人左右的企业打工，所以在讨论该问题时所得出的分析结果仅能说明 9~20 人企业的状况。

第一，雇工与雇工之间的交往主要是工作上的来往。由于企业规模小，人不多，一般相处还可以。个案 1、个案 2、个案 6、个案 13、个案 14、个案 15 的访谈资料中均能说明这一点，他们所在单位工作人员不多，大家相处关系融洽。再者，他们从农村到了城市，原有的农村交往活动频率减少，基本上处于半封闭状态，和城市居民来往不多，所以工作场所是他们最主要的交往场所。雇工与雇工的交往关系多体现在工作中，是一种公务交往。

第二，同乡间的交往比较频繁。工作之外的交往主要以同乡之间的交往为主。以同乡间的交往来获得家乡的信息和倾吐心中的喜怒哀乐。个案材料表明，多数雇工都是在熟人、老乡的介绍下到私营企业工作的，受雇后，他们的遭遇大体相似，因而有更多的共同语言。

第三，雇工与雇主的交往并不多。社会心理学认为，交往指三个方面：一是交往的信息的交流（沟通方面），二是交往的相互作用方面，三是交往的知觉方面。角色地位的明显差异，影响了雇工与雇主的交往。私营企业的性质决定了私营企业主独裁式的管理，雇工只不过是他们差遣和控制的对象。地位的差异使雇佣双方之间产生身份差距感，无形中产生了心理隔阂。这是他们之间的交往越来越少的另一原因。雇工与雇主工作的领域不同。雇主处于企业的战略管理层，经常和外面的人及中层管理者打交道。而雇工处于企业的操作层，中间横隔着车间管理者，其不可能与雇主直接沟通，因而两者之间的交往机会也就极少。

第四，私营企业雇工的归属感。私营企业雇工来自不同的阶层，其到私营企业出雇的目的也不同，因而也很难对所属的企业产生认同感。同是一个私营企业的雇工，有的是为挣钱而来，有的是为学技术而来，有的是为发挥一技之长而来，有的是为见世面而来；有的准备多做几年，有的随时准备跳槽。这样一来，他们对于他们所在的企业归属感程度不同，很难形成合力。但不管他们因何原因出雇，被某一工厂接纳，也就有了落脚之地，在一定的时间内，从属于某一私营企业，可在这一企业工作下去。正如个案 15 所说，国有企业好，但没有她的位子；私营企业好也罢，不好也罢，但可以解决她的温饱问题。虽然她对企业不报销医药费很有意见，但她还是要在私营企业干。个案 3 虽不想在私营企业干，但在找不到合适的工作情况下还是要干下去。而个案 1、个案5、个案 7、个案 8、个案 10、个案 13、个案 14 等对企业的归属感较强。所以，私营企业雇工的归属感有强有弱。

2 职业适应与就业观念

国有企业青年职工职业适应性研究[*]

一　导言

　　青年在步入工作之后，他们的基本社会化告一段落，但正如人的一生都在进行着社会化，他们的社会化并没有终结。在他们通过基本社会化阶段掌握了一定的科学文化知识和适应社会的技能后，进行着继续社会化，其中一个非常重要的组成部分是劳动的社会化（或者说职业的社会化），其社会化的场所就是他们所处的工作岗位。他们把所学到的知识与技能运用到工作岗位上，以获得在社会上的谋生能力以及新的社会地位和角色。

　　应该说，每一个工作岗位都有它特定的技术要求。尽管青年在就业前，掌握了一定的科学文化知识，可是这些毕竟是书本知识，要把它们运用到生产实践中还有一个适应和磨合的过程，这就是本文要探讨的主题——职业适应性。职业的适应性应从人和职业两个方面来看：一方面对人而言，是指人的个性特征对其所从事职业的适宜程度；另一方面对职业活动而言，是指某一类型的职业活动特点对人的个性特征及其发展水平的要求。因此所谓职业的适应性，就是指两者在经济和社会的活动过程中达到相互协调和有机统一。①

　　国有企业在我国政治经济生活中扮演着极其重要的角色，它的发展与壮大关系到我国现代化的进程及市场经济的建设和发展。

　　＊　原载《当代青年研究》2004 年第 1 期，与胡仕勇等合写。

　　①　田燕秋：《论职业的适应性》，《兵团党校学报》1999 年第 2 期。

青年职工在国有企业发展中是新的生产力量和最具开发潜力的人力资源，他们的工作状况关系到国有企业的生产效率和国有企业的壮大发展。因此本文选取国有企业青年职工作为本文的研究对象，以他们的职业适应性状况为研究主题。

二　研究方法和样本结构

本研究中收集资料的方法主要是问卷调查法，由经过培训的华中科技大学交通科学与工程学院的本科生实施调查。① 由于国有企业的同质性较高，我们只选取了青岛的两家中型国有企业，共发放问卷 312 份，回收有效问卷 310 份，有效问卷率达 99.4%。问卷调查样本的获得是按照两家中型国有企业提供的 35 岁以下的青年职工名单，运用系统抽样的方式，经过编码后，通过随机数表，选取样本。样本结构（见表 1、表 2、表 3）较好地反映了两家国有企业青年职工的结构，有比较好的代表性。

从表 1 中，我们可以发现，男女青年职工人数的比例在 4∶1 左右，这一调查结果基本符合目前我国国有企业尤其是在制造业和其他重型工业中，男女青年职工的分布现状。

表 1　调查对象的性别分布情况　N = 310

单位：%

性别	男	女
比重	79.5	20.5

从表 2 调查对象的年龄结构分布图，我们可以看出：年龄分布跨度较大，从 18 岁到 34 岁均有相应的职工群体，年龄结构分布达到了一定的广度。同时，大部分的青年职工，年龄结构分布集中在 20 岁到 28 岁，这一结果也与当前我国青年职工的年龄结构分布现状基本一致。

从表 2 中，我们分析调查对象的文化程度分布情况后，可以发

① 本课题得到华中科技大学校团委以及华中科技大学交通科学与工程学院的资助。

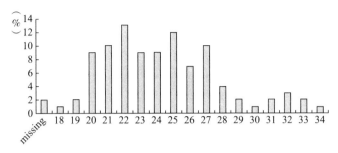

图 1　调查对象的年龄结构分布情况

现，大部分为高中或中专文化程度，其各程度分布情况依次为：高中或中专 59.5%，大学本科及以上 22.4%，大专 12.4%，初中 4.3%，小学 0.5%。这一结果也与当前我国国有企业青年职工的文化程度结构分布现状基本一致。

表 2　调查对象的文化程度分布情况　N = 310

单位：%

文化程度	小学	初中	高中（中专）	大专	大学本科及以上	缺省
比重	0.5	4.3	59.5	12.4	22.4	0.9

三　国有企业青年职工的职业适应性状况

我们所说的"适应"是用于表达一种体系适应自然和社会环境的方式。这种社会体系可以是组织这样的较大群体，也可以是家庭这样的小群体。结构功能主义者认为，这种适应体系是为了解决生存所遇到的功能问题而设计出来的必要结构之一。在任何完整的社会体系中，这个问题是通过经济和技术的安排来解决的。本文对适应性的研究是从劳动社会化角度展开的。从劳动社会化的角度看，衡量职业适应性状况应从以下两方面来考虑：第一是否掌握了一个职业角色所必需的知识和技能；第二是否了解了工作环境的内涵，包括工作制度和规范的学习与遵守以及对工作环境中人际关系的处理等。

因此本文对国有企业青年职工的适应性状况的考察主要从上述两个方面开展。在具体操作时，我们把它分为三个部分：职业技能的掌握情况、职业规范的了解和遵守情况、与同事之间的关系。由于青年职工对工作的适应状况是一个渐进变化的过程，我们分别对青年职工刚参加工作时和现在的工作状况从上述的三方面进行了调查和分析。

青年职工在参加工作时，对工作的适应状况从整体来说并不理想，存在不适应状况的占到了总体的77.2%，其中很不适应的也有12.4%之多。这说明在个体完成基本社会化后，掌握了一些知识和技能。但这并不意味着在工作岗位上，这些知识和技能可以让个体胜任该工作。由此可以看出在基本社会化和继续社会化之间还存在差距，需要一定的时间去磨合。

表3　调查对象参加工作时的适应状况　N＝310

单位：%

适应状况	适应	不太适应	基本不适应	很不适应	缺省
比重	20.0	43.8	21.0	12.4	2.8

青年在刚开始工作时存在着对掌握生产技能、了解职业规范以及适应新的人际关系不同程度的不适应，其中认为"难适应新的人际关系"的比重最大（46.7%）。这说明人际关系在青年刚开始从事工作时是最大的问题，这也表明了在社会个体的基本社会化阶段中的学校教育，由于重知识的培养，而轻视了个体的社会活动能力和社会交往能力的培养，从而导致在继续社会化阶段，在职业社会化时，人际关系的处理成为棘手问题。同时，青年群体的一些固有特性也影响着人际关系的处理。在青年阶段，青年人普遍具有好高骛远、自命不凡的行为倾向，且在受过高等教育的青年学生身上表现得格外突出。这一特征使他们在从事工作时瞧不起同事，影响他们人际关系的处理。

表4　调查对象参加工作时不适应的主要方面　N＝310

单位：%

不适应的方面	掌握不了生产技能	不了解职业规范	难适应新人际关系	缺省
比重	33.8	16.3	46.7	3.2

从表 5 中可知调查对象在经历了一段时间的磨合后，工作的适应状况整体上都比较好，然而对三个方面的适应状况也存在一定的差异，其中以对职业规范的了解和遵守最好。① 与此同时，对职业技能的掌握状况却较差（选择掌握状况良好仅占 21.4%）。这说明在劳动社会化中，了解和遵守职业规范最容易，而掌握职业技能却不是太容易，需要更长的时间去掌握。

表 5　调查对象现在工作时的适应状况　N = 310

单位：%

适应状况	好	较好	较差	差	缺省
整体适应状况评价	33.8	60.5	3.3	0.5	1.9
职业技能的掌握情况	21.4	52.9	21.0	2.4	2.4
职业规范的了解情况	67.1	31.0	1.4	0.0	0.5
职业规范的遵守情况	51.4	41.0	6.2	0.5	1.0
与同事关系状况	50.0	47.1	1.4	1.0	0.5

四　职业适应性状况的影响因素分析

影响国有企业青年职工的适应性状况的原因是多方面的。这里面可能有个体的自然因素（如性别、年龄）以及社会因素（如文化程度）和心理因素（如工作态度），同时还可能有职业的影响因素（如工种的复杂性程度），另外还可能有企业管理方面的因素（如产前培训状况）。在本部分，我们将探讨哪些因素影响了国有企业青年职工的适应性状况以及这些因素的影响程度或者说相关程度。

在本文中研究者欲考察以下一些因素是否与职业适应性存在

① 我们根据调查对象对职业适应性各个构成部分的适应状况，进行了整体的评价。我们的评价是根据各个构成部分在职业适应性的重要程度经过加权平均计算出来的。计算公式为：整体适应状况评价 =（职业技能的掌握情况 ×2 + 职业技能的掌握情况 + 职业规范的了解情况 + 职业规范的遵守情况 + 与同事关系状况）/5。对得分进行重新赋值并根据经过重新赋值的得分最后得出整体的评价。本文中青年职工职业适应状况指的是这种通过加权平均后整体适应状况评价。

相关关系：性别、年龄、文化程度、家庭背景（来自农村或者城市）、所受教育的背景、独生子女的状况、社会支持以及社会资本状况（是否有亲戚和朋友在同一单位工作等等）、工作经历、个性、工作态度、接受和适应新事物的能力、在该岗位时间、政治面貌、产前培训情况以及工种的复杂性等。

从表 6 中我们可以发现，性别没有通过检验，其显著性水平（0.165）大于我们设定的自由度（0.05），[①] 由此可以说明性别对国有企业青年职工适应程度不产生影响。同样家庭来源（在本文中指被调查者来自农村或者城市）也对国有企业青年职工的适应性不产生影响，这说明不论是农村青年还是城市青年，这一特征不影响他们对工作的适应程度。但同时年龄和文化程度通过了假设检验，它们的显著性水平（0.032、0.007）小于我们设定的自由度（0.05），并且文化程度呈现出较高的相关度（0.326）。这说明随着年龄的增长，人生的阅历也在增长，对适应工作有一定的帮助。同时文化程度的提高，导致知识的累积，对适应工作有较大的帮助。

表 6　影响因素的相关程度及其检定（1）

相关程度	性别	年龄	文化程度	家庭来源
青年职工的职业适应状况	0.008	0.197	0.326	0.043
显著性水平（Sig）	0.165	0.032	0.007	0.275

是否为独生子女、社会支持以及社会资本状况和工作经历（在本文中指是否存在着换工作或岗位）对国有企业青年职工职业适应性不产生影响，它们的显著性水平大于我们设定的自由度。而所受教育的背景（在本文中指是否受过跟现在工作相关的教育，例如中学或中专的职业教育或者大学中的专业教育等）与现在工作相关，并且相关程度不弱（0.35）。这说明如果存在与现在工作相关的职业教育和专业教育，将有助于国有企业青年职工对职业的适应。

---

① 如无特殊说明本文中自由度设为 a = 0.05。

表 7　影响因素的相关因素及其检定（2）

相关程度	所受教育的背景	独生子女的状况	社会支持以及社会资本状况	工作经历
青年职工的职业适应状况	0.352	0.124	0.075	0.013
显著性水平（Sig）	0.02	0.281	0.763	0.361

从表 8 中我们可以发现：个性（在本文中主要指外向型人格和内向型人格）、工作态度（对工作的热爱程度）、接受和适应新事物的能力和在该岗位时间都通过了检验。它们的显著性水平小于我们设定的自由度，并且工作态度和在该岗位时间与国有企业青年职工职业适应性之间呈现高相关（0.512、0.687）。这说明他们的工作态度和在该岗位时间对他们适应工作起着重要的作用。另外，个性和对新事物的接受和适应能力对后期的继续社会化存在影响，在它们对国有企业青年职工职业适应性的影响上得到了充分体现（它们的相关程度分别为 0.20、0.293）。

表 8　影响因素的相关因素及其检定（3）

相关程度	个性	工作态度	接受和适应新事物的能力	在该岗位时间
青年职工的职业适应状况	0.20	0.512	0.293	0.687
显著性水平（Sig）	0.03	0.000	0.010	0.009

我们不难发现政治面貌不影响国有企业青年职工的职业适应性，它的显著性水平大于我们设定的自由度。同时，他们的产前培训情况和所从事工种的复杂性却影响着他们对工作的适应程度。这说明接受何种产前培训以及所从事工作的工种复杂程度会影响他们对工作的适应程度。

表 9　影响因素的相关因素及其检定（4）

相关程度	政治面貌	产前培训情况	工种的复杂性
青年职工的职业适应状况	0.09	0.432	0.453
显著性水平（Sig）	0.162	0.001	0.002

经过相关分析，我们选择相关因素（其显著性水平小于我们设定的自由度 0.05），并通过多元回归分析的方法找出它们（年龄、文化程度、所受教育的背景、个性、工作态度、接受和适应新事物的能力、在该岗位时间、产前培训情况、工种的复杂性）对国有企业青年职工职业适应程度这一因变量的影响大小。

在回归分析前，我们做了所有变量的相关系数阵，通过它，我们发现年龄与在该岗位时间存在着较高的相关性（0.465）。为确保多元回归的准确性，我们舍弃了年龄这一变量，只采用了剩下的 8 个自变量：文化程度、所受教育的背景、个性、工作态度、接受和适应新事物的能力、在该岗位时间、产前培训情况以及工种的复杂性。通过回归分析，所得结果见表 10。我们可知该模型的拟合优度还是不错的，该模型的复相关系数 R（square）为 0.215。由于在研究中，我们采用的大多是定类和定序变量，因此，这样的一个数值在同样的研究中已经是比较高的结果了。另外，该模型也通过了显著性检验（Sig = 0.000 < 0.05），并且各个自变量的显著性水平也小于我们设定的自由度，这说明该模型的建构是比较成功的。

表 10　各变量对职业适应性的逐步多元回归分析

变量名	标准回归系数 BETA	显著性水平
文化程度	0.036	0.012
所受教育的背景	0.082	0.021
个性	0.051	0.015
接受和适应新事物的能力	0.090	0.022
工作态度	0.152	0.023
在该岗位时间	0.175	0.034
产前培训时间	0.163	0.000
工种的复杂性	0.169	0.001
复相关系数 R	0.463	
复相关系数 R（square）	0.215	
F 比率	4.675	
显著性水平（Sig）	0.000	
个案数	310	

由于标准回归系数 BETA 值具有可比性，我们可通过分析看出

各自变量对国有企业青年职工适应性的影响程度。通过表10，我们可以发现文化程度、所受教育的背景、个性以及接受和适应新事物的能力对适应程度影响较弱（它们的相关程度均小于0.10），其中所受教育的背景、接受和适应新事物的能力略高于其他2项。这说明在早期基本社会化的影响因素中，个体所获得的有关职业教育或者专业教育以及能力的培养，对后续的继续社会化是最重要的。

而后面的4项均高于0.15，说明它们的影响力较大。其中，以在该岗位的时间影响最大。这说明随着时间的推移，青年对岗位的适应程度也会越好。这也符合我们对职业适应性的一般假设——工作时间越长，适应性越好。同时，工作的固有要求（如技能）也在一定程度上影响着适应程度，工种复杂程度的较高相关性便说明了该问题。还有产前培训状况以及工作态度对职业适应性的影响也不可小视。

五　小结与讨论

通过对310名国有企业青年职工的问卷调查和统计分析，我们发现国有企业青年职工的职业适应性具有以下特征。

第一，国有企业青年职工在职业适应性上存在着不同程度的困难。这说明从学校过渡到工作岗位要完成由学生到职工的角色转变，但由于角色内容的不同，过渡的过程显得较为困难。在适应角色内容（职业技能、职业规范以及与同事之间的人际关系）上，人际关系的适应较为困难。因此在这一职业适应的阶段，国有企业青年职工要做好思想调适，忌目空一切：做好心理调适，以平稳地度过适应期；同时要做好能力调适（包括社交能力、自学能力、创造能力、应变能力的培养），尤其是社交能力的培养，以缩短适应期。在经过一段时间的适应后，虽然整体的适应程度增强，但对工作技能的掌握还滞后于对工作规范的了解和人际关系的处理。因此国有企业有必要开展针对工作的在岗培训，让青年职工更好地掌握工作技能，以胜任工作。

第二，来自社会及个体等多方面因素影响着国有企业青年职工的职业适应状况。通过分析，我们得知在诸多变量中，性别、家庭来源、是否为独生子女、社会支持以及社会资本状况、工作经历、政治面貌等因素不影响国有企业青年职工职业适应性；而年龄、文化程度、所受教育的背景、个性、工作态度、接受和适应新事物的能力、在该岗位时间、产前培训情况、工种的复杂性等因素影响着国有企业青年职工的职业适应性。其中在该岗位时间以及工作态度呈现高相关，这说明工作时间的长短以及对工作的态度将较大程度地影响工作适应性。因此国有企业的人力资源管理部门应在如何缩短适应期以及端正青年职工的工作态度上多做文章，以提高他们对工作的适应程度，从而促进企业生产效率的提高。

在诸多影响适应性的变量中，我们通过多元回归分析，得出了它们对职业适应性的影响力的强弱。通过分析，我们发现在基本社会化阶段的影响因素（文化程度、所受教育的背景、个性、接受和适应新事物的能力）中，所受教育背景以及接受和适应新事物能力的影响程度高于其他 2 项。这说明它们对青年职工的适应性有更大的影响力。因此我们在学校教育阶段要注重能力的培养和职业教育（或者专业教育）的开展，以利于他们日后更好地适应工作，为国家创造更多的财富；在工作后的影响因素中，工作时间的长短则显得最为重要。同时工种的复杂性，产前培训情况的影响程度也很突出。这要求我们国有企业的人力资源管理部门要开展必要的针对工作岗位的产前培训，以帮助青年职工适应工作。

另外，通过对基本社会化阶段的影响因素的相关程度之和与工作后的影响因素（工作态度、在该岗位时间、产前培训情况、工种的复杂性）的相关程度之和的比较，我们可以看到前者之和明显小于后者之和（0.26 < 0.66）。这凸显了工作后影响因素对职业适应程度的重要性，同时说明了青年对工作的适应状况主要看他自身的工作态度、工作的技术复杂程度、企业的产前培训情况和他在该岗位的时间长短。同时，由于在工作后的几个影响因素

中，工作的复杂程度已经是固定的，时间的长短也可以通过产前培训来缩短（ETA – 0.43，P = 0.023 < 0.05），而只有工作态度和产前培训状况是灵活机动的，它们在很大程度上受企业管理的影响。因此采取什么样的产前培训和以什么样的职工教育方式和手段来提高青年职工对企业的凝聚力、端正他们的工作态度，对国有企业青年职工的职业适应程度十分重要，这也是新时期我国国有企业建设面临的一个重要课题。

青年与中年下岗失业人员
就业观念和行为的比较研究

——以杭州市下岗失业人员为例[*]

一　研究背景

城市下岗失业人员的再就业问题仍是目前学术界和政府关注的一个热点问题，其中青年人和中年人的就业难问题一直是人们关注的焦点。中年失业者就业为何这么难？李培林等学者认为与产业结构调整、生产技术革新、劳动力供给持续增长等因素有关①；也有学者认为与城市中年失业者的人力资本缺乏有关。但令人不解的是城市虽能吸纳上亿的农民工就业，而文化素质相对较高，又占尽了天时、地利和人和的城市中年失业者的人力资本和社会资本难道比农民工还少吗？所以有些学者将城市中年失业者的就业难归因为就业观念陈旧落后、苛刻挑剔、态度消极等②。

近年来，一些年龄、学历、技能、健康等都具有一定优势的青年失业者，已成为社会关注的焦点。这些人在媒体中的镜像是：就业过程中挑三拣四，生活上靠父母或家人养活，在社会上等待"最好"的机会，是城市的"懈怠就业族"或"就业依赖族"。在目前大批没有就业的青年人中，有20%左右的人是不愿意就业。甚至出现了一些大学生（包括硕士生）领取失业金的现象。据乌鲁木齐市

---

　*　原载《中国青年研究》2008 年第 2 期，与张旭升合写。

　①　李培林：《中国就业面临的挑战和选择》，《中国人口科学》2000 年第 5 期。

　②　余治彪：《再就业须破除几个旧观念》，《唯实》1999 年第 Z1 期。

劳动和社会保障局统计，2004 年乌鲁木齐市登记失业人数为 8111 人，大学毕业生 450 名，其中 13 名硕士领取了失业金①。针对这一问题，相关的教育、管理部门提出了"转变观念，修正自己的期望""先就业后择业"或"先就业—后择业—再创业"的就业新观念。

笔者认为目前关于这两类群体就业观念和行为的看法和研究存在以下几点问题：其一，从个案研究出发，而在群体层次上下结论；其二，忽视了比较研究，所以某一群体的观念和行为在其他群体中是否具有普适性，还有待检验；其三，从局外人的视角看局内的观念和行为，容易扭曲。基于以上几点考虑，本文运用杭州市下岗失业人员的调查数据，对青年人和中年人的就业观念和行为进行比较研究，以发现两代人就业观念和行为上的共性和差异，并对一些相关的观点进行探讨。

二 数据来源及说明

本次调查采用了多阶段式抽样方法：在杭州 8 个城区中随机抽中了拱墅、下城、江干 3 个城区，然后在这 3 个城区中随机抽取了小河街道、米市巷街道、长庆街道、潮鸣街道、闸弄口街道、凯旋街道、采荷街道共 7 个街道，然后在 7 个街道中抽取了 21 个社区②。由杭州师范学院政治经济学院社会工作专业和思想政治教育专业共 40 名同学组成调查团队，于 2005 年 12 月 3 日至 10 日进行结构式访问调查。问卷资料由笔者检查，并指导 10 名社会工作专业同学录入。本次调查共有 641 位被访者，收回有效问卷 630 份，问卷的有效率为 98.3%。本论文选取了其中 628 个个案资料（剔除 2 个 60 岁个案）作为分析对象进行比较分析。其中青年人（16—35 岁）占 19.7%（124 人），而中年人（36—59 岁）占80.3%（504 人）。

---

① 郭于华、常爱书：《生命周期与社会保障——一项对下岗失业工人生命历程的社会学探索》，《中国社会科学》2005 年第 5 期。
② 本论文是国家社会科学基金资助项目（05BJY029）"就业再就业与社会保障体系建设"成果之一，课题的主持人是华中科技大学社会学系吴中宇教授。

三 结果与分析

1. 就业观念的代际比较研究

（1）就业价值观：生存型和世俗化

为何而劳动？"劳动的主要作用是为了什么？"两代人对这一问题的回答存在着明显的差异。调查结果表明，城市中年失业者认为劳动的主要作用在于"养家糊口"的占 94.2%，青年人中持这一观点的占 69.4%，前者比后者高出 24.8 个百分点。"养家糊口"在两代人的劳动价值谱系中都占有绝对的地位，这说明对他们而言，就业还只是谋生的一种手段和工具。从本次调查的结果来看，青年人家庭中有一个以上子女在上学的占 45.1%，而中年人占 67.7%，后者比前者高出 22.6 个百分点。而家中有一个以上的老人需要赡养的，青年人占 21.0%，中年人占 25.8%，中年人比青年人高出 4.8%。而家中的生活得到父母支持的青年人占 35.5%，中年人占 10.7%。由此，我们可以得出以下结论："养家糊口"所养的家更多的是指失业者的三口之家，而一些老人不仅没有被赡养而且还支持了失业的子女。这一结果，与郭于华等人 2003—2004 年在长春和沈阳的问卷调查结果有点类似：78% 的下岗职工（主要是"4050"人员，也即中年失业者）未承担赡养费用，而 37.8% 的下岗职工依靠父母的养老金提供部分生活资助。

而在"劳动的次要作用是什么"的排序上，两代人的回答都呈现出多元化特征。青年人的选择依次是"实现理想"（19.8%）、"享受生活"（17.1%）、"获得成就感"（15.3%）、"打发时光"（10.8%）等；中年人的选择依次是"享受生活"（26.1%）、其它（16.7%）、"打发时光"（12.9%）、"获得归属感"（12.3%）。这表明两代人在基本的需要满足之后，劳动的价值选择就呈现出多元化的趋势。相比较而言，青年人就业时更注重自己理想的实现和获得一定的成就感，其中认为工作是为了"实现理想"，青年人（19.8%）比中年人（7.1%）高出 12.7%；而认为工作是为了"获得成就感"青年人（15.3%）比中年人（6.0%）高出 9.3%。

而在"劳动的第三作用是什么"的问题上,两代人的选择都呈现出多元化的趋势。比较而言,"获得成就感"青年人(18.4%)比中年人(5.6%)高出12.8%;"获得归属感"青年人(15.5%)比中年人(6.1%)高出9.4%等等。

从卡方检验的结果($p < .001$)来看,两代人在劳动价值观上的差异在调查总体中同样存在。综合上述分析可得出以下三点结论。第一,劳动价值观的生存型。两代人从事劳动都是为了"养家糊口",劳动对于他们而言必不可少。第二,"家"在两代人劳动价值谱系中仍有着重要的地位,但从代际纵向的角度来看,"家"的重心已向下倾斜,"养家糊口"主要是指"养小"。第三,随着社会的发展,劳动的观念也出现了世俗化倾向。为家庭而劳动是两代人的首选,其次是个人需求,最后才是"国家、社会发展的需要"。这种劳动价值取向,正是现代化发展过程中,社会的世俗化和人的理性化在劳动观念中的具体体现。第四,相比较而言,青年人自我实现的意识较强。这与他们受教育程度相对较高、年龄较轻、家庭赡养压力不大、能得到来自父母的支持等因素有关。

(2)择业因素:多元化和务实性

人在择业时,会根据社会环境、家庭和个人的具体条件,在报酬、就业地点、离家远近等方面做出权衡。青年人择业时的首选因素中"报酬高""工作稳定,将来有保障""离家近""符合自己的兴趣和爱好",分别占37.1%、35.5%、8.9%和7.3%;而中年人的选择依次是"工作稳定,将来有保障""报酬高""离家近"和"工作轻松",分别占36.3%、35.5%、18.1%和4.4%。这说明,"报酬高""工作稳定、将来有保障"是两代人择业时普遍看重的两个主要因素。相比较而言,中年更看重"离家近",前者比后者高出9.2个百分点。

在次要选择中,工作稳定、报酬高和离家近等仍是两代人共同选择。但相比较而言,就业要"符合自己的兴趣和爱好"的青年人(12.3%)比中年人(6.2%)高出6.1%,而中年人在择业时考虑"利于子女培养教育"比青年人高出5.2%,这说明青年人倾向于个人需要的满足，而中年人对子女考虑得就相对较多。在择业的第三考虑因素中，追求报酬高，"工作稳定、将来有保障"仍是主要因素；而中年人就业时考虑"利于子女培养教育"的占11.4%，而青年人占4.2%，前者比后者高出7.2%。

从卡方检验的结果来看，两代人择业考虑因素上的差异在调查总体中同样存在。从调查结果可以发现两代人择业时的一些特点。第一，择业考虑的因素日趋多元化。无论青年人还是中年人，在择业选择时没有一种因素超过40.0%。第二，两代人在就业时都看重稳定、将来有保障或报酬高等因素，这表明在风险社会中，追求职业的相对稳定性和有保障，这是人们职业安全的需要。第三，青年人对个人需要满足要求较高，而中年人对家庭的照顾相对较多。这与城市中年失业者上有老下有小，而青年人家庭的负担相对较轻有一定的关联。

（3）理想的就业选择：政府机关、事业单位和国有企业

所有制不同，单位或企业拥有的资源和社会地位也各不相同。人们在择业的过程中，总是倾向于选择工资收入较高、社会福利较好和社会地位较高的职业。从调查结果来看：青年人，选择"政府机关或事业单位"占56.9%，"国有企业"占17.9%，"外资企业或中外合资企业"占9.8%；而中年人，选择"政府机关或事业单位"54.8%、"国有企业"27.3%等。两代人中近一半以上的人选择了"政府机关或事业单位"，这可能与公务员的社会地位较高、报酬高、相对稳定等因素有关，也与中国人的"官本位"思想有一定的关联。而看重"国有企业"的比例明显减少，但相对而言，中年人看重"国有企业"的比青年人高出9.4个百分点，这可能与他们的个人经历、国有企业相对有保障等因素有关。相比较而言，青年人看重"外资企业或中外合资企业"的占9.8%，比中年人（2.7%）高出7.1个百分点。"外资企业或中外合资企业"以高要求、高报酬、高劳动强度等为特征而受到青年人的青睐，这与青年人的年龄、受教育程度较高、家庭压力较轻等因素密切相关联。而个体和私营企业，都是两代人最后的选择，这与个体和私营企业的报酬不高、保障制度不健全、社会地位有待进

一步提高等有一定的关系。从卡方检验的结果来看，两代人在理想职场选择方面的差异在调查总体中同样存在。

（4）工资标准：理想与现实仍有一定的距离

城市青年失业者的最低工资标准的均值为 1132.4 元/月，中年失业者最低工资的均值为 924.8 元/月。两代人对最低工资的要求都明显高于政府劳动部门所规定的市区最低工资标准。2005 年 12 月 1 至 2006 年 9 月 1 日之前，杭州市区最低工资标准为 670.0 元/月；而 2006 年 9 月 1 日之后，是 750.0 元/月。

受访者理想工资的均值水平，青年人为 2046.0 元/月，中年人为 1652.7 元/月。理想工资在 700.0 元/月及以下，青年人为 0.0%，中年人为 2.2%；701—1200 元/月，青年人占 23.4%，中年人占 41.5%，青年人比中年人低 18.1%；1201—1700 元/月，青年人占 23.4%，中年人占 22.2%；而理想工资在 1701 元/月以上的，青年人占 54.8%，中年人占 34.1%，青年人比中年人高出 20.7 个百分点。这与徐璠璠和姚颖对杭州大学生所做的一个小型调查的结果相接近，该调查显示近八成大学生期望的月收入在 1000—2000 元。

据笔者在社区调查得知，最低工资标准是政府的规定，而实际操作过程中，一些农民工为了就业，接受了 750.0 元/月左右的工资，甚至接受了 500—600 元/月的工资。一些社区工作人员也搜集了很多收入在 500—700 元/月左右、工作并不轻松、不签劳动合同、不交三金的临时工作，而社区中的失业者对这样的工作并不热衷。这表明，在供大于求的杭州市劳动力市场，无论是青年人还是中年人的工资虽然不高，但与实际的工资水平仍存在着差距。

（5）理想的求职渠道：依赖与自立并存

调查资料显示，两代人都看重企业或政府安置这种求职渠道，这与我们的常识有点不同。中年人由于年龄、技能、受教育程度等方面的弱势，选择企业或政府安置（占 60.4%）还可以理解。但为什么青年失业者中也有 50.0% 选择了企业或政府安置呢？这可能与他们的失业经历，人才市场上供大于求等因素有一定关系。相比而言，青年人选择"自主创业"和通过"劳务市场/人才市

场"就业的分别占 26.6% 和 12.9%,而中年人分别占 14.3% 和
5.2%,分别高出 12.3% 和 7.7%。这表明,青年人就业的自主意
识和市场意识要明显高于中年人,这也从另一侧面反映了青年人
人力资本相对较高的特点。而想通过"亲友介绍"的中年人为
11.2%,青年人为 7.3%,前者比后者高出 3.9%。这说明无论中
年人还是青年人都想通过行政化的途径来找工作,其次就是依靠
个人的努力来获取就业岗位,而想通过亲朋来找工作并不是他们
的理想求职渠道。从卡方检验的结果来看,两代人在理想的求职
渠道上的差异在调查总体中同样存在。

2. 就业行为的代际比较分析

(1) 两代人的求职方式:传统与现代并存

从两代人近三年内(2003—2005 年)为找工作而采取的行动
来看,曾委托同事、朋友和亲戚介绍工作的,青年人占 51.6%,
中年人占 46.2%。这说明,在中国这样一个非常注重血缘、亲情
的国度里,通过亲戚朋友等非正式渠道来"找关系"、"找门路"、
"找熟人"来获取职业岗位,仍是失业者非常重要的求职渠道。同
时,也从另一角度反映了劳动力市场的不规范和不完善。而选择
到"职业介绍机构登记"的青年人占 22.6%,中年人占 31.2%,
中年人比青年人高出 8.6%。这里的"职业介绍机构"是杭州市的
就业管理部门在街道和社区为失业者提供就业信息、推荐工作之
类的服务工作;这种登记还与失业者享受社会福利有一定的联系,
所以在失业者就业过程中起到了积极作用,但这种服务还有待进
一步完善。

相比较而言,青年人求职方式现代化特色较为明显。青年人
"参加各种招聘会"和"到各招聘单位应聘"的比例分别为
40.3% 和 29.0%,中年人为 25.4% 和 17.5%,前者比后者分别高
出 14.9% 和 11.5%,年轻人利用市场化的渠道找工作的比例相对
较高。而通过报纸、电台和电视台找工作的青年人占 33.1%,中
年人为 11.7%,青年人比中年人高出 21.4%;通过电脑网络找工
作的青年人为 23.4%,中年人为 3.2%,青年人比中年人高出
20.2%。青年人利用现代化媒体找工作的比例也明显比中年人高。

（2）城市就业问题：青年人的失业问题将日益突出

目前从事有偿劳动的青年人占 53.7%，而未从事有偿劳动的占 46.3%；而中年人中 73.5% 的人从事了有偿劳动，未从事有偿劳动的占 26.5%。可以看出，目前未从事有偿劳动的青年人比中年人高 19.8%。但从较长的时间来看，近三年内从事有偿劳动的年轻人占 82.9%（102 人）、中年人占 78.1%（386 人），两代人有 20.0% 左右的人因各种原因而未曾就业。这可能反映了两个问题：其一，有一部分人（约占 20.0%）因各种原因尚未就业，这是一种普遍现象，并非某一群体所特有；其二，随着城市社会保障制度的不断完善和就业服务体系的建设，中年人的就业问题在一定程度上得到了解决，而青年人因职业搜寻时间相对较长而导致短期失业的问题将日益突出。

（3）失业者获取再就业岗位的三种有效途径：政府安置、亲朋介绍和自己寻找

"您目前所从事的有偿劳动是如何获取的？"对于这一问题的回答，反映了失业者有效的求职渠道。"自己找"和"同事、朋友、亲戚介绍"青年人分别占 25.8%、16.9%，中年人占 19.8%、21.6%，这两种求职方式在两代人当中都占有比较重要的地位。从卡方检验的结果判断，两代人在这两种求职途径方面的差异在调查总体中并不存在。而通过"街道或社区安排"来获取工作的，中年人（32.3%）比青年人（8.9%）高出 23.4%。这一方面表明杭州市的街道或社区为吸纳失业者就业做出了贡献；另一方面，也表明杭州市的街道或社区就业服务具有一定的效果。而通过"父母或兄弟姐妹帮助""报纸、电台""网络"等来找到工作的比例均没有超过 4.0%。

（4）社会服务业是吸纳失业者的主要行业

关于两代人真正从事的行业，青年人当中有 50.8% 从事社会服务业，餐饮业 12.3%，批发、零售商业 7.7%，交通运输业、仓储及邮电通信业 7.7%；中年一代人主要集中在社会服务业 57.2%，加工制造业 5.8%，批发、零售商业 5.8%，餐饮业 5.0%。从事社会服务业的失业者占 50%—60%，这与杭州是一个

旅游城市，社会服务业发展相对较快，对劳动力的需求量相对较大有一定的联系。从卡方检验的结果来看，两代在从事有偿劳动的行业方面并没有明显的差异。

四　结论与讨论

失业的青年人就业难是因为就业观念上有"懈怠"和"依赖"倾向吗？从本次调查的结果来看，最近三年内（2003—2005年）"一直不想找工作"年轻人只占2.4%，中年人占2.2%；而三年内，"想找工作但未采取行动"青年人占4.0%，中年人占7.5%。可见，青年人不想找工作或只想找而没有采取行动的毕竟是少数，而且这些自愿失业的少数人在中年人当中也同样存在。与中年失业者相比，青年人对现代化的求职渠道运用得相对较多；近三年内从事有偿劳动的比例与中年人差别也不显著。这说明，青年失业者就业过程中"懈怠"的说法并不准确。从本次调查的结论来看，失业者依赖父母经济上支持的，青年人（占35.5%，44人）比中年人（10.7%，54人）高出24.8%，这说明青年人对父母的依赖比中年人强。但仅从这点就得出这些青年人是所谓"就业的依赖族"或"就业懈怠族"，还值得商榷。理由如下：18岁虽是人成年的重要标志，但在中国这样一个重视家庭的社会中，父母将子女的成家立业作为自己人生价值的重要体现，所以在一些人看来，子女如果没有成家立业，父母并不认为自己的责任完成了；在本次调查中，有52.4%（65人）青年人中都处于未婚状态。所以这些未婚的青年人，无论是否有工作他们仍然与父母在经济上保持着密切联系或在吃住方面得到父母经济支持，在大多数中国人看来，并没有什么不妥。而且这种对父母的依赖在已经就业的青年人当中是否存在还有待进一步验证。而且将父母与子女之间相互支持的关系说成"依赖"或"啃老"，并不符合中国的家庭文化，有时父母对失业子女发自内心的支持和帮助并不是所谓"啃老"或"依赖"所能涵盖的。

中年人的就业观念真是"陈旧落后"了吗？从本次调查的结

果来看，中年人追求稳定和相对有保障的工作；单位选择上更青睐政府机关、事业单位和国有企业；在求职渠道上更倾向于依赖行政化手段和个人的努力；对工资的期待更加务实；等等。这些观念并非中年人所独有，失业青年人的看法与他们基本是一致的，其区别只是程度的不同而已，所以说这些就业观念又具有一定的普遍性。笔者认为，这种就业观念形成与以下几个因素有关。

其一，与政府长期执行的城乡分隔、部门分隔、正式劳动力市场和从属劳动力市场分隔的政策密切关联。中国政府自 1950 年建立"户籍制"以来，就采取了城乡分治、"一国两策"的劳动力就业政策。一方面，根据经济发展的需要从农村招收或下放劳动力；另一方面，出于维护社会稳定、促进经济发展等多种因素考虑，采取优先解决城市人口就业的劳动力政策，并在一些城市制定了限制农民工进入的歧视性就业政策。这种城市人口就业优先的劳动力就业政策，是城市失业者就业观念形成的政策背景。在这样的就业政策背景下，城市中年失业者对就业的单位、政府作用和工资期待等方面也明显高于农民工。

其二，政府在解决城市失业者的实际工作中仍扮演着重要的角色。目前从事有偿劳动的青年人通过街道或社区安排而获取工作的占 8.9%，而中年人占 32.3%。这是两代人仍对政府抱有一定期待的现实原因。

其三，杭州市综合的竞争力相对较高，也吸引了全国大量高素质的人才，这也是一些人力资本相对不高的失业者对政府有所期待的客观原因。

就业与保障：劳动者如何选择

——兼论中国社会保障制度建设[*]

近来，"就业不如吃低保""上岗不如歇着"、失业者"隐性就业"等问题的报道屡见报端。下岗失业者的行为与制度政策冲突的现象，影响了社会保障制度的实施效果。社会保障制度应如何构建，才能更好地兼顾社会公平和社会效率、鼓励失业者走出社会保障实现再就业，这是我国社会保障制度建设和扩大就业再就业所共同关注的重大现实问题。

一 城市失业者就业选择与 社会保障面临的问题

笔者承担了国家社会科学基金资助课题"扩大就业再就业与社会保障体系建设"的调查问卷中，在 2005 年 12 月调查的有效问卷 1623 份中，抽取武汉（626 人）和杭州（630 人）两市有下岗或失业经历或在三年内（2003—2005 年）有初次找工作经历的劳动者共 1256 人的样本资料，从失业者本身的角度，分析社会保障制度对城市失业者就业再就业选择的影响，以探讨建立适应就业再就业的社会保障制度。

1. 有劳动能力的失业者大多数都愿意工作

调查结果显示，96.0% 以上的失业者寻找工作的态度是积极

---

* 根据国家社会科学基金资助项目（05B J Y029）"就业再就业与社会保障体系建设"结题打印稿第 82—122 页的内容撰写。部分内容原载《中国社会保障》2006 年第 12 期。

的，曾为寻找工作而努力过。对"您认为从事有偿劳动的主要作用是什么？"的问题回答，92.1%的人认为自己从事有偿劳动的主要作用是为了养家糊口。而且将养家糊口看作从事有偿劳动首要选择的占被调查对象的90.3%，这表明"养家糊口"是失业者工作最基本的动机。另外，有75.6%认为家里的生活主要来源于劳动的收入，有16.2%得到了父母的帮助，有13.5%认为靠社会保障收入，而依靠以前积蓄的占12.1%。由此可见，城市社保对象温饱以外的基本生活需要，仍主要靠社保对象积极就业、动员社会支持网络和节衣缩食等方式解决。从求职的过程来看，有66.2%认为在求职过程中没有因自己不愿意接受而未谈成工作，也就是说找工作更多的不是自己主观上不愿意，而是工作单位不愿意接受。这说明他们在找工作过程中更多的是用人单位在挑，而不是他们主观上不愿意工作。可以看出，在绝大部分被调查者眼中，社会保障供给不能满足家庭最基本生活需要，工作是必需的。

2. 就业收入低于社会保障供给时，失业者求职积极性减弱

劳动者选择工作还是选择保障，经济学认为，人们在很大程度上是以对该事件的损益分析为基础的。就业收益值、就业方式的稳定性与有效的社会保障供给仍是失业者就业时首要考虑的问题，社会保障供给对就业的作用与失业者的搜寻强度、保留工资有关。搜寻强度是指失业者寻找工作的努力程度，一般以接触空缺岗位的频率来衡量。保留工资又称"条件工资"，指失业者愿意接受一份工作的最低工资，如果低于这个工资，失业者将拒绝这份工作。调查显示：被调查者理想工资的均值为1526.4元/月，极小值为500元，最大值为10000元，众数为1000元，中值为1500元；500—2000元，占被调查对象的80.2%，其中500—1000元占32.6%；1001—1500元占37.8%，1501—2000元，占19.8%；2000—3000元占14.3%；而理想工资在3000元以上的仅占3.5%。可以接受的最低工资的均值为984.4元，这说明70%以上的调查者认为工资应达到1000元左右。对社保对象来说，参加工作除了增加收入外，还会让家庭增加开支；退出社保除了让他们丧失社

保收入外，还让他们丧失附带福利。对这些因素的综合考虑使人们对于工作的报酬要求至少在1000元，这说明他们对工作的报酬要求趋于理性化。

3. 就业方式的稳定性与有效的社会保障供给仍是失业者就业时的首选

"工作稳定，将来有保障""报酬高""离家近"，这是城镇失业者选择就业还是不就业时优先考虑的因素。本次调查也证明了这一观点。人们在进行就业选择时，会面临多种可能，在这些可能中，劳动者会根据个人的社会环境、家庭和个人自身的具体条件来进行选择。74.92%的调查者会优先考虑将"工作稳定，将来有保障"看作选择工作的重要条件，60.79%会优先考虑"报酬高"的问题，有49.68%会考虑离家近的工作，有32.38%会优先考虑"能给自己交'三金'的单位"。可以看出，"工作稳定，将来有保障"是他们一致的想法。其原因一是他们大多数人到中年，本次调查的对象75.6%的人都在40岁以上，求稳倾向明显；二是他们大多数曾有较为稳定和具有保障的工作，在就业市场化之后，他们面临着失业的困境，所以他们在重新选择工作时还是很渴望有着较为稳定且有保障的工作。

另根据武汉市实现再就业的213人的资料，再就业者普遍反映再就业工作稳定性较差。他们大多是以灵活就业形式找到了工作，其中63.85%没签劳动合同。这意味着大部分灵活就业人员被排斥在国家社会保障制度之外，使得再就业人员缺乏安全感。工作不稳定还意味着大多数人随时有可能重新失业，这种不稳定性造成职工频繁下岗失业、生活失去保障，极大地影响失业者退出保障和再就业的信心。

4. 就业单位仍以"政府机关或事业单位"和"国有企业"为理想工作单位；但就业职业呈多元化发展趋向

能到哪些单位去工作？可以做什么样的工作？这与他们的文化程度和技术水平密切相关。样本中无职称的为70.6%，有56.2%优先选择政府机关或事业单位，而选择在"国有企业"工作的人也占了22.8%。武汉市实现再就业的213人中，有16人为企业管理人员，11 人为专业技术人员，56 人为技术性生产工人，其他均从事不同类型的服务工作。失业人员参加职业培训的情况不容乐观，只有近 20% 左右的人参加了技能培训，绝大部分人员都没有参加一定的技能培训，只能靠原有的技能和生活经历从事简单熟练的劳动。

5. 就业渠道表现出较强的组织取向，但市场取向明显增加，血缘关系、业缘关系和私人关系群体仍是人们获得职业的重要渠道

从被调查的总体来看，有 48.3% 的被调查者认为政府或企业安置是他们最理想的求职渠道，有 16.7% 认为自主创业才是理想的求职渠道。这表明在就业过程中一些人的自主意识开始觉醒，想通过自己努力来解决就业的人也占有一定的比例。

综上所述，城市失业者大多是愿意工作的，那些宁愿失业也"不愿"就业的人，大部分并非真的好吃懒做。下岗失业者群体也并非一个统一的整体，由于存在着年龄、性别、经济、文化、教育、体质、信仰乃至个人经验、家庭结构的差别，不同的下岗失业者事实上存在不同的需求。在表面上类似的不去工作的行为背后，隐藏的原因可能是极其复杂的。布迪厄认为，人的"实践活动是一种时间化的行为，在这个行为中，行动者是通过组织调动过去经历的实践，对以客观潜在性状态深藏在现存事物中的未来进行实践预期，实现了对直接现实的超越"。下岗失业者所理解的"直接现实"，离不开他所在文化赋予的观念结构，他是运用自身特定的文化逻辑——"习惯"来展开他的日常实践活动的。因此，站在城市失业者的角度，"上岗不如歇着"等现象的存在也有合乎情理的一面。正因如此，社会保障制度要适时地进行建设和完善。

二　建立适应就业再就业社会 保障制度的思路

调查显示大部分有劳动能力的失业者都希望有工作可做，这对现行社会保障制度提出了严峻的挑战。建立为失业者既解决生活问题又帮助其就业的社会保障制度，是国家社会经济发展和失

业者就业再就业所需的。进一步进行适应就业再就业社会保障制度设计，要体现制度的激励性、提高制度的效率性、保证制度的可持续性、推进制度的长效性。

第一，为体现社会保障制度促进就业的激励性，仍需倡导积极就业观念。我国目前与失业者直接有关的社会保障制度包括失业保险制度、基本养老保险制度和基本医疗保险制度中与失业者有关的部分、城市居民最低生活保障制度中与失业者有关的部分，涉及失业者诸多方面。因而，强调个人自助精神和加强个人自我保障意识，应体现在社会保障制度的各子系统中。工作与保障并行不悖，即提供保障的目的是让受助者工作，促进社会保障的社会投资作用从预防社会风险转到管理社会风险。这一理念在社会保障制度中的主要应用两方面。一是在资金支出方向上，我国社会保障支出多是用于经济补偿，其促进就业的功能是缺失的，如2004年失业保险基金总共支出2112764万元，但用于职业培训和促进就业方面的支出仅占16%，明显偏低。二是对再就业的失业者实行低费率，低保障政策，如美国OASDI（公共年金计划）的税率比经合组织国家的同一种税率低约4个百分点，401K计划也仅限于有工作的劳动者才能享受纳税优惠。这些措施通过调整社会保险费率和税收政策体现促进就业的理念，鼓励人们多创造财富。因此，科学制定社会保险费率，合理运用社会保障基金，适宜的税收优惠政策可以在一定程度上激励被保障对象积极工作。

第二，为提高社会保障制度促进就业的效率，应树立社会保障制度协调观。一是就业收入与社会保障供给的协调。有鉴于社会保障与就业之间的内在相互制约关系，为充分发挥现有社会保障制度促进就业的作用，我国政界和学界提出一系列的措施，如北京、上海实施的救助标准抵扣和渐退措施，重庆江北区推出的"就业补贴"，新时期的"以工代赈""配套措施货币化"，这些措施的提出大都建构在经济理性原则基础上。受助者的社会保障和再就业实际选择往往基于经济的考虑，那么，适应就业再就业社会保障制度建设必须建立在经济合理性之上，体现"劳动者收入总高于不劳动者"的基本原则。二是目标人群社会保障的协调。

现有社会保障制度的建立是为解决城镇大批下岗失业人员的基本生活保障而设置的，其目标人群比较单一且同质性高。随着社会保障的扩面，目标人群已发生了变化，低保对象已从原有的"三无"人员变为"三有"人员，失业保险对象已从年龄偏大、技能单一、文化程度低的城镇下岗失业人员增加到年龄小、文化程度偏高的知识失业人员，呈现异质性趋向。《贝弗里奇报告》中关于社会保险的分门别类，适宜不同人群的原则仍值得我们借鉴，以工作为导向的社会保障制度建设要协调不同对象之间的保障进行分类设计，以体现社会保障制度的公平和效率。三是正规就业与灵活就业问题的协调，我国现阶段灵活就业的显著特点是劳动关系不稳定，与社会保险几乎没有制度性联系，现行养老、医疗等社会保险制度是为在正规部门就业的职工设计的，对灵活就业群体没有制度支持，因此该群体大都被排斥在现行社会保障体系之外。这使很多失业者在工作与保障之间进行选择时，不愿退出保障。加强立法建设，建立健全切实可行的制度，保证灵活就业人员社会保障关系有法可依，对于促进失业人员积极选择就业形式多样化条件下的灵活就业方式是非常必要的。四是社会保障制度体系项目间的协调，上述涉及失业者的社会保障项目有多种：一为针对失业者生活保障的项目，如低保制度、失业保险制度；二为涉及失业者重新工作时是否能继续享受社会保险，如养老、医疗等社会保险制度。一是失业所需的，一是就业所需的。总之，适应就业再就业社会保障制度要统筹考虑。

第三，为保证社会保障制度促进就业的可持续性，应为失业者提供完善的就业服务。对就业困难群体提供职业培训和就业指导应成为社会保障制度的一个重要部分，这也是西方国家社会保障制度改革的趋势。例如，美国政府规定，应对严重缺乏就业能力并失去工作的青年提供培训，改善他们的就业能力；1988年的"家庭支持法案"要求各州制订工作机会与基本技能培训计划，提供教育、培训和就业服务，旨在帮助人们脱离福利依赖，大多数成年当事人要被吸纳到工作机会与基本技能培训计划中。美国已将失业人口的职业培训纳入法制化的轨道。例如，美国的《人力开发与培训法》《就业机会法》《就业培训合作法》《再就业法案》等，要求全社会重视并支持职业培训，美国每年再就业培训拨款70多亿美元。在瑞典等国，失业培训不仅是免费的，参加者还可得到一笔失业救济金作为培训补助。瑞典的年度研究报告显示，大多数参加者自始至终完成了培训；其中约65%的经过专门培训的人，6个月内在公开的市场上找到了工作。英国将失业保险制度改为"求职津贴"制度，日本、加拿大则改为"就业保险"制度。我国先后颁布了《关于加强待业职工转业训练工作的通知》《职业教育法》《劳动预备制度》《"三千万"再就业培训计划》等制度法规，取得了一些成绩，但相对于庞大的愿意就业的失业者而言是远远不够的。如何将就业服务纳入社会保障体系中来，我国正在探索之中，所以在实际运行中存在诸多问题，导致很多失业者没有参加培训。这些问题突出地表现在：缺少规范化管理；职业介绍、就业培训、失业保险、社会救助之间缺少有机的联系；政府职业培训机构缺失；民间职业培训机构趋于功利；高素质劳动力就业服务匮乏。针对这些问题，笔者认为，借鉴国际经验，应将就业服务纳入社会保障体系中来，这并不意味着政府揽过来直接承办就业服务活动，而是通过政府政策支持以及提供适当经济援助以扶持、培育非营利的公益性就业服务机构，并使之逐步成为职业介绍和培训的主体。这样既可以发挥政府作用，也有利于动员社会力量，使就业服务政府机构与非政府机构有机地联系起来，建立就业信息库，指导失业人员学习新的技能，以适应经济发展和产业结构调整对劳动力的要求，尽快地实现再就业。

第四，为推进社会保障制度促进就业的长效性，应明确政府责任并完善政府政策。制度实施的长效性有赖于政府在社会保障中的积极作用，政府应该是促进城市失业者就业再就业的主体。城市失业者中大部分是弱势群体，在就业过程中，他们的权益常常难以得到保障，尤其需要政府的扶持和帮助。调查显示，政府对失业者的生活和就业援助都是有限的。如果政府能够帮助他们就业并提供社会保障计划或续保，对失业者从提供"被动的"收入保障转向帮助他们尽快获得"像样的工作"，以基本救助促进就业，通过就业提高福利，他们就可以获得长期收益，更多地依靠自己，而不是依靠政府福利。贝弗里奇认为，完全由社会保险提供收入保障不足以保证人们的幸福，与此同时，还应当下定决心利用国家权力，把所有人的就业都保障到必要程度，当然并不是要达到绝对的连续工作，而是保证每个人都可能实现合理的生产性就业。城市失业者就业再就业问题是社会经济发展中不可避免的，解决这一问题涉及政府社会保障的各个方面，因此政府作为决策者，应在国家预算、税收、创造就业岗位等相关政策中体现以促进就业为中心的指导思想，为失业者营造一种学习和工作的环境，为他们再就业回归社会创造必要的条件。

女性就业弱势群体的社会支持对策

一 女性就业弱势群体的现状及特点

本文所指称的女性就业弱势群体指在求职和就业过程中容易或已经遭遇挫折和困难的女性群体，主要包括下岗失业的女性群体及女大学生群体等。

全国妇联第二期中国妇女社会地位调查的数据表明，2000年年末，城镇18岁至49岁女性的在业率为72%，比1990年下降了16.2个百分点，与男性的差距进一步扩大；下岗再就业的仅为39%，比男性低24.9个百分点；部分下岗失业女职工生活十分困难。劳动力市场普遍存在性别歧视。据劳动和社会保障部门2001年8月对62个定点城市劳动力市场就业供求状况调查，有67%的用人单位在进人时有性别限制，有的明文规定女性在受聘期不得怀孕生育。在一些私人企业和外资企业中，使用"黄金年龄段"，拒收年龄较大的女职工的现象十分突出。女大学生就业也比较困难。一些经济效益差的国有企业、改制企业，发放工资尚有困难，更无力保障女职工的特殊权益。非公有制企业在劳动保护方面存在的问题很多，有的很严重。据陕西省调查，只有18%的非公有制企业能执行女职工劳动保护规定，61.8%的企业不与女职工签劳动合同。签订的合同中也没有女职工劳动保护的内容。有些企业任意设置试用期，解雇女职工，延长劳动时间，拖欠、克扣工资。有的还非法使用童工。一些私营小企业劳动条件简陋，甚至

* 原载《统计与决策》2003年第9期，与赖志琼合写。

十分恶劣，女工中毒甚至伤亡等恶性事件时有发生。许多女职工怕失去工作，权益受到侵犯也不敢说。

以上资料数据表明，我国妇女在求职及就业过程中，就业性别歧视现象比较严重，女性就业群体与男性就业群体相比，女性就业弱势群体具有自身的一些特点。

1. 生理素质处于比较劣势

女性由于性别的原因，其生理素质跟男性相比，处于绝对的劣势地位。一些重工业行业，如钢铁、煤炭、采掘业等，专业性强而且非常辛苦，不适宜女学生。女学生也很少有人愿意进入这些行业，即使偶尔有一两个愿意的，也想做秘书等行政管理方面的工作，而不愿做本行。同时女性也无法胜任一些需要经常出差的职业，有些职业由于一些特定的原因，也对女性设置了较高的准入门槛。这样无疑限制了女性就业的范围。

更重要的是，由于生理的原因，女性面临生儿育女等现实问题。女大学生毕业后，一般都处在婚育年龄，因此其聘任单位便会做出一个综合考量。一般来说，生育周期比较长，而且生育后，由于注意重心的转移，女性对工作的投入无法与生育前相比。

2. 心理素质处于比较劣势

相对而言，女性的心理素质也往往处于劣势地位。这便使得她们无法胜任压力较大的工作，其应对挑战的能力也无法与男性相比。长期以来，在传统教育体制的影响下，女性给自己的角色定位便是顺从、服从、迁让，因此其成就动机相对较小，即使受过高等教育，其终极目标不过是有一份稳定的职业。而下岗女职工"男主外，女主内"的思想更加根深蒂固，她们已经习惯依靠自己的丈夫，把自己的全部希望寄托在丈夫、孩子身上，很多已经丧失了应对社会竞争的心理素质。

3. 年龄偏大、职业技能差，依赖性强

下岗女职工多数为中年妇女，年龄偏大、职业技能低下、谋生技能缺乏、竞争能力弱。而我国正处于产业结构调整升级阶段，对女性需求量大的一些行业，如纺织、食品等，由于产品、设备的更新换代，对从业人员素质要求提高，需求量却大大减少；一些新兴的高科技行业、企业对从业人员的知识、技能、综合素质的要求又比较高，而下岗女职工显然并不具备胜任这些工作的能力。因此大部分下岗女职工无法适应变化了的就业要求及环境。

从女性就业弱势群体的特点分析可以看出，由于性别的原因，女性面临的就业形势往往比男性更加严峻。而生儿育女这一社会性活动由于生理的原因也几乎由女性全部承担下来。因此，女性群体要想顺利地就业，必须得到社会各界的广泛支持。女性群体的就业，特别是女大学生群体的就业是国家必须解决的问题，它对社会的稳定和经济发展具有重要意义。

二　女性就业弱势群体的社会支持对策

如上所述，虽然男女都享有选择职业的同等权利，但在实践中，由于性别所带来的生理、心理、感情的实际障碍，同等情况下女性劳动者较男性劳动者仍然难以找到工作。女性就业弱势问题如何解决？本文认为，在现阶段必须以国家立法支持为主体，充分调动社会资源、发展经济提供新的职业岗位、完善就业保障制度，积极引导女性就业弱势群体进行切实可行的职业选择，促进女性就业弱势群体顺利就业。

1. 国家必须以立法的形式对女性就业弱势群体进行社会扶助

改革开放以来，我国的立法机关在女性弱势群体法律保护方面做出了巨大努力，也已取得了举世公认的成就。国家立法机关制定的《中华人民共和国妇女权益保障法》就是对女性社会弱势群体实施特殊保护的法律，此外还包括《女职工保健工作暂行规定（试用草案）》《中华人民共和国妇女权益保障法》《国务院关于女工作人员生产假期的通知》《女职工劳动保护规定》《女职工禁忌劳动范围的规定》《职工保健工作规定》《企业职工生育保险试行办法》等一些有关保护女性就业群体的规定。但是，我国还需要进一步制定一些有关保护女性就业弱势群体、促进男女公平就业的法律法规，并且提高相关法律法规的可操作性，如对女性就业者的公平晋升保护、反招聘就业中的性别歧视等。国外一般都有一些相应的保护女性就业的法律，如日本在就业促进法律制度中就明确规定对妇女的就业促进。

2. 加大社会保障政策中有关女性保障政策的执行力度

新中国成立后，我国制定了一系列旨在关于保护女性就业权利、劳动安全、健康等的政策以及关于女性产假、计划生育手术、医药等问题的政策规定，如《中华人民共和国劳动法》《中华人民共和国妇女权益保障法》《国务院关于女工作人员生产假期的通知》《女职工劳动保护规定》《企业职工生育保险试行办法》等。但这些政策、规定的执行情况不容乐观。许多企业为减少成本，降低安全生产费用和福利待遇，以致女工的生育保险等保护女性安全、健康的规定、措施根本无从落实。一些私营企业的女职工一旦怀孕，往往面临被辞退的境地，或是采取"变岗变薪"的办法，侵犯女职工特殊利益。因此有必要加大女性职工保障执行的力度，让女性职工真正能享受合法权益。

3. 积极发挥社区服务对女性就业弱势群体的社会扶助作用

目前我国以国家和市场为主体的社会保障体系虽然已取得了巨大成绩，但由于国家财力有限、居民收入不高，其覆盖能力仍难以满足日趋增多的就业弱势群体的多方面需求。因此，把中国社会保障的侧重点仅仅集中在以政府和市场为主体的社会保障和社会救济层面上显然是不够的，在社会保护中建立政府、市场和社会三方携手的合作伙伴关系，充分发挥政府、市场和社会在社会保护中的不同作用，发挥社区服务、第三部门和志愿者在社会救助和社会互助中的作用，并使社区服务、非营利第三部门和志愿者的社会救助活动成为社会保护的重要组成部分。在发挥社区服务作用的过程中，除了直接向女性就业弱势群体提供再就业服务外，还要向他们提供诸如住房服务、子女就学服务、老人照顾服务等，解除就业弱势群体的后顾之忧。

4. 充分利用非正式社会网络的社会扶助功能

随着女性就业弱势群体规模的不断扩大，原来就业形势较好的女大学生也出现了前所未有的失业威胁。因此社会成员之间的互助就显得越发重要。丘海雄等学者通过对下岗职工弱势群体的调查研究，提出对下岗职工弱势群体的社会支持应该从一元化向多元化的方向转变，实施广义的社会支持。随着市场经济的发展和企业社会功能的剥离，非正式的社会网络在下岗职工的社会支持结构中已开始发挥越来越重要的作用。其中，血缘关系在经济和就业上给予下岗职工最重要的支持，如果人与人之间都能互相支持、同舟共济，社会网络就能充分发挥社会支持的作用，我们便可以减少对单位、对国家的依赖，取得更多的自主空间，同时国有企业的改革、市场经济的发展也将会有更稳固的社会基础。实际上，非正式社会网络对其他各种就业弱势群体都发挥了日益重要的社会扶助功能。

5. 针对女性就业弱势群体采取一些具体支持对策

由于各种原因，在校女大学生平时将注意力多集中于书本知识的学习，而忽视了综合能力的培养，其社会交往面往往较窄，社会知识欠缺，综合素质与男生相比存在一定的距离。因此，他们所在学校应在日常的教学过程中注重其综合素质的培养与提高，同时也应给予女大学生更多实践锻炼的机会。

由于下岗女职工与女大学生存在不同的就业困难因素，因此还有必要采取一些针对她们特点的对策措施。例如，开办一些针对女职工特点的职业技能培训学校、短期培训班，以提高她们的职业技能，并且提供一些相关的就业指导咨询，让她们充分地扬长避短。

现阶段，能否有效地解决我国女性就业弱势群体的社会支持对策问题，使其能够充分发挥自身的特点和优势，不仅有利于体现男女就业平等，而且有利于提高妇女地位。因此，只有建立多层次、立体化的就业弱势群体社会支持网络，从立法、政策、制度，以及在更广泛的社会意义上解决女性就业弱势群体的社会支持问题，才能切实改变女性在就业竞争中的不利地位，促进社会发展。

养老保险制度
对劳动力供给的影响及其完善[*]

　　虽然当前我国人口多，劳动力资源丰富，但从人口结构上来看，生育高峰期出生的人口正在步入老年阶段。若不考虑 65 岁以上人口的就业，到 2016 年我国从业人员将达到峰值；如果算上 65 岁以上人口，就业高峰将出现在 2022 年，之后将逐渐减少。届时，我们将面对一个生之者寡而食之者众的社会。另外，虽然市场机制在劳动力资源配置中的作用越来越明显，但从整体上看我国劳动力市场还不完善，主要表现在职业变动、区域流动、工资调整等方面缺乏灵活性。而且随着经济结构和产业结构的调整，目前已经出现了大量灵活就业群体，其就业具有临时性、流动性等特征。在人口结构和劳动就业结构变化的宏观背景中，需以系统的视角和战略的眼光来探讨养老保险制度的劳动力供给效应，以期建立既保障老人基本生活需要又促进劳动力市场良性运行的养老保险制度，促进经济社会协同发展。

一　养老保险制度对劳动力供给的影响

　　从本质上说，劳动力供给是个体在一定的劳动条件下对劳动力使用权的出让。从数量角度看，劳动力供给是指一个经济体在某一时期内可以获得的劳动者愿意并能够提供的劳动力的总和；从质量角度看，劳动力供给是指劳动力的知识和技能水平，即人力资本；还包括劳动力的自由流动，即劳动力资源的优化配置。

---

　　*　原载《广东行政学院学报》2008 年第 6 期，与文太林合写。

根据理性经济人假设，人们总是在效用最大化的目标下根据外部经济条件的变化来调整自己的行为。养老保险制度及与之相关的变量成为劳动者的预算和约束条件，从而改变劳动供给行为，即影响劳动力供给数量和质量。一般来看，养老保险对劳动力供给会产生积极效应：劳动力再生产是社会再生产得以延续的基本条件，而养老等社会保障能满足社会生产活动对劳动力的连续需求。人的生命周期要经历养育、使用和逐渐丧失劳动能力三个阶段。其中，只有劳动力使用时期才与生产活动发生直接联系，创造价值，其他两个阶段都属于纯粹的消费时期。但是这三阶段是人的自然成长规律，因而密不可分。只有人在年少和年老时能得到生活保障，才可以使劳动力不断延续，而且拥有养老保障可免除后顾之忧，有利于激发劳动者的生产积极性和创造性。正如前国际劳工局长弗朗西斯·勃朗夏所言："一旦男人和女人从日益提高的社会保障中获益，不再为日后的衣食焦虑，他们自然会创造更高的生产效率"。[①]

但是，养老保险的复杂结构在实际运行过程当中对劳动力供给的影响表现为更多的不确定性。

1. 养老保险制度对劳动力供给数量的影响

第一，工作闲暇选择。对于当前在职的劳动者来说，不同的养老保险筹资模式（主要为现收现付制和基金积累制）产生不同的激励效果。

现收现付筹资模式。因为这一模式主要采用待遇确定型的给付方式，养老金待遇水平和缴费的多少并不直接相关，具有较强的收入再分配效应，因此，有强制性税收性质，养老保险税费成为打在雇主和雇员间的一个楔子，因为税费扣除减少了雇员的净收入，从而会改变劳动供给曲线。至于如何影响劳动者的工作积极性，取决于两种相反的经济效应对比：一种是收入效应，当养老保险税费扣除减少了净收入时，要取得同样的工资收入就需要

---

① 国际劳工局：《展望 21 世纪：社会保障的发展》，劳动人事出版社，1988，第 Ⅵ 页。

投入更多的工作时间，即增加劳动力供给；一种是替代效应，养老保险税费使单位时间的净收入减少，劳动者就没有了积极工作的激励，即对劳动力供给有消极影响。至于总效应是增加还是减少劳动力供给，则要看替代效应和收入效应之差。因为个体的偏好不同，所以增加还是减少劳动供给在理论上是因人而异的。

基金积累制筹资模式。养老金待遇与缴费关联，在这种情况下，养老保险缴费被看作为个人账户进行存款的替代形式，只是在自己生命周期的不同阶段分配自己的财富，相当于强制性储蓄。因为没有贫富再分配的功能，因此这种模式的养老保险制度对劳动力供给的扭曲较小。费尔德斯坦也认为与现收现付制相比，基金积累制的激励效果较好，但原因是现收现付制的扭曲体现在这种制度的低收益率上。现收现付制模式下的当期养老保险供款直接用于当期的养老金支付，其收益率为真实工资增长率，不像基金积累制投资于资本市场。长期来看，真实工资增长率普遍低于资本市场的预期收益率，现收现付制的低收益率使得养老保险供款在一定程度上表现为对个人征收的收入税，从而制约劳动力供给。[1]

大多数国家养老保险是现收现付制，采用征税的方式筹集资金。虽然在理论上的分析是清晰的，但是关于养老保险税费的劳动力供给效应的实证研究却存在争议。劳伦斯·汤普森发现在以工资收入作为生活来源的劳动者当中，这种缴费扣除对劳动者的积极性几乎没有影响。[2] 普雷斯科特在对美国劳动供给的时间序列分析中发现不同时期的劳动供给变化很大，与欧洲各个国家的差异很大，这其中起决定性作用的是劳动税制，高税率导致低就业。[3] 由于我国劳动力供给过剩、人均收入水平较低，所以，劳动者的工作与闲暇的选择空间较小。但个体特征（性别、年龄和工

[1] Martin Feldstein. Reducing the Risk of Investment – Based Social Security Reform, NBER Working Paper No. 11084.

[2] 劳伦斯·汤普森：《老而弥智——养老保险经济学》，孙树菡等译，中国劳动社会保障出版社，2003，第54页。

[3] Edward C. Prescott. Why Do Americans Work so Much More than Europeans? NBER Working Paper No. 10316.

资等）的劳动供给弹性差异较大。① 随着人口结构的变化，我国劳动力无限供给的时代即将过去，人口红利将会消失。再加上收入水平的提高，劳动税收的供给弹性也将凸显。当前，我国养老保险供款水平已经较高，很多统筹地区在 30% 以上，加上其他社会保险项目，"五险一金"已经达到 50%。这无疑将会对劳动力供给产生消极影响。

第二，老年退休决策。近几十年来，在人们健康水平提高、预期寿命延长的情况下，人们的实际退休年龄反而在提前、老年劳动参与率在降低。个人退休决策取决于诸多因素，如经济状况、劳动力市场状况、健康状况和社会价值取向。养老保险制度在很多方面影响老年退休决策，主要体现在以下几个方面。

法定退休年龄。退休年龄是养老保险制度的一个重要参数，只有达到一定的年龄标准才能退出劳动力市场并享受养老金，除此之外，享受资格条件通常还包括工龄、缴费年限等。当前，我国老年人劳动参与率较低，一个重要原因是法定退休年龄偏低。世界上大多数国家退休年龄在 60—65 岁，适应人口老龄化的发生和发展，各国都有提高退休年龄的改革措施。我国退休年龄还是沿用 20 世纪 50 年代制定的标准：男职工 60 岁、女职工 50 岁、女干部 55 岁，连续工龄满 10 年，即可退休并享受退休待遇。而 1950 年人均预期寿命仅为 35 岁，到 2007 年，人均预期寿命是 73 岁，原定的退休年龄显然已经不合时宜。另外，我国退休政策执行不严，导致提前退休非常普遍。

养老待遇水平。养老待遇水平决定了老年退休后的生活保障程度，这直接影响退休决策。通常，养老金水平提高，老年劳动参与率就会降低，二者呈负向相关。OECD 国家的研究结果表明：在德国和意大利，养老金被削减 20% 会引起男性雇员退休年龄推后几个月。② 各种职业年金的普遍建立，增加了老年人退休后的可

---

① 于洪：《我国个人所得税税负归宿与劳动力供给的研究》，《财经研究》2004 年第 4 期。

② 科林·吉列恩等编《全球养老保障——改革与发展》，杨燕绥等译，中国劳动社会保障出版社，2002，第 389 页。

支配收入，这种财富效应促使人们提前退休享受闲暇生活。

2. 养老保险制度对劳动力供给质量的影响

（1）养老保险与人力资本。从宏观上看。诱导退休理论认为养老保险制度的目标是诱使老年人退出劳动力市场以便让更有生产效率的年轻人进入工作岗位。[①] 一般而言，人力资本会随着年龄增加而降低，老年人的人力资本普遍低于社会平均人力资本水平，从而老年人对年轻人的边际生产率有负的外部性。老年人退休为年轻人让出工作岗位，提升了社会平均人力资本水平。因此养老金就相当于对老年人退出工作的补偿，是一项帕累托改进措施。

退休政策可以成为企业淘汰老年工人实现企业职工的新陈代谢、改进企业效率、提升竞争力的手段。但是，企业的微观利益是以国家集体利益的受损为代价的，国家为企业的微观效率支付了成本。特别是提前退休的普遍存在，致使国家的财政问题日益突出，国家宏观经济呈现无效率：老年人力资源的浪费和国家养老的负担加重。世界银行研究表明，提前退休使发展中国家的国民产出损失大致相当于 GDP 的 1%，而 OECD 国家则相当于 2%—4%（假设老年人和年轻人生产率相同）。如果损失的价值超过退休者因此而获得的额外闲暇的价值，这样产出的损失则是无效的，如果挽回这些损失，损失的 GDP 足以支付许多国家一多半的养老金。[②]

从微观上看。养老金可视为人力资本投资的收益，即年轻一代向老年一代支付的他们早年所接受的人力资本投资的收益。在现收现付制下，养老保险主要以工薪税筹资，因此，退休一代的养老待遇水平高低直接取决于工作一代的工资收入。实际上，养老保险制度就如同国家强制实施的代际契约：在工作时向子女进行教育、保健等投资，在退休时则由年轻人支付养老金。强制性契约保证了劳动者在年老时获得回报，这样可以激励其对下一代

---

① 刘芳、欧阳令南：《养老保险制度理论的分析》，《上海经济研究》2002 年第 8 期。

② World Bank. *Averting the Old Age Crisis: Policies to Protect Old Promote Growth*（Oxford: Oxford University Press, 1994），p. 323.

的人力资本投资。如劳伦斯·汤普森所言，一个养老保险制度如
果可以保障那些失去劳动能力的人和那些早亡人的遗属的收入并
且可以减少中年劳动者省吃俭用来为将来养老进行储蓄的状况，
那么就可为父母提供途径和动机来增加他们对子女教育的投资。①

截至 2007 年年底，全国基本养老保险参保人数仅为 20107 万，
覆盖范围还非常有限。在居民收入水平一定的情况下，若政府养
老保障缺乏，则个人养老支出会增加，这意味着用于其他生活消
费、医疗保健和教育培训支出的减少。特别是农村居民普遍被排
斥在制度之外，会制约家庭对子女的人力资本投资。

（2）养老保险与劳动力流动。劳动力流动和迁徙是人力资本
投资的重要方式之一，劳动力流动可以实现人力资源的优化配置，
使人尽其才。养老保险制度与劳动力的流动性密切相关。成熟的
市场经济国家的养老保险制度现在基本是全国统筹、普遍覆盖，
因而对劳动力流动的影响较弱。而形式各样的职业年金计划成为
制约人员流动的重要因素，特别是待遇确定型职业年金计划的养
老金享有权和工作年限相关，而限制享有权的职业年金计划则成
为维护企业利益的隐蔽方式。但是，对于员工而言却损害了其自
由流动的权益，对于国家而言则是劳动力配置的低效率。

养老保险关系产生于劳动关系，社会保险权益则源于劳动和
缴费。因此，养老保险关系应该跟着劳动关系走，劳动者不论流
动到何处，养老保险关系都应当能正常转移接续，养老保险权益
不应受到损失。市场化改革以来，我国劳动力市场的雏形已基本
形成，初步发挥出对劳动力资源优化配置的基础性作用，但还不
健全。现行的户籍、住房福利、社会保障等制度因素无形中增加
了劳动力跨行业、跨地区流动成本。其中，支离破碎的养老保险
制度也是劳动力流动的重要阻碍因素。首先，我国养老保险制度
呈现板块分割的状态，机关和事业单位一种制度，企业另一套方
案，农村又是别的政策，在分割的板块之间缺乏有效的衔接。其

---

① 劳伦斯·汤普森：《老而弥智——养老保险经济学》，孙树菡等译，中国劳动社
会保障出版社，2003，第 66 页。

次，我国养老保险制度统筹层次低，各地的管理体制、征缴体制不一，呈现区域分割现状，各地的养老保险事业难以协调发展。难以统筹协调的养老保险成为人们自由流动的羁绊。

另外，税费征管体制不健全为劳动力流动到非正规部门就业以规避养老保险等税费提供了机会，这在发展中国家尤为严重。不仅工人如此，雇主也常常通过转移到非正规部门领域经营来避税，甚至大公司也把部分业务转包给非正规部门的小企业，或者通过劳务派遣的用工方式来规避雇主责任。通常，在非正规部门中就业和经营的劳动者获得资本和教育培训的机会少，从而导致他们人力资本匮乏和劳动力市场效率较低乃至整个经济结构趋劣。

二　从优化劳动供给效应角度完善我国养老保险制度

1. 提高退休政策的灵活性

退休政策是养老保险制度的重要内容。退休是指职工因年老或伤残离开工作岗位，并按期领取年金。这种就业—退休单一对立模式是种过于简单化的管理方式，它假定人到一定年龄后就步入老年，就应当退出工作岗位。其实，衰老是一个渐进的过程，而且一刀切的退休政策也忽视了人的生理状况、劳动能力、知识水平等方面的个体差异。目前，国际上养老保险改革的一个重要内容就是实施更加灵活的退休政策：以法定退休年龄为标准，可以提前或延迟退休；可以从全职到完全退休，也可以兼职工作等。总之，它将退休和领取养老金分开。我国退休政策过于刚性，需要改革。

首先，提高法定退休年龄。健康状况的改善、预期寿命的延长以及老龄人口的增加是提高退休年龄的生理基础和经济需求，这已成为学界共识。因为退休年龄的调整不能一步到位，因此退休年龄的改革宜早不宜迟，以便为在职职工提供一个稳定的心理预期，实现政策的平稳过渡。

其次，实施弹性退休政策。应否弃传统僵化的管理模式，采取经济手段来影响人们的工作或退休决策，劳动者可以根据自身劳动能力和外部经济激励进行权衡而做出理性选择。为鼓励延迟退休，在保险精算的基础上对提前退休予以经济惩罚，对推迟退休给予经济激励，使劳动者的投资（缴费、工龄）与回报（养老金水平）联动，权利与义务统一，公平与效率相结合。

再次，完善老年人就业环境。促进老年劳动力参与率还需要适合他们的灵活用工制度。制定相应的法律法规，使老年人就业规范化、有序化、福利待遇明确化；加大政策宣传和引导，禁止年龄就业歧视；建立社会服务机构开展技能培训和职业介绍。充分开发老年人资源使他们不仅是消费者而且也是生产者。

2. 扩大养老保险的覆盖面

虽然我国养老保险的覆盖面在不断扩大，但是仍有部分城镇居民和多数农村居民未能享受到养老等社会保障权利，这对他们劳动力供给的数量和质量都有一定的影响。因此，无论是从社会正义角度，还是从经济效率出发，亟须扩展养老保险的覆盖范围。

首先，完善城镇职工养老保险制度。建立适用于城镇所有劳动者的基本养老保险制度，不论是企业、事业单位还是政府机关都要统一起来，在这基础上可以分别设计企业年金、机关和事业单位职业年金。在经济体制改革的过程中，我国劳动力市场发生了重大变化，灵活就业人员日益成为从业的主体。因此需要改变现行基本养老保险的框架，适当降低参保标准，将非公有制企业员工和灵活就业人员纳入制度之中。

其次，构建农民工养老保险制度。农民工的工作特点是流动性强、工资收入低，在制度设计时应当适应这两个特征。目前的情况是，农民工即使参了保、缴了费，但是因为频繁流动而多次退保。从缴费基数、缴费比例、缴费期限及账户管理和养老金计发办法等制度规定来看，城镇职工基本养老保险很难直接向农民工移植。因此，总的设计思路是建立个人账户的基金制度，账户自由流动、产权归己、单位和个人共同缴费，政府采取相应激励措施。

最后，探索农村居民养老保险制度。农村养老保障需以经济条件为基础，由于我国农村经济水平相对落后、各地经济发展不平衡，必然导致各地区之间、各社会群体之间的农村养老方式、保障水平的差异。农村养老保险目前难以全国统一，在制度上、筹资上、管理上应该因地制宜，可分别采取以养老保险为主、家庭养老为主或政府救济为主的养老方式。

3. 促进养老保险的流动性

随着我国市场经济体制的确立，就业格局和方式发生深刻的变化。劳动者一生可能在不同性质单位就业、在不同地区就业、从事不同职业和工种，可能多次处于就业、不充分就业和失业等不同状态转换中。完善的养老保险应使劳动者的养老保险权益可累计、可转移接续，使养老保险关系具有流动性。

首先，从长远看，基本养老保险关系转移难的关键是养老责任在不同地区间的认定。解决这一问题的根本途径是实行全国统筹，提高养老保险的统筹层次，打破养老保险政策存在的地方保护主义。由于各地的经济发展水平和人口结构的不同，养老负担差别很大并形成了地方利益。如若不对现行分灶吃饭的财政体制和养老保险制度做重大调整，全国统筹近期难以实现。不过，十六届三中全会提出"在条件具备时实行基本养老金的基础部分全国统筹"，为解决这一矛盾指明了方向。

其次，从近期看，在对现有制度不做较大变革的基础上解决养老保险转移接续问题，则必须将制度创新的目标转向养老保险金计发方式上来。可以采用分段计算养老保险权益的办法，在地区间建立具有激励性和约束性的机制，使劳动者在各个不同时期、不同地区和不同职业中形成的养老保险权益都得到认同，并且做好不同时期和地点的缴费记录，以便作为将来分段计发的凭证。因为由各个参保地区分别承担其应有的养老金支付责任，可化解地方政府利益和劳动者养老权益间的矛盾。

农村劳动力外出就业对老人
经济支持的影响

——以桐城市双港镇为例[*]

＊

一　导言

学术界对农村劳动力外出就业对家庭的影响主要研究了三个方面的问题：一是对家庭经济收入的影响；二是对家庭关系的影响；三是对家庭养老的冲击。对家庭收入的影响方面，劳动力外出就业可以直接、间接地提高外出打工户的家庭收入水平①，外出劳动力纯收入大约是非外出劳动力的 3 倍②；人民大学王鼎同志2000 年 7 月的调查表明，农民工在北京的月收入是他们在家乡时月收入的 4.32 倍（平均值）；根据李强同志在北京丰台的调查，外出农民工个人在城市里一年的收入比在农村时的收入平均高出8252.88 元③。总而言之，学者们的研究都得出了这样一个共识：农村劳动力外出就业增加了农民的收入。对家庭关系的影响方面，龚维斌曾在安徽省的无为县通过理论分析和实证研究（个案访谈）相结合的方式，考察了在农村劳动力外出就业过程中家庭的情感与权力关系的变化状况以及相互影响的变迁过程，认为建立在感

＊　原载《南方人口》2003 年第 2 期，与张旭升合写。
①　李实：《中国农村劳动力流动与收入增长和分配》，《中国社会科学》1999 年第2 期。
②　王洪春：《中国"民工潮"与经济发展》，《社会学研究》1997 年第 4 期。
③　李强：《中国外出农民工及其汇款之研究》，《社会学研究》2001 年第 4 期。

情与权威基础之上的现代型农村家庭关系正在形成。① 对家庭养老的冲击方面，大多数学者运用了定性的方法，分析得出：劳动力外出之后，老人的经济收入提高了，但老人生活照料和精神慰藉却成了问题。

农村劳动力外出就业之后收入增加了，那么这种收入的增加是否就能惠及家中的老人呢？如果老人也能从中得到好处，那么这种好处又体现在哪些方面，即儿子的家庭是通过什么方式来支持老人？是不是有儿子外出就业家庭的老人其经济支持一定好于没有儿子外出就业家庭的老人呢？为了回答这些问题并弥补这方面资料的缺乏，笔者于 2002 年 7—8 月在安徽省桐城市的双港镇进行了一项有关农村劳动力外出就业对家庭养老方式影响的问卷调查。全部资料经由笔者通过结构式访问的形式完成。

二 方法

本次调查采用了判断抽样、整群抽样和结构式访问等相结合的方式。鉴于调查时间、人力和资金等方面的限制，加上被调查地语言、环境等方面的考虑，笔者选择了自己的出生地安徽省桐城市双港镇作为调查地。该镇的人均纯收入为 2701 元，其中农业产值占总产值的 15%—20%，其余的产值都来源于非农产业，尤其是个体私营及其在外打工所挣的收入。双港镇每年外出打工的人约为 19000 人②。根据双港镇统计办公室提供的经济指标选择了经济较好、一般和较差三个村——枫树、明星和龙山进行整群抽样。考虑到老年人文化程度普遍偏低，笔者通过结构式访问的方式进行资料搜集，由笔者携带问卷挨家挨户找老人（年龄在 60 岁以上，五保户因有集体的赡养本次调查没有列入）进行当面访问调查。在三个村中，笔者分别走访了 16 个、10 个和 14 个队（组），

---

① 龚维斌：《农村劳动力外出就业与家庭关系变迁》，《社会学研究》1999 年第 1 期。

② 安徽省桐城市双港镇统计办公室，2002 年。

调查了 99 位、61 位和 92 位老人，因调查过程中老人媳妇和老人身体及配合等方面的原因，有 5 份问卷在调查过程中被迫中断而成为废卷，有效问卷为 247 份。

全部问卷资料由笔者本人编码、检查核实，输入 FOXPRO 数据库，然后转到 SPSS 10.0 上进行逻辑查错处理，认真核实，最后进行统计分析。

三　结果与分析

为了解农村老年人经济支持情况，我们设计了三个方面的问题：一是"谁来支持"；二是"怎么支持"；三是"支持得怎么样"。为了比较儿子外出打工对家庭养老所产生的影响，我们对数据处理分为三种类型：一是儿子全外出打工家庭的老人（128 人），二是儿子全在家就业家庭的老人（35 人），三是部分儿子外出家庭的老人（84 人）。

1. "谁来支持"

谁为老人提供经济资源，是养老的关键；养老资源的提供一旦出现问题就会出现养老问题。

关于农村老人的经济来源，我们设计了以下几个维度：自己劳动收入、子女供养、离（退）休工资、储蓄收入、村里（或队里）供养、其他收入。本次调查发现儿子的就业类型与老人的经济来源有一定的关联。儿子全在家就业和儿子全部外出就业的老人，儿子家庭供养分别为 88.6% 和 92.2%，而老人以自己劳动收入为生活来源的分别为 28.6% 和 44.5%。可见无论儿子是否外出，儿子家庭的经济支持（88.6%、92.2%）是老人晚年生活的重要来源，其次才是老人自己的劳动收入。儿子全部外出就业老人的经济来源中，老人自己参与劳动和得到儿子家庭的经济支持都要明显高于儿子全在家就业类型的老人，分别高了 15.9% 和 3.6%（见表 1）；而其他方面的经济收入却相对较少。当我们问及老人参与农活的情况时，儿子全部在家就业类型家庭老人为 31.4%（11人）参与了农业生产，儿子全部外出就业类型的为 49.2%（63

人），高了近 18 个百分点。这其中回答"种了儿子家庭一份田的"，儿子全部在家就业和儿子全部外出就业类型的分别为 14.3%（5 人）、32%（41 人），后者比前者高了近 18 个百分点。这也进一步证明了儿子外出之后老人参与农业生产依靠自己劳动收入为生活来源的可能性要更大。

表 1 儿子的就业类型与老人经济来源的分布情况

单位：%

	自己劳动	子女供养	离退休工资	储蓄	村队供养	其他收入
在家就业	28.6（10）	88.6（31）	0.0（0）	2.9（1）	0.0（0）	5.7（2）
外出就业	44.5（57）	92.2（118）	3.1（4）	0.8（1）	0.8（1）	3.1（4）

如表 2 所示，当问及"2001 年哪些人给了您钱"时，给钱的主要是子女：儿子全部外出就业的家庭比儿子全部在家就业类型，儿子给钱的高了近 24 个百分点，媳妇给钱的高了 14 个百分点。这里是以儿子的就业类型为标准划分的，没有考虑到女儿和女婿的就业类型。但从我们的调查中发现，外出之后女儿和女婿也或多或少给了老人一点钱。

表 2 去年谁给老人钱了？

单位：%

	老伴	儿子	儿媳	女儿	女婿	其他人
在家就业	5.7（2）	57.1（20）	57.1（20）	48.6（17）	45.7（16）	<6.0
外出就业	2.3（3）	81.3（104）	71.1（91）	67.2（86）	60.9（78）	<5.0

综合以上两个问题我们可以看出，对农村老人而言，子女供养（主要是儿子家庭的供养）和自己（或老伴）劳动收入是老人日常生活的两大支柱。这与 1992 年全国范围内的老年人供养体系的调查结果相一致：我国老年人晚年生活的经济收入来源是子女或亲属供养、自己劳动收入和离退休金为主[①]；相对城市而言，这

---

① 杜鹏、武超：《中国老年人的主要经济来源分析》，《人口研究》1998 年第 4 期。

里少了老人的离退休金收入。儿子全部外出就业家庭的老人参与农业生产的可能性要高于儿子全部在家就业类型的老人，但儿子外出之后老人得到儿子家庭的供养也相应要多点。

2. "怎么支持"

从前面的分析中我们已经知道，子女尤其是儿子家庭的经济支持在家庭养老中起着十分重要的作用。那么在现实生活中农村的儿子家庭是怎么提供经济支持的呢？尤其是在劳动力大量外出的今天，儿子家庭不种田的也为数不少，那么这是不是影响了对老人的经济支持呢？对于儿子家庭怎样供养老人，我们的研究思路是这样的：看儿子家庭去年（2001 年），给了老人什么东西，为老人花了多少钱；考虑到老人再婚后夫妻两人生活在一起、粮食一起吃、钱一起花的情况，我们就把儿子家庭上一年所给两老人的钱粮等情况都除以 2 求一个平均值（老人治病所花费的钱除外）。为此我们设计了：儿子家庭所给老人的基本生活资料（粮食、柴、油）、过年过节和平时回家给父母送的礼品、为老人治病所花的钱和平时所给老人的零用钱。调查结果表明：儿子全外出就业家庭与儿子全在家就业家庭相比，所提供给老人粮食、柴和油方面，前者明显少于后者，其中粮食少了 24.8%、柴少了33.2%、油少了 31.9%；而在给老人礼品和平时所给的零花钱方面，后者要多于前者，其中礼品高了 14.7%、平时零花钱高了31.1%，而在治病方面两者相差并不大（见表3）。

表3　儿子的就业类型与老人经济支持比例

单位：%

	粮食	柴	油	礼品	治病	平时零花钱
在家就业	77.1	62.9	68.6	48.6	22.9	48.6
外出就业	52.3	29.7	36.7	63.3	21.9	79.7

3. "支持得怎么样"

对于经济支持的效果，我们从客观与主观两个方面来进行考察。为了进行比较，我们把粮食、柴和油都折合为货币。

表4明显地揭示，儿子全外出打工家庭的老人虽然在粮食、柴

和油方面所得到的经济支持少点，但儿子送给父母的礼品、为老人健康所花的费用以及平时所给老人的零花钱明显高于儿子全在家就业的老人，平均要多近 500 元/年。

表 4　儿子的就业类型与老人经济支持的平均值

单位：元

	粮食	柴	油	礼品	治病	平时零花钱	合计
在家就业	230.00	31.43	13.46	98.86	333.71	224.57	932.06
外出就业	153.46	14.59	7.44	136.52	470.23	649.49	1427.30

当问及老人 2001 年的经济开支情况时，儿子全部外出就业家庭中，有 10.9% 的人认为有点结余，52.3% 人认为收支基本平衡，有点困难的占了 25.8%；而儿子全部在家就业家庭的老人中，有 8.6% 的人认为有点结余，65.7% 人认为收支基本平衡，有点困难的占了 14.3%。可见无论儿子是否外出，多数老人都认为开支基本平衡，但认为自己经济有点困难的，儿子全部外出就业的家庭比儿子全部在家就业的家庭高了近 12 个百分点。认为自己经济很困难的都在 10% 左右（见表 5），所以说农村老人的经济支持问题还是不容乐观的。

表 5　儿子就业类型的差异与老人收支情况比较

单位：%

	有点结余	基本平衡	有点困难	很困难
在家就业	8.6	65.7	14.3	11.4
外出就业	10.9	52.3	25.8	10.9

当问及"与儿子家庭的平均生活水平相比，您的经济生活状况怎样"回答"较高"的，儿子全部外出就业家庭的老人（7.8%）比儿子全部在家就业家庭的老人（2.9%）高了近 5 个百分点；回答"差不多"的，儿子全部外出就业家庭的老人为 58.6%，而儿子全在家就业家庭的老人为 80.0%，前者比后者低了近 21 个百分点；回答"有点低"的，儿子全部外出就业家庭的

老人为 33.6%，而儿子全在家就业家庭的老人为 17.1%，前者比后者高了近 16 个百分点。可见儿子全在家就业，老人的生活水平更可能与儿子差不多（80.0%），而儿子外出就业之后，老人认为自己的生活比儿子低的比例较高（33.6%）。

与村落的其他老人相比，认为自己的生活在村里处于上游和中上游的，儿子全部外出家庭类型的老人为 22.6%，儿子全部在家就业家庭类型的老人为 20.0%；处于中游的，儿子全部外出家庭类型的老人为 54.3%，儿子全部在家就业家庭类型的老人为 50.0%；认为自己的生活处于中下游和下游的，儿子全部外出家庭类型的老人为 27.4%，儿子全部在家就业家庭类型的老人为 25.7%。

从老人经济支持的主观感受来看，老人对自己的经济生活"很满意"或"比较满意"的，儿子全外出就业家庭类型的为 61.7%，而儿子全部在家就业家庭类型的为 60%；认为"一般"的前者为 23.4%，后者为 22.9%；而"不太满意"或"很不满意"的儿子全部在家就业家庭类型的老人为 17.1%，儿子全部外出家庭类型的老人为 14.8%。虽然儿子全部外出就业家庭类型的老人对经济支持"很满意"或"比较满意"的比例高出儿子全部在家就业家庭类型的 1.7%，"不太满意"或"很不满意"的比例也低 2.3%，但总体而言差别都不大。当问及"与儿子家庭的平均生活水平相比，您的经济生活状况怎样？"，老人回答"较高"的，差别也不大。但我们可以看出老人对自己的经济生活"不满意"和"很不满意"，无论儿子是否外出，其比例都在 15% 左右（见表 6）。所以说，农村老人的经济支持问题还是一个首要问题。

表 6　儿子就业类型的差异与老人经济生活的满意度

单位：%

	很满意	比较满意	一般	不太满意	很不满意
在家就业	11.4	48.6	22.9	17.1	0.0
外出就业	10.9	50.8	23.4	11.7	3.1

4. 儿子外出就业对老人经济支持的多元因素分析

为了避免过于烦琐，下面用逐步回归进行分析。自变量为老人的性别、年龄、婚姻、教育、健康、参与家务、居住方式、外出儿子数和儿子年均收入；因变量为儿子家庭经济支持的总额，为了比较儿子外出就业与否对老人经济支持方式的影响，我们把这个因变量分成了两个部分：一是提供给老人的基本生活费（包括粮食、柴、油），二是给老人的礼品和平时所给的钱。

表7　老人的基本生活费对老人参与家务、参与农活和居住方式的回归结果

多元相关系数（R）	.478
确定系数（R Square）	.228
调整确定系数（Adjusted R Square）	.209

方差分析表

	自由度	偏差平方和	均方差
回归方程	3	899254.69	299751.564
残差	120	3041112.9	25342.609

F = 11.828　　显著程度（F）＝.000

回归方程：

自变量	偏回归系数	标准误（B）	标化系数	T	显著度（T）
参与家务	72.313	32.344	.203	2.236	.027
参与农活	-175.997	31.706	-.493	-5.551	.000
居住方式	85.672	30.890	.239	2.773	.006
常数项	181.359	23.463		7.729	.000

表7的回归结果表明，回归的总体检验十分显著，老人参与家务、参与农活和居住方式共解释了儿子家庭供养老人基本生活费用的22.8%。各偏回归系数的检验也都显著，在综合分析的条件下肯定了三个自变量都有独立的作用。老人是否为儿子家庭做了家务与老人能否直接获得儿子家庭粮食、柴和油支持之间有密切联系。老人参与家务是一个虚拟变量，参照类为没有为儿子家庭做家务的老人，其回归系数说明为儿子家庭做了家务的老人，儿

子直接提供粮食、柴和油支持的要比没有为儿子家庭做家务的老人多了72元/年。老人参与农活情况也是一个虚拟变量,参照类为不参与农业生产的老人,其回归系数说明老人参与了农活比没有参与农活的老人要少获得176元/年。老人的居住方式也是一个虚拟变量,参照类为分居老人,它的回归系数表明,共居的老人比分居的老人要多86元/年。通过标准化系数来比较各自变量的相对重要性,我们会发现,参与农活影响居第一,其次是居住方式,参与家务列在最后。

表8 老人的礼品及零花钱对外出儿子数和儿子年均收入的回归结果

多元相关系数(R)	.298
确定系数(R Square)	.089
调整确定系数(Adjusted R Square)	.074

方差分析表

	自由度	偏差平方和	均方差
回归方程	2	4239184.8	2119592.397
残差	121	43476276	359308.064

F = 5.899   显著程度(F) = .004

回归方程:

自变量	偏回归系数	标准误(B)	标化系数	T	显著度(T)
外出儿子数	144.580	58.603	.216	2.467	.015
儿子年均收入	130.370	64.396	.177	2.025	.045
常数项	205.846	164.907		1.248	.214

表8的回归结果表明,回归的总体检验十分显著,老人外出的儿子数和儿子的年收入两个自变量共解释了儿子家庭供养给老人礼品和零花钱的9.0%。各偏回归系数的检验也都显著,在综合分析的条件下肯定了两个自变量都有独立的作用。其中,在控制儿子年均收入的情况下,每增加一个外出儿子就意味着每年老人所获得的礼品和零用钱要多145元。外出儿子年均收入的回归系数表明,外出儿子的年均收入对老人所获得的礼品和零花钱的变化有明显的影响,外出儿子年均收入每增加5000元,老人所获得的礼

品和零花钱就要增加 130 元。通过标准化系数来比较自变量的相对重要性，我们发现，外出儿子数影响最大，外出儿子年均收入其次。

表 9　老人的经济支持总额对外出儿子数和
外出儿子年均收入的回归结果

多元相关系数（R）	.297
确定系数（R Square）	.088
调整确定系数（Adjusted R Square）	.073

方差分析表

	自由度	偏差平方和	均方差
回归方程	2	4392764.4	2196382.220
残差	121	45267799	374114.041

F = 5.871　　　显著程度（F）　= .004

回归方程：

自变量	偏回归系数	标准误（B）	标化系数	T	显著度（T）
外出儿子数	149.002	59.798	.218	2.492	.014
儿子年均收入	130.353	65.709	.174	1.984	.050
常数项	370.353	168.270	2.0201	.030	

表 9 回归结果表明，外出儿子数和儿子的年均收入两个自变量共解释了儿子家庭供养老人经济总额的 9.0%。各偏回归系数的检验也都显著，在综合分析的条件下肯定了这两个自变量都有独立的作用。其中，在控制儿子年均收入的情况下，每增加一个外出儿子就意味着老人每年所获得的经济支持就要多 149 元。外出儿子年均收入的回归系数表明，外出儿子的年均收入对老人所获得经济支持总额的变化有明显影响，儿子年均收入每增加 5000 元，老人所获得的经济支持总额就要增加 130 元。通过标准化系数来比较自变量的相对重要性，我们发现，外出儿子数影响最大，外出儿子年均收入其次。

三 小结

本次研究得出如下结论。

老人的经济来源：子女供养（主要是儿子家庭供养）和自己（或老伴）劳动收入是老人生活的两大支柱；儿子外出就业并没有放弃对老人的经济支持。

从经济支持的方式来看，儿子外出就业之后，支持方式上出现了货币化的倾向。

从老人经济支持总量的平均值来看，儿子外出就业类型的老人所获得的经济支持要比儿子在家就业类型的老人高近 500 元/年。

从老人经济支持的影响因素来看，参与家务和与儿子共居的老人更可能获得基本生活资料，而参与了农业生产的老人获得的基本生活资料的可能性较小。老人得到礼品及平时零花钱和儿子家庭经济支持的总量与外出儿子数和儿子年均收入成正比例关系。

从老人对经济生活的满意度来看，"很满意"和"比较满意"的为 60.0%，"不满意"的也有 17.0%，不过儿子是否外出就业对老人对经济生活的满意度相差不大。所以说农村老人的经济支持问题还是家庭养老的首要问题。

3 劳动保障与经验借鉴

毛泽东就业保障思想研究[*]

作为中国共产党第一代领导集体的核心，毛泽东十分关注人们的劳动就业问题，在他的许多著作中都有对不同时期中国劳动就业问题的论述，其就业保障思想为解决中国不同时期的劳动就业问题提供了理论依据。目前，中国在经济体制改革和二元经济结构转换过程中，出现了严峻的就业压力，就业保障制度同样也面临极大的挑战。在这样的背景下，研究毛泽东的就业保障思想，探讨社会主义市场经济条件下的就业保障体制改革，对我国制定促进就业的长期战略和积极就业政策具有重大的现实意义。

一　就业保障：毛泽东的基本理念

就业保障的国家责任是毛泽东政治理念的重要部分，是在马克思主义劳动就业理论的基础上创立和发展的。马克思认为，资本积累是通过资本构成不断发生质的变化，通过减少资本的可变部分来不断增加资本的不变部分而实现的。[①] 而工人人口本身在生产出资本积累的同时，也以日益扩大的规模生产出使他们自身成为相对过剩人口的手段。[②] 过剩的工人人口是积累或资本主义基础上的财富发展的必然产物。[③] 因此失业是资本主义制度的产物，要消灭失业现象，就必须推翻资本主义制度。当无产阶级通过社会主义革命取得政权、建立了社会主义制度后，由于社会主义的基

　　＊　原载《毛泽东思想研究》2006 年第 4 期。
　　①　《马克思恩格斯全集》，第二十三卷，人民出版社，1972，第 689—690 页。
　　②　《马克思恩格斯全集》，第二十三卷，人民出版社，1972，第 692 页。
　　③　《马克思恩格斯全集》，第二十三卷，人民出版社，1972，第 708 页。

本经济规律和社会生产的计划性，无政府状态的竞争和周期性的经济危机就会消失，劳动力能够有计划地使用，因而失业最终也会消失。在社会主义制度下，由于生产资料公有制的确立，劳动者成为生产的主人，从而在根本上改变了劳动者与就业岗位的结合性质，实现了劳动者与生产资料间的直接的社会结合，劳动配置机制的特点，是由供给来决定需求，所有的劳动者均可由国家安排就业。马克思还曾乐观地预言："如果明天把劳动普遍限制在合理的程度，并且把工人阶级的各个阶层再按年龄和性别进行适当安排，那末，要依照现有的规模继续进行国民生产，目前的工人人口是绝对不够的。"① 马克思的劳动就业理论对社会主义国家的就业理论与实践产生了巨大的影响。

毛泽东认为，社会主义国家性质决定着从根本上保证公民的劳动权，社会主义国家必须保障人人有活干，只有人民安居乐业，才能促进社会经济的发展；也只有社会经济发展了，人们生活水平才能提高，国家才能富强。早在土地革命时期，毛泽东在《关心群众生活，注意工作方法》一文中指出：我们对于广大群众的切身利益问题，群众的生活问题，就一点也不能疏忽，一点也不能看轻。② "我们应该深刻地注意群众生活的问题，从土地、劳动问题，到柴米油盐问题。"③ 又进一步强调："我们是革命战争的领导者、组织者，我们又是群众生活的领导者、组织者。"④ 抗日战争时期毛泽东在阐述工业问题时指出，"没有独立、自由、民主和统一，不可能建设真正大规模的工业。没有工业，便没有巩固的国防，便没有人民的福利，便没有国家的富强。"⑤ 在《唯心历史观的破产》中他明确指出，"失业问题即吃饭问题"，是官僚资本主义等反动阶级"残酷无情的压迫和剥削的结果"。在人民政府

① 《马克思恩格斯全集》，第二十三卷，人民出版社，1972，第698页。
② 《毛泽东选集》，第一卷，人民出版社，1991，第136页。
③ 《毛泽东选集》，第一卷，人民出版社，1991，第138页。
④ 《毛泽东选集》，第一卷，人民出版社，1991，第139页。
⑤ 《毛泽东选集》，第三卷，人民出版社，1991，第1080页。

下，是可以解决失业即吃饭问题的。① 从毛泽东的论述中，我们可以看出，毛泽东始终强调共产党人是群众生活的领导者，并从建党立国的高度强调就业保障的重要性。

毛泽东始终把人民的利益放在首位，一直注重劳动就业问题的解决。新中国成立初期是我国历史上极为重要的社会转型期，这一时期，由于政权变化、经济调整，在人员安置、劳动就业方面形成了十分严峻复杂的局面。毛泽东从理论上对这些问题的解决做了论述。毛泽东在《论十大关系》中论述国家、生产单位和生产者个人的关系时指出：国家和工厂、合作社的关系，工厂、合作社和生产者个人的关系，这两种关系都要处理好。为此，就不能只顾一头，必须兼顾国家、集体和个人三个方面，也就是我们过去常说的"军民兼顾""公私兼顾"。② 在《关于正确处理人民内部矛盾的问题》中指出："我们的方针是统筹兼顾、适当安排。无论粮食问题、灾荒问题、就业问题、教育问题，……以及其他各项问题，都要从对全体人民的统筹兼顾这个观点出发，就当时当地的实际可能条件，同各方面的人协商，作出各种适当的安排。"③ 为此，毛泽东提出了对全体劳动者的就业实行国家"统筹兼顾、适当安排"的方针。

毛泽东政治思想是其就业保障思想的基础。毛泽东就业保障思想中融进了马克思主义的立场、观点和方法，他关于国家、生产单位和生产者个人的关系与"统筹兼顾、适当安排"的深刻论述，直接决定着中国革命和建设时期就业保障制度的形成。毛泽东和党中央十分重视劳动就业问题，根据各个时期的实际情况制定了一系列行之有效的政策和措施。1950 年，各地相继成立了失业工人救济委员会，有计划、有步骤地全面开展失业登记和失业救济工作。在经济恢复和有计划开展经济建设过程中，采取政府介绍就业、转业训练、以工代赈、生产自救、自谋职业和回乡生

① 《毛泽东选集》，第四卷，人民出版社，1991，第 1511 页。
② 《毛泽东选集》，第五卷，人民出版社，1977，第 272 页。
③ 《毛泽东选集》，第五卷，人民出版社，1999，第 228 页。

产等多种措施。至 1957 年年底，旧中国遗留的具有劳动能力、要求就业的失业人员，基本上都重新走上了岗位，同时每年约 100 万新成长的劳动力也都获得了工作。正如毛泽东所说："只有这样才是对人民有利的。"① 这些政策的实施，稳定了当时的社会秩序，巩固了新生的人民政权，促进了经济发展。

二　就业保障：毛泽东的建构主张

就业保障是指国家和社会为解决就业问题所制定和实行的基本原则、方针政策，涉及失业保险、生产自救、以工代赈、就业训练、劳动保护等体系，是人类生存权利的要求。在就业保障体系建构方面，毛泽东对就业保障的具体措施也做了大量的论述，创造性地确立了社会主义建设时期就业保障的基本内容，形成了中国就业保障体系的雏形。

1. 主张实行失业救济制度

毛泽东主张实行失业救济制度，并且对于失业救济和社会保险制度的重要性和基本内容做了大量的论述，毛泽东认为国家应建立相关制度以保护人民的利益。早在抗日战争时期，毛泽东就指出，在新民主主义的国家制度下，"保护工人利益，根据情况的不同，实行八小时到十小时的工作制以及适当的失业救济和社会保险，保障工会的权利"；② 新中国成立初期，毛泽东主张实行失业救助制度。他指出，必须认真地进行对于失业工人和失业知识分子的救济工作，有步骤地帮助失业者就业。③ 为此 1950 年 6 月 17 日中共中央发出了《关于救济失业工人的指示》，政务院公布了《救济失业工人暂行办法》，11 月中共中央又发出了《关于救济失业工人问题的总结及指示》，要求对"所有失业的工人职员，及失业知识分子，除特务分子及反动有据者外，不问从什么时候起失

① 《建国以来毛泽东文稿》，第一册，中央文献出版社，1987，第 174 页。
② 《毛泽东选集》，第三卷，人民出版社，1991，第 1082 页。
③ 《毛泽东选集》，第五卷，人民出版社，1977，第 19 页。

业，一律予以救济。"① 失业救济的资格范围扩大到所有被登记的失业者。1957 年 1 月 27 日，毛泽东在省、市、自治区党委书记会议上的讲话中提到：对那些全家没有人就业的，还要以示救济，总以不饿死人为原则。② 救济办法以以工代赈为主，同时采取生产自救、转业训练、帮助回乡生产及发放救济金等办法。③ 可见，为减轻失业工人生活困难并帮助其逐渐就业转业而制定的失业救济政策为新中国就业保障体系的建构奠定了基础。

2. 劳动力就业介绍和招收

毛泽东始终把救济和安置失业人员问题作为新中国成立初期的一件大事来抓。他说："这是一件大事，人民政府业已开始着手采取救济和安置失业人员的办法，以期有步骤地解决这个问题。"④ 毛泽东对当时的就业问题做了具体的指示，1949 年 9 月，毛泽东在为新华社撰写的社论中明确指出："对于国民党的旧工作人员，只要有一技之长而不是反动有据或劣迹昭著的分子，一概予以维持，不要裁减。"⑤ 为此，1949 年 9 月 24 日，中共中央发出《关于旧人员处理问题的指示》，对旧政府的公务员和文教人员全部"包下来"，并鼓励和帮助私营工商业继续发展，尽力防止和减少新的失业人员。这形成了萌芽期的劳动力全国统一介绍和招收制度。各省市根据政务院 1950 年《劳动介绍和组织通则》、1952 年《关于劳动就业问题的决定》等法规政策，相继成立了劳动介绍所，进行组织推荐、介绍就业的管理工作。"一五"计划期间，为保证国家确立的大约 850 个工业建设项目所需的劳动力，首先从建筑业开始建立全国劳动力的统一招收和调配制度，后扩大到工矿企业和交通运输等各个部门。劳动力统一介绍和招收制度的建立，在

---

① 《中共中央关于失业救济问题的总结及指示》（1950 年 11 月 21 日），《共和国走过的路——建国以来重要文献专题选集：1949—1952》，中央文献出版社，1991，第 161 页。
② 《毛泽东选集》，第六卷，人民出版社，1977，第 340 页。
③ 《救济失业工人暂行办法》，劳动和社会保障部政策法规网电子文档。
④ 《毛泽东选集》，第六卷，人民出版社，1999，第 17 页。
⑤ 《毛泽东选集》，第四卷，人民出版社，1991，第 1512 页。

当时的历史条件下，保证了劳动力的稳定和职工的职业安全，对国民经济的恢复和国家重点建设项目的完成起到了保证作用；对20世纪60年代末所形成的统包统配的劳动就业制度产生了很大影响，从经验和教训两方面为社会主义市场经济条件下就业保障体系的建立和完善提供了许多值得思考的问题。

3. 劳动力教育和转业训练

毛泽东始终把劳动力的安置和教育培训问题联系在一起，并认为对劳动力进行重新教育和培训，是提高其就业适应能力、达到改善劳动力供给结构的重要措施。20世纪50年代的转业培训根据"统筹兼顾、适当安排"的就业方针和《救济失业工人暂行办法》的要求，由政府有关部门举办不同层次的转业训练班，如政治文化补习班、技术训练班、艺徒学校等。吸收年轻而又有培养前途的失业人员参加职业技术培训，帮助失业人员提高政治文化水平和技术业务素质，以此创造必要的就业条件。培训期满后，由劳动部门介绍工作，转业培训期间的生活费由国家提供。通过短时间培训，一批拥有较高技能、思想和政治合格的技术工人走上了就业岗位。

4. 劳动力以工代赈和生产自救

毛泽东始终强调失业救济与生产自救相结合的方针，他认为："人民群众有无限的创造力。他们可以组织起来，向一切可以发挥自己力量的地方和部门进军，向生产的深度和广度进军，替自己创造日益增多的福利事业。"[1] 为充分调动失业工人自谋职业的积极性，各地政府劳动就业部门通过政策扶持和组织直接安排开展了失业人员临时性生产自救工作。例如，上海、武汉等城市相继组建了木器、机制煤球、板车运输等生产自救组织，这些生产自救组织，为解决失业人员的就业问题发挥了很重要的作用。以工代赈是救济失业人员的主要措施，失业人员在政府有关部门组织下通过参加劳动获取赈济。国家规定，来自救济基金的工程费，80%以上必须用于工资；以工代赈主要是从事一些市政建设和修

---

① 《毛泽东选集》，第六卷，人民出版社，1999，第457页。

筑堤坝公路、铁路路基等简单体力劳动。据统计，上海市 1950—
1956 年，累计有 28.4 万人次参加以工代赈。① 以工代赈虽然只是
一种暂时的就业安置，但它不仅解决了失业工人的生活困难，也
对一大批建筑工人和管理人员进行了职业培训，为他们获得新的
就业岗位打下基础。这体现了生活保障和就业促进的结合，正是
社会主义市场经济条件下积极就业保障政策的主要内容。

5. 发展经济，广开就业门路

毛泽东始终坚持扩大生产、增加就业。他指出，"我们要合理
地调整工商业，使工厂开工，解决失业问题。"② 动员各公私营工
厂企业单位，恢复生产、扩大经营范围或创立新企业，增加就业
岗位，治理失业问题。中共中央提出了"发展生产、繁荣经济、
公私兼顾、劳资两利"的方针，从宏观政策上对国营工商企业和
私营工商业在财政、税收、产供销各方面全力支持，保证各公私
营工厂企业开工。毛泽东还讲道："许多人，许多事，可以由社会
团体想办法，可以由群众直接想办法，他们是能够想出很多好的
办法来的。"③

总之，毛泽东的就业保障思想及其所体现的相应政策和制度，
解决了新中国成立初期的失业问题，推动了社会主义经济建设的
发展，促进了社会秩序的重建和稳固。毛泽东的就业保障思想，
具有一定的历史必然性和合理性，甚至就是在今天也仍给我们以
启迪。

三 毛泽东就业保障思想的影响及启示

纵观毛泽东就业保障思想，我们从中可以得到许多有益的启
示：就业保障是关系到人的解放、经济增长和社会稳定的战略问
题，在社会转型时期具有特殊重要的意义。毛泽东从建党建国的

---

① 《上海劳动志》，上海市地方志办公室（http://www.shtong.gov.cn）。
② 《毛泽东选集》，第六卷，人民出版社，1999，第 74 页。
③ 《毛泽东选集》，第七卷，人民出版社，1999，第 228 页。

高度论述了就业保障的重要性，新中国成立初期的就业保障政策充分体现了毛泽东的国家责任，"统筹兼顾、适当安排"，发展经济、保障供给，群策群力的基本理念，政府、社会、企业、个人同心协力，几年之间使大量失业人员走上了新的工作岗位。毛泽东提出的争取人人有工作，人人有饭吃的"全面就业"目标，虽然在历史的各个时期实现很困难，但人类正是朝着这个目标努力。

毛泽东"统筹兼顾、适当安排"的指导思想始终影响着就业政策的制定。毛泽东在不同时期通过安排城乡经济发展，对劳动力就业各方面进行统筹。在"一五"计划期间，城市工业化建设吸纳了大批农村剩余劳动力，但当城镇就业压力增大时，通过发展农村经济吸纳城市剩余劳动力，如在 1963 年 10 月提出了"面向农村"的方针，采取了多渠道、多形式的就业办法解决问题。1964 年以后，随着经济状况逐步好转，全民和集体单位所招工人数都有增加，就业矛盾趋向缓解。1968 年，对中学毕业生就业实行"统包统配"政策，大批城镇知识青年"上山下乡"，对部分符合留城条件的青年连同残疾青年全部吸收进全民、集体所有制企事业单位。1975 年，制定了"统筹解决"下乡知青问题的六条措施。1978 年中共十一届三中全会以后，实行经济体制改革，结合调整所有制结构，在国家统筹规划和指导下，实行劳动部门介绍就业、自愿组织起来就业和自谋职业相结合的方针。通过这种方式逐步建立和健全了包括职业介绍、就业训练、生产自救、失业保险四项内容的就业服务体系。1995 年 4 月为解决下岗职工就业难的问题，提出再就业工程以实行企业安置、个人自谋职业和社会帮助安置的新"三结合"就业工作方针。同时，劳动部 1995 年陆续颁发的《职业指导办法》《职业训练规定》《就业登记规定》《职业介绍规定》等政策为市场经济体制下的就业制度建设奠定了基础。这些政策无不蕴含着毛泽东"统筹兼顾、适当安排"的就业保障思想。

我国正处于社会主义市场经济发展时期，同时也是各种矛盾积聚最多的时期，劳动力供给与有限的自然资源、资本资源之间的矛盾造成的就业问题就是其中之一。按我国人口年龄结构推算，从 2000 年到 2010 年，19—59 岁劳动年龄人口将增加 9337 万，年增加 934 万，并且一直要增加到 2015 年，全部劳动年龄人口达到 9.3 亿，为峰值。城镇年均将有 1900 万劳动人口需要就业，而每年所能提供的新增就业岗位只有 800 万。另外，2 亿农村剩余劳动力需向城市转移。① 可见，解决当前的就业矛盾迫在眉睫。我国市场经济条件下就业问题的产生虽然与计划经济条件下就业问题的产生有所不同，同时就业制度、就业机制、就业形式、就业结构也发生了很大的变化；但根据毛泽东"统筹兼顾、适当安排"就业保障思想确定的我国就业政策措施是世界各国不同程度实施的策略，它不仅为我国不同历史时期解决就业问题的经验所证明，也为国外的经验所证明。由此可见，毛泽东在新中国成立初期推行全面就业目标及相关政策是符合实际的。虽然由此形成的城乡二元结构阻碍了劳动力的合理流动、竞争机制难以建立等问题有一定消极影响；但无论如何毛泽东一心要强国富民，并以此争取实现"全面就业"的目标及社会公平的探索是极其重要的。毛泽东精辟地把握了就业保障的原则和内容，为我们社会主义市场经济条件下就业保障政策的完善提供了丰富的思想源泉。毛泽东就业保障的基本思想，在今天建设创新型国家的伟大事业中，在完善平等、协调、统筹的就业保障运行规范中仍具有重要的现实指导意义。

---

① 浦树柔：《绕不过的"三道门槛"》，《瞭望新闻周刊》2006 年第 10 期。

服务型政府在促进就业中的战略研究[*]

20世纪80年代以来，西方兴起了一场"新公共管理"运动。这场"政府再造"运动旗帜鲜明地提出了"顾客导向"，政府不再是高高在上、"自我服务"的官僚机构，而是为社会公众服务的管理组织，由此提出创建"服务型政府"。所谓服务型政府，是指"在公民本位、社会本位理念指导下，在整个社会民主秩序的框架下，通过法定程序和民主公开的方式组建起来的以为公民服务为宗旨并承担服务责任的政府。"①提供公共服务是当代发达国家政府职能的主要内容。教育、社会保障、公共医疗卫生、就业公共服务、环境保护、公共事业、科技公共服务等方面是当代政府职能的主体。

就业问题是我国社会经济生活中的基本问题。就业公共服务作为政府提供的公共服务的一种，无论从其提供的数量和水平，还是从其满足公共需要的程度来说都远远没有达到理想的标准。笔者认为，要实现政府职能的转变、建设服务型政府，促进就业是突破口和着力点。

一 服务型政府促进就业的理论思考

公共服务概念是在市场经济发展到一定阶段，社会公共需求不断增长要求政府提供公共产品予以满足的社会背景下产生的。

---

* 原载《西北人口》2007年第6期，与张旋合写。
① 刘熙瑞：《服务型政府——经济全球化背景下中国政府改革的目标选择》，《中国行政管理》2002年第7期。

公共服务理论研究大体经过了三个历史发展阶段：明确提出"公共服务"概念的社会政策与公法研究阶段、明确提出"公共产品"概念的公共经济学研究阶段和"公共服务"成为公共管理核心内容的新公共管理研究阶段。新公共服务理论就是在与新公共管理理论的争论中产生与发展的，以美国行政学家罗伯特·B. 丹哈特和珍尼特·V. 丹哈特为代表。正如丹哈特所强调的"与新公共管理（它建立在诸如个人利益最大化之类的经济观念上）不同，新公共服务是建立在公共利益的观念之上的，是建立在公共行政人员为公民服务并确实全心全意为他们服务之上的"。

因此，如果说传统公共行政理论对应的是统治型政府模式、新公共管理理论对应的是管理型政府模式，那么，新公共服务理论对应的则是服务型政府模式。新公共服务理论主要包含以下要点：第一，政府及其公务员的作用应当是为公民表达和实现公共利益服务，而不是控制和驾驭社会；第二，政府追求的目标应当是公共利益；第三，政府应当回应公民的需求和利益，为公民提供公平、平等的公共服务，而不是将公民简单地等同于顾客；第四，政府及其公务员的责任是一个立体的、多元的体系，包括法律、社会价值观、政治行为准则、职业标准和公民利益，而不仅限于是官僚制下的政治责任和市场机制下的投入产出；第五，政府及其官员应将自己定位于公共资源的管家、公共组织的管理人、公民权和民主对话的促进者、社区参与的催化剂和街道层次的领导者，为公民提供公共服务，而不应当以独立做出决定的企业家身份自居。[①] 由此可见，政府不应是凌驾于社会之上的、封闭的官僚机构，不再是消极的"守夜人"，而应是负有责任的"企业家"，公民则是其"顾客"。其职责不仅在于维护社会的普遍公平和正义，而且修正市场本身出现的无奈，还要满足公众不断变化的各种需求。只有顾客驱动的政府，才能提供多样化、多层次的社会

---

① 罗伯特·B. 丹哈特等：《新公共服务：服务而非掌舵》，《中国行政管理》2002年第 10 期。

需求并促进政府服务质量的提高。

现代社会，公众所需的公共服务是多种多样的，政府的就业服务就是其中之一。就业对于公民个人、企业和国家来说都是极其重要的。公民就业后，才能获得收入维持生计；才能获得社会承认、参与社会生活、满足自尊需要。全社会的劳动力只有充分就业后，才会有足够的收入去购买企业的产品，企业才可能盈利。实现充分就业后，国家才会出现经济繁荣、社会安定的大好局面。在市场经济中，就业主要是通过劳动力市场来实现的。但是，由于劳动力市场存在不充分竞争、信息不完全、外部性等不足之处，完全依靠市场自发调节来实现充分就业几乎是不可能的。因此，必须通过政府的介入进行调控，而促进就业理应属于政府提供的公共服务，也是建设服务型政府的应有之义。

二　服务型政府面临的严峻就业形势

随着我国经济体制改革的逐步深入，就业制度也进行了相应改革。通过积极努力，我国就业规模不断扩大，就业结构进一步改善，就业局势基本稳定。但是，我们也应该看到，"十一五"期间乃至今后更长一个时期，我国的就业工作仍然面临十分严峻的形势，主要表现在以下几方面。

1. 经济增长与就业增长的不一致性

一个国家或地区实施什么样的发展战略，不仅决定其经济增长的绩效，也决定其经济增长的就业容量。改革以来，我国持续快速的经济增长为促进就业奠定了坚实的基础，但在我国的工业化进程中一直面临着"增长的悖论"① 困扰。这些年来我国经济虽然以每年7%以上的幅度增长，但其带动就业的功能却在不断减弱（见表1）。

---

① 增长的悖论是指经济增长与就业增长之间存在非一致性，即扩大就业要求不断推动经济增长，而经济增长的结果则可能导致就业率的下降。这一理论是不少学者在实证分析后达成的普遍共识。

表 1　我国 GDP 增长与就业人口增长

年份	GDP 年均增长（%）	就业人口年均增长（%）	就业弹性系数*
1981—1985	10.77	3.32	0.3083
1986—1990	7.89	2.61	0.3308
1991—1995	11.56	1.34	0.1614
1996—1999	8.3	0.96	0.1157
2000—2005**	9.5	0.99	0.1050

注：* 就业弹性系数是就业人数增长率与 GDP 增长率的比值，即 GDP 增长 1 个百分点带动就业增长的百分点，系数越大，吸收劳动力的能力就越强，反之则越弱。

** 根据有关资料计算。

资料来源：袁志刚主编《经济全球化下的就业政策》，中国劳动社会保障出版社，2004，第 124 页。

2. 供求总量矛盾短期内难以改变

1985—2005 年，城镇失业率已由 1.8% 上升为 4.2%，城镇失业人口也由 238.5 万增长为 839 万。另外，目前国家公布的失业率只统计了城镇失业情况，并没有包括现在农村的 1.5 亿富余劳动力。如果把 1.5 亿农村富余劳动力算入，我国失业率就要高达 20%。另外，目前的失业率统计中也没有包括近 300 万下岗职工，因为下岗职工尽管没有工作、没有收入，但他们还是企业的人，没有和企业解除劳动合同。如果以后"下岗"和"失业"完全实现并轨，两部分人就将合并计算，那么我们的失业率将更高。[①]

3. 供求结构性矛盾突出

一方面，传统行业出现大量下岗失业人员，因其掌握的知识技能过时，又长期没有接受过学习和培训，大部分成为就业困难群体。据劳动部门的统计，在农村劳动力中，受过专业技能培训的只占 9.1%；在进城务工人员中，受过专业技能培训的也仅占 18.6%，绝大多数农村转移劳动力也属于无技能或低技能劳动者。同样，城市的新增劳动力更是少有接受系统就业培训的机会和经历，无技能和低技能劳动者占了大多数。另一方面，新兴的产业、

---

① 潘泰萍：《关于健全失业保障制度以促进就业再就业的研究》，《生产力研究》2006 年第 11 期。

行业和技术性职业所需要的高素质劳动者供不应求，技工短缺现象尤为突出，其中高技能人才的需求增长幅度最大。

4. 城乡统筹就业问题日益突出

从我国的多重分割的劳动力市场形成的历史来看，制度因素是最重要的核心因素。这些制度包括城乡分割的就业管理体制、城乡分割的社会保障制度以及城乡不同的发展政策和户籍制度等。它直接导致的结果是城乡就业机会的不平等，城乡就业同工同酬同待遇得不到应有的保障。农民在城镇仍然留不住、难扎根，农民向城镇真正意义上的转移仍然实现不了，充其量是实现农民在农村和城镇之间的流动。政府提出的农民由农业向第二、第三产业转移的目标仍然实现不了，阻碍了将更多的剩余农村劳动力从土地的束缚中解放出来这成为农民增收、农业发展、农村提前实现现代化的瓶颈制约。

三 服务型政府应建立的促进就业责任体系

对服务型政府而言，其核心内涵就是注重社会公正、社会发展和责任政府。向社会提供公共服务是政府必须履行的责任，而行政权力只是政府履行责任的一种手段而已。这样，责任和权力相比，责任是第一位的，只有承担了责任后才能行使权力。在促进就业工作上，服务型政府应建立起促进就业的政府责任体系。

1. 宏观调控的责任

政府在市场经济下调控就业，必须首先认清市场就业制度的基本特征。实行市场机制，即通过劳动力自由流动的市场机制，形成劳动力市场供求平衡决定的工资率，劳动者和雇主根据市场工资率分别做出劳动供给和需求的决策。因为，政府一般不直接参与劳动力市场的运行，加上人的有限理性、市场的不充分竞争、信息不完全、外部性和不确定性的存在，容易引起劳动力供求双方的行为不端。政府作为劳动力市场的裁判，对劳动供求双方的不端行为应给予约束和制裁，以维护市场机制的正常运行。只有明白了就业体制的基本特征，政府才能更有效地调控就业。

2. 立法责任

目前，国际社会对政府必须承担促进就业和治理失业的主要责任已达成共识，促进就业普遍成为各国政府施政纲领的重要内容。伴随着就业问题的日渐突出和就业工作的日渐重要，立法已成为世界各国促进就业最普遍和最重要的手段。有的国家把促进就业的内容进行专门立法，如《俄罗斯居民就业法》（1996 年）、《德国就业促进法》（1969 年）、《秘鲁就业促进法》（1993 年）和韩国《基本就业政策法》（1993 年）；有的国家通过综合立法，把促进就业的内容纳入综合性的劳动法典之中，如法国；有的国家通过分散立法，把促进就业的具体内容分别纳入不同的专项立法中，如美国的《综合就业与培训法》（1980 年）、英国的《就业机构法》（1973 年）。① 虽然我国宪法、劳动法等已有促进就业的规定，但解决如此艰巨而复杂的就业问题需要专门立法。目前，经过首次审议的就业促进法将从法律上确立新的市场经济条件下的就业促进机制。

3. 转变劳动者就业观念

在经过了市场经济机制的确立和产业结构的调整之后，下岗失业问题变得愈来愈严重。因此，政府在力图创造更多岗位的同时，也应该让人们对市场经济下的就业有一个更全面的了解。从经济学角度看，在合理范围内允许失业的存在，即保持自然失业率，也是市场经济所必需的。这极少部分的失业者相当于社会劳动力的蓄水池，有了劳动力的蓄水池，就有利于竞争，并且由于危机感，劳动力会不断提高自身素质，从而推动社会生产力的发展。这样可以营造一个较好的有序竞争的劳动力市场。因此，政府应指导劳动者转变就业观念、加强自身竞争力以适应市场经济体制下的就业形势。

4. 完善失业保险

贝弗里奇认为"一个没有维持充分就业以防止大规模失业的

---

① 黄勇、钟真真：《完善就业促进法律制度　发展和谐劳动关系——就业促进法草案评介》，《中国发展观察》2007 年第 3 期。

社会保障计划是不能令人满意的"，这一观点充分肯定了社会保障与就业的紧密联系。而在社会保障体系各子系统中，失业保障体系对就业的影响又最为直接和深刻，所以我国的失业保险体系在维持社会的充分就业以防止大规模失业方面应该具有不可忽视的地位。完善的社会失业保险是完善劳动力市场的必需条件之一。有了失业保险制度，下岗工人才有了最基本的生活来源，其生存的权利才能得到相应的保障。因此，政府必须建立合适、完善的失业保险制度，确保失业保险金的合理制定与发放，加大失业保险对促进就业的力度。

四 服务型政府促进就业的战略选择

2007 年 3 月 25 日颁布的《中华人民共和国就业促进法（草案）》从法律的高度规定了中央与地方在促进就业工作中的职责，规定国家对促进就业工作给予政策支持。这充分说明了促进就业是政府的第一责任。因此，在建设服务型政府的过程中，笔者认为可以从以下几个方面来促进就业。

1. 通过法制化手段建立促进就业的长效机制

随着我国就业工作的逐步推进，政策的短期性和不稳定性的弱点不断暴露出来。这迫切需要通过就业立法，将实践中证明行之有效的促进就业政策纳入刚性强、长期有效的法律层面，用法律的形式加以规范和保障以形成促进就业的长效机制。目前，经过首次审议的《中华人民共和国就业促进法（草案）》就将促进就业的目标、原则、方针和工作机制，政府政策支持、规范市场秩序、职业教育和培训、就业服务和就业援助等职责，作为促进就业长效机制的要素予以规定，使之制度化、法律化。

2. 实现经济增长与扩大就业的良性互动

作为劳动力丰富的发展中国家，我国的就业问题说到底还是一个经济发展不能满足庞大的劳动力就业需求的问题。这就要求我们在工业化进入新的历史阶段后，要特别关注经济增长的转变方式，构建"以经济增长带动就业增长，以就业增长促进效率经济"的良性互动战略。

第一，必须保持一定的经济发展速度并保证经济发展的质量。据国际经验和我国的实践，当经济增长速度达4%—5%时，才能有效地进行就业机会的创造。因此，保持一个较大的经济建设规模，不仅对于刺激就业机会有益，对于容纳本地区的劳动力供给也是必需的。同时，经济发展的质量也至关重要。保证经济发展质量，在一定意义上是指经济发展的集约化倾向，也表现为尽量除去经济泡沫以实现较高的资本收益率和增长的有效性。只有经济规模符合发展质量要求时，才可能减小经济波动幅度，推动经济稳步发展，最小限度地减少对劳动者的损害。

第二，调整优化经济结构，狠抓区域经济和内源型外源型经济协调发展，努力扩大消费需求，搞好宏观调控，创造新的就业岗位。一方面，要转变经济增长方式，提高科技对经济增长的贡献率；另一方面，要充分发挥劳动力资源丰富、劳动力价格相对便宜的比较优势，选择合理的产业、技术结构政策，通过资金、技术、劳动力在不同地区、行业的合理分工，鼓励高新技术产业中的劳动密集型环节及第三产业的发展吸纳就业者，实现经济增长与就业增长的双赢。

3. 提供良好的公共就业服务

政府履行其公共就业服务职责的方式应当有三种。

第一，政府自身提供公共就业服务，即建立一套全面而系统的就业服务体系，在调节劳动力市场方面发挥积极的作用。只有集职业介绍、职业指导、职业培训、劳务派遣、创业指导、劳动保障事务代理、就业服务技术支持等多项功能为一体的就业服务体系，才能为劳动者通过多种形式实现就业提供全方位服务。

第二，政府举办公共就业服务机构提供就业服务，即形成以劳动部门开办的职业介绍机构为主体，其他部门社会团体及私人开办的职业介绍机构为补充的全方位的服务网络，并根据市场的需要和企业对劳动力的技能的岗位要求，开展切实有效的职业培训。此外，政府还可以尝试建立公共的职业培训机构，加强对公开失业人员的劳动技能培训，努力促进劳动者的职业寻找与职业转移能力。

第三，政府为就业服务机构提供政策支持。政府可将一部分社会保险基金用于对提供职业中介的部门进行一定的奖励，以激励它们对职业介绍工作的积极性。各级劳动保障行政部门每年应根据本地就业困难群体的状况，确定公共就业服务的任务和重点服务对象，争取政府安排促进就业专项资金，设立公共就业服务项目。对于劳动力的就业培训，国家应给予培训补助，以提高培训机构和劳动力的积极性。

4. 协调城市就业与农业剩余劳动人口就业

把城市就业与农业人口向非农产业转移两者结合起来，从战略高度制定相关政策以促进两者的协调发展，是破解我国就业问题的关键。

第一，建立起有权威性的全国统一劳动力供需信息的搜寻与整理系统及其管理制度，形成统一的城乡就业市场。必须抓好劳动力供需信息的网络建设，做好信息的收集、整理、储存、交流、传播与咨询工作，发挥信息的引导作用，及时掌握供求状况，为企业下岗职工再就业和农村剩余劳动力有序转移提供优良的信息服务。

第二，应逐步消除农业人口向非农产业转移的制度和体制障碍，统筹兼顾城乡就业。要大力进行户籍管理、社会保障和职业培训等项制度创新，通过消除劳动力流动尤其是农村劳动力流动的制度性壁垒，提高城乡劳动者的文化技术素质和就业竞争能力，从而为尽快实现农村劳动力市场与城镇劳动力市场合龙并轨，消除农村劳动力进入城市就业的行政性障碍，扭转劳动就业城乡分治的传统格局，创造良好的社会环境和外部条件。

5. 加强对劳动就业的行政管理和监督

第一，建立劳动就业行政管理协调机制。为了加强对劳动就业问题的统一协调管理，提高就业管理效率，各级政府应成立一个由相关部门和机构负责人组成的非常设的劳动就业领导协调机构，其基本职责主要包括：根据有关法律和政策制定劳动就业行政法规和行政规章；明确劳动就业行政事务的职责分工；对相关职能部门的具体行政行为进行协调；制定劳动就业规划；对有关劳动就业的法律法规、政策和规划的执行情况进行检查监督；向同级人大和上级政府报告劳动就业情况；协调劳动就业信息的收集、统计、分析、整理和发布等。

第二，强化责任落实。要加强就业工作"一把手"责任制，切实抓好各级政府促进就业目标责任的落实。进一步细化各级党委、政府和各部门承担的促进就业责任目标，做到工作责任、政策落实、资金投入、措施保证"四到位"。同时，建立责任报告和责任追究制度，政府要接受人大的监督，定期向其报告就业形势及就业目标的完成情况；政府机关内部要建立问责制度，明确责任主体和责任承担方式，以保证就业目标的真正落实。

第三，建立有利于促进就业的政绩考核制度。在市场经济发达国家，提高就业率是政府最重要的工作目标，而失业率是国家政绩考核体系中最重要的指标。中国要真正实现"发展与就业并重"的发展战略，必须把促进就业列为政府的第一要务，并且把控制失业率和新增就业机会作为各级地方政府以及党政主要负责人政绩的主要考核指标。

转型时期社会弱势群体形成的制度性探因

——兼论社会制度改革的重要性*

"弱势群体"为一个国际通行词，就一般意义而言，是指在竞争中处于弱势地位的人群，是生活中的弱者。弱势群体可分为生理性弱势群体和社会性弱势群体两大类。生理性弱势群体主要包括老年人、体弱者、长期患病者、残障人士、孕妇、妇女，有些学者甚至还把单身母亲、吸毒者、酗酒者、少数民族等也列入其中。而社会性弱势群体在我国现阶段主要包括失业下岗人员、"体制外人"、进城农民工以及较早退休的"体制内人"。

如果说生理性弱势群体是由于其自身生理上的脆弱性而使其陷入弱势境地的话，那么社会性弱势群体则往往是非自身原因造成的。从表象上看，弱势群体陷入"弱势"境地的原因是他们个人能力的不足，而深层原因则是制度安排存在不合理的地方。学者孙立平也认为弱势群体问题的解决，从根本上说，是要建立一系列的制度安排。通过这样的制度安排，使弱势群体的生活状况能够随着社会进步而不断得到改善。因此探讨社会性弱势群体的制度性成因，并提出有关制度改进的必要性和可能性，成为本文探讨的主题。本文采用"社会弱势群体"这一概念来指称因制度安排不当而处于"弱势"地位的人群。

目前，我国正处于深刻的转型时期，即从传统的农业社会向现代工业社会转变，从计划经济体制向市场经济体制过渡。社会转型，其实质就是一种制度变迁的过程，而制度变迁从深层次讲

---

　*　原载《北方论丛》2003 年第 3 期，与赖志琼合写。

是一个各种利益关系调整的过程。因此它在促进社会发展的同时，也带来了一系列的利益格局的变化和调整，导致社会结构的重构，并最终导致不同社会利益群体的出现。弱势群体的出现即是其表现之一。

一 社会弱势群体形成的户籍制度因素

我国从 1958 年开始实行的户籍制度，与计划经济体制下的统购统销、人民公社制度、城市劳动力就业和社会福利保障制度一起建构和维护着城乡二元体系。户籍制度建立的初衷在于通过行政手段将乡村和城镇人口实行分割管理，从而优先发展城市、优先发展工业，这是与当时的历史背景相联系的。它的建立，对于减轻城市的就业压力、保障工业化的顺利进行、维护城市社区的稳定发挥了积极的功能。但它造成了长期的城乡分割状态，也使广大的农民承担沉重的工业化成本和改革成本。因为对于中国人来说，户口不仅是管理上的"人身证明"，而且是与经济地位和社会待遇相联系的"社会身份证明"。户籍制度与就业、医疗、住房、社会福利、社会保障，甚至部分商品供应等一系列的待遇具有制度化的联系，从而也形成了城乡隔绝的制度化壁垒。

在农村，户口与土地相结合，有农村户口就有土地，就必须从事农业劳动，成为农民；在城市，户口与劳动就业和生活资料供应相结合，有城市户口就可以在城市安排就业，并享受商品、粮食的供应，没有城市户口无法在城市里生活、就业。从"农民"转变为"城里人"，只有就业、升学等有限的途径。而因工农业产品价格差别形成的"剪刀差"式的分配形式，是使城乡居民收入差距日益扩大的重要原因。据有关学者对中国的工农业产品剪刀差的研究，1952 年因工农业产品剪刀差而导致农业部门向工业部门转移的总额为 74 亿元，1957 年为 127 亿元，1978 年进一步上升到 364 亿元。1978 年以后，随着农产品收购价格的提高，工农业产品剪刀差状况有了一定的缩小，1982 年降低到 228 亿元。但之后，这种状况并没有进一步降低，相反略有回升，1983 年为 307 亿元，1983 年到 1986 年，因工农业产品剪刀差而导致农业部门向工业部门转移的总额始终在 276 亿元至 307 亿元波动。工农业产品的剪刀差损害了广大农民的利益，也是社会不公平的表现之一。

我们常以世界耕地的 7% 养活了世界人口的 21% 而自豪，却很少提到其另一面：世界上 40% 的农民仅仅"养活"了世界上 7% 的"非农民"（秦晖，1996）。长期以来，我国农业的劳动生产率低下，边际生产率几近为零。大量的农村剩余劳动力急待游离出来，但严格的户籍制度却阻碍着这一进程。

改革开放以来，随着户籍制度的松动，城市劳动力的结构性稀缺使得大量农民涌进城市，从而形成一股强大的"民工潮"。他们从事着"城里人"不愿从事的苦、脏、累、差等活，却无法享受必要的失业、医疗、工伤等社会保险，缺乏劳动合同的保护。其子女的教育问题也常常是无法解决。

由于我国的基础教育实行"分级办学、分级管理"的体制，落后地区的教育困难重重，其首要的便是教育经费极度匮乏，教育经费仅能够维持教职工的工资。农村教育往往是农民自己"买单"。由于教育经费的缺乏以及其他一些因素，农村学校的软、硬件设施根本无法与城市学校相提并论。起点的不公平，导致了日后过程及结果的不公平。

二 社会弱势群体形成的身份制因素分析

在传统的计划经济体制下，我国的社会结构表现为一种"身份制"的状态。所谓"身份制"是指社会以正式社会制度的形式将每一个社会成员置于社会关系结构的一个相对稳定的点上，赋予其一定的责任与义务，标明每个个体的社会地位与角色规范，其特征主要有三。第一，以身份划分界定人们的差别，比如城乡居民，不同单位劳动者，不同职位的领导者，身份不同，各方面的种种差异是不言而喻的。而这种身份是先赋的，或是世袭的；第二，某种身份一经确定，一般不能轻易变动，社会成员一旦被划定归属于某个身份的群体，便很难改变；第三，个体身份的固定化造成地域之间的封闭性。人们的身份确定后不易变更，也就是说，人们一旦归于某一地区、受某一社会组织控制时，生活、学习、就业就必然在规定区域内进行，人们的流动性很小。因此，在旧体制下，个体的身份是固定和冻结的，不同地区、不同单位之间也呈一种封闭分割状态。

"身份制"社会中，标定人们身份的因素往往是一些诸如出身、地域、父母职业等先赋性因素，并且社会结构呈现一种"超稳定"状态，向上流动机会缺乏，人口流动异常困难，从而造成个人身份转换的困难极大。户籍制度造成了城乡个体的身份差异，在这种制度下，每一个个体作为何种身份的人，几乎是与生俱来的，且农村人口想变为城市人口困难重重。由于城乡之间在经济收入、社会地位的获得上都有天壤之别，农村人口从出生之日起便天然地与城市人口被分隔成不同的社会阶层，形成两个不同的利益群体。"民工潮"的出现可谓是冲击我国传统的身份制的一种努力，它试图打破坚硬的户籍制度壁垒，却遭遇到种种的阻碍和限制。

传统的用工制度、工资制度、升迁制度、干部制度则固化了个体的身份，弱化了个人向上流动的可能性与动力。在传统的计划经济体制下，我国社会经济生活和政治生活的基层组织形式是单位，作为一种社会经济、政治的制度安排，它体现着一种全面而深刻的归属关系。单位成为政府与社会个体连接的"纽带"，成为社会政策实施的中介；单位与个人之间也不是简单的雇佣与被雇佣的关系，而是一种单位全面控制职工、职工对就业单位全面依赖的人身依附关系，而且，这种关系不是单位与劳动者任何一方可以随意中止的。个人的生、老、病、死、残，统统都在单位完成；一旦离开单位，原有的养老、医疗、工伤、住房等各种社会保障与社会福利均无法享受。个体不再是"社会人"，而是"单位人"。由此"身份制"成为限制人员流动，导致社会不公的一个重要原因。

三 社会弱势群体形成的社会 保障制度因素分析

我国的社会保障制度几乎与共和国同时诞生。在解放区，新生政权就曾建立一些保障制度，1951 年政务院颁布了《劳动保险暂行条例》；1953 年，这一条例得到进一步的修改并再次颁行，由此奠定了我国社会保障制度的基础。但我国 1951 年设计的劳动保险，实质上是一种以企业为主导并辅以一定社会性的保障制度。社会保障制度存在明显的制度分割弊病。

现有的社会保障基本上只覆盖了行政事业单位、国有企业和部分集体企业的职工，而城镇部分集体企业职工、个体经营者、和"三资"企业职工还未享受到真正的社会保障；农村居民长期游离于社会保障体系的边缘之外，无法享受到城镇居民享受的养老、医疗等社会保险及各种社会福利，如住房、物价补贴、单位内部福利等。农村居民的保障更多的是依靠家庭保障，其共济性差，根本无力抵抗突如其来的风险，因病致贫、因病返贫的现象屡见不鲜。

从 1986 年开始，民政部开始在富裕的农村地区进行农村社会养老保险试点，至今已有 16 年了，其实施具有相当积极的一面，但仍然存在管理水平低、可持续性差、保障水平低三个明显的缺陷。按 1997 年全国历年累计的 8200 万农民投保的 120 亿元养老金计算，人均是 146 元，而这乃是十几年累积的结果。由此，农村社会养老保险的作用可见一斑。我国部分地区农村低收入人群有病看不起的现象在逐渐增加，改革和重建农村合作医疗制度的收益并不明显。1998 年合作医疗制度的人口覆盖率在高收入地区达 22.2%，但在中等和欠发达地区仅为 1%—3%。

近些年来由于经济制度转型和各种社会政策的变化，城市人口的实际生活水平发生了较大的分化。部分国有企业、集体企业发生效益滑坡，甚至破产的现象，从而导致部分人员失业、下岗，陷入贫困状态。1993 年国家开始在一些大中城市试点最低生活保障制度，旨在建立起最后一道安全网，以保证城市贫困居民的生存，帮助他们尽早走出困境。但据在 22 个省（区、市）的调查，已建立城市居民最低生活保障制度的市（县），测算的实际标准一般为 90 元至 150 元，实际执行的保障标准在 70 元至 120 元之间；应保障的人数 260 万人，实际得到保障的人数仅有 91 万人；所需要的保障资金总额应为 14 亿元，实际只落实 5 亿元。如按实际测算标准计算，这 22 个省（区、市）尚有 169 万人未进入最低生活保障网。事实上，即便是进入了最低保障安全网，其保障效果也是极其有限的。

四　社会弱势群体形成的"体制"因素分析

由于我国采取的是一种渐进式的改革道路，曾经在很长一段时期内存在新旧体制并存、计划定价与市场定价相结合的"双轨制"格局。无论是生产资料、生活用品，还是个人收入、福利等都存在两种体制下的不同"价格"，由此造成了体制内外群体的割裂，其利益获取方式与途径也产生了重大的差异。

"体制内"与"体制外"的差异表现在诸多方面。①利益来源和利益满足方式的差异。计划经济体制下，人们的利益获取方式主要是由所谓的"公共产权"决定的，即强调生产资料全民所有，强调人人都是生产资料的主人。产权界定的模糊性，使得国有企业、部分集体企业无法享有真正的企业管理权、自主经营权、人事任命权，无法做到"自负盈亏"，企业吃国家的大锅饭，职工吃企业的大锅饭；国有企业创造的大部分财富都作为企业经营利润上交国库，职工的工资长期偏离劳动力的实际价格水平；平均主义式的个人收入分配制度实际是一种行政性收入分配体制，个人工作的好坏、贡献的大小与收入获得的多少无关；什么样的身份、什么样的行政级别以及什么类型的单位，决定了其特定的资源获取量。而体制外，人们的利益来源与利益满足方式则主要是由市场来评价和决定的。②"体制内"与"体制外"的地位群体的差异还表现在人们获取福利上量的不同。尽管"体制内"人员享受着住房、医疗、各种实物及非实物的福利、物价补贴等，但国有企业与外资企业仍然存在收入上的差距。近年来，这种差距有愈演愈烈的趋势。据《21 世纪人才报》报道，在我国，外企的收入依然独占鳌头，薪资平均数达到 52935 元，不仅远远超过全国的平均水平，而且比居第二位的中外合营企业要高 10% 以上。

更为严重的是这种"双轨体制"还导致寻租活动的大量出现。当前，寻租的方式和方法主要有在利用价格双轨来获取超额利益、利用某些经济特权来获取超额垄断利润、利用某些进出口配额制来获取差价、利用某些优惠政策来获取所谓的"改革租"。据有关资料统计，1981 年至 1988 年，商品价差、外汇汇率差和信贷差等差价的总规模已占国民生产总值的 20%—25%，也就是说，有 13000 亿—16500 亿元的巨额寻租空间。事实上，寻租现象在任何国家和任何经济中都不可能完全避免，但如果寻租现象过度泛滥，就会对经济产生明显的破坏作用，导致社会资源配置失当，大量资源从生产领域流向交易领域，从而影响到整个国民经济的快速发展。

五　我国社会制度改革的重要性

所谓制度，T. W. 舒尔茨把它定义为一种行为规则，这些规则涉及社会、政治及经济行为。诺贝尔经济学奖得主道格拉斯·诺斯也认为制度是一个社会中的游戏规则，或者更正式地说，制度是人类设计出来调节人类相互关系的一些约束条件。制度产生的根本目的在于节约社会交易成本、促进经济增长、增进社会福利。但制度也有好坏之分，也有有效与无效之别。当现有制度的运行成本大大超过变革该种制度所带来的收益时，就有可能导致对该种制度的修正，从而引致制度的变迁。

我国目前正在进行的经济、政治体制改革实际上就是一种制度创新、制度变迁的过程，即制度的产生、替代与转换的过程。而制度变迁的实质就是社会关系结构的调整和社会利益格局的重组。在制度变迁的过程中，不可避免地会出现一些利益受损者，他们成为社会变革成本的承担者，社会弱势群体的出现即是其中的一例。但如果制度变迁中出现了过多的不公平因素，则无疑会导致社会矛盾的激化，从而影响到社会的稳定、经济的发展，并最终影响到整个社会福利的改进。

我国采取的是一种"诱致性制度变迁"的制度变迁模式，即现行制度的变更主要是由一个人或一群人为获取实施新制度的利益而自发倡导、组织和施行的。相比较"强制性制度变迁"模式来说，其特点主要有营利性、边际性和渐进性，更加适合我国的国情。但其局限性在于协调成本、谈判成本、讨价还价成本过高，从而导致制度变迁的整体效率不高。改革二十年来，我国仍有许多棘手问题尚未解决，改革成本与代价不断增加，社会矛盾也日益突出，这与我们选择此种制度变迁模式密切相关。而改革中的一些既得利益群体也往往成为制度变迁的阻碍因素，这更增加了制度转轨的成本。因此我国应实行"诱致性制度变迁"与"强制性制度变迁"两种模式相结合，以"诱致性制度变迁"模式为主的制度变迁模式。

上文只是简要分析了一下我国现阶段社会弱势群体形成的制度性因素。这些制度（或政策）由于其制定时的背景与现在相比已发生了较大的变化，也就是制度实施的环境发生了改变，因此其负功能日益明显，成为社会进一步发展的阻碍。当然社会弱势群体的形成还有其他方面的原因，但现有制度安排的调整与改进无疑有助于他们摆脱现有的不利地位，从而使社会更加公平、经济更加发展、国家更加稳定。

正义是社会制度的首要价值，由机会不平等产生的经济不平等比机会均等时的经济不平等更为不可忍受，制度的设计首先是以公平为基础的，公平乃是制度的第一要义。因此我国在制度创新和制度变迁的过程中，除考虑制度变迁的成本外，还应该考虑到制度、政策制定、实施的公平性；制度变迁应是"帕累托改进"的过程。

制度不是万能的，因为决定经济发展和社会进步的因素有很多，制度只是其中的一个基本因素。但是在一个国家的新旧体制转轨时期，制度的变迁与制度的创新又是至关重要的。因为在这个时期，制度因素对经济发展和改革的进行起着最主要的、决定性的作用，制度创新的边际效益也是最高的。

我国当前国有企业与
私营企业劳动关系比较研究[*]

所谓劳动关系，狭义上指劳动者与用人单位在运用劳动能力、实现劳动过程中所形成的诸种关系，表现在劳动地位、劳动报酬、劳动安全、劳动卫生、职工福利等方面，因其牵涉甚广，便形成了一个复杂多端的现代经济与社会问题，引起了社会各界的极大关注。比较分析在社会主义市场经济体制中同时存在的国有企业和私营企业的劳动关系状况，探讨两种所有制并存下的劳动关系变化的特点、表现形式、存在的问题，为建立良好稳定的劳动关系提出相应的对策，对于深入进行经济体制改革、继续完善所有制结构、促进生产力的发展具有积极的意义。

一 生产资料的所有决定了国有企业和
私营企业两种不同的劳动关系

国有企业和私营企业的劳动关系差异是由生产资料的所有关系决定的。

私营企业属于非公有制经济的一部分，企业主是生产资料的所有者和企业的经营者，拥有生产资料的占有、支配和处置权；雇工对企业的生产资料没有所有权。但在分析我国私营企业劳动关系时应该认识到：我国私营企业里的雇工并非完全依附于雇主，而且雇主具有劳动者的部分特性，完全的资本主义剥削形式在我国是不存在的；同时国家对私营企业主的资本和消费以税收调控、

---

* 原载《华中理工大学学报》（社会科学版）1997 年第 4 期。

法律调控等手段加以严格制约，使私有经济中的剥削程度有所削弱。从总体上进行分析，我国私营企业的劳动关系体现了"限制资方，保护劳方"的特征。

私营企业是建立在雇佣劳动基础之上的，主雇双方是雇佣关系。但我国私营企业中的劳动者，绝大部分并不是丧失了一切生产资料、离开了雇佣劳动关系就无法生存的雇工。雇工主要来源于农村，其都拥有向农村集体经济承包的一份责任田和其他农用生产资料；而作为雇工补充来源的城镇离退休职工、停薪留职职工等，也都享有公有制经济提供的基本生活保障和就业保障。处在私营企业中的劳动者，虽然对企业的生产资料没有所有权，但与公有制生产资料直接或间接地保持着联系，处在局部分离或者半分离状态。因此，我国私营企业中的雇工不是一无所有才迫不得已向企业主出卖劳动力的，雇佣劳动并不是他们谋生的唯一出路。劳动者在出卖劳动力上可以自由选择，具体表现为私营企业中的人员流动频率高，这决定了我国私营企业中劳动对资本的隶属关系只能是松散型的。

虽然我国的私营企业里不存在完全的剥削，但生产资料的所有决定了雇工在生产经营上处于被支配地位，企业主与雇工之间不可避免地在劳动报酬、劳动条件、生活福利等方面存在矛盾。矛盾的化解，主要依靠国家有关的政策法律对私营企业主有损雇工权益的行为进行干预。同时，国家通过立法对私营企业的收入分配进行制约。

生产资料的所有决定了国有企业和私营企业性质的根本不同，而且在劳动关系上也表现出差异。第一，国有企业中，劳动者的所有权外化为国家所有，即国家作为全民生产资料所有权的代表，拥有对生产资料的占有、支配权。作为国有企业的职工，具有所有者和劳动者的双重身份。作为所有者，他们对生产资料的所有权，体现在其在国有企业中拥有一份相应份额的生产资料，并将这一份额委托给国家，体现的是他和国家的关系；作为劳动者，体现的则是他和某一具体企业之间的关系，是和企业的具体管理者之间的关系。国有企业的经营管理者不是生产资料真正的所有者，而只是代理者，一切均按国家有关方针政策进行经营管理，与政府部门有着千丝万缕的联系，在这方面其与私营企业有很大不同。

第二，由于国有企业的国家所有特性，劳动者进行劳动力交换受制于国家的就业制度、分配制度。

第三，国有企业的劳动关系随着经济体制改革、就业制度改革、分配制度改革而发生变化，取决于它所从属的经济体制的总体性质。

第四，国有企业的生产资料所有权由国家来代表，因而国有企业风险意识弱，表现在有些国有企业亏本甚至破产，但国家可以用效益好的企业上缴的利润来为职工增加工资、奖金和福利，企业亏损将由盈利企业的利润来补贴，好的企业兼并差的企业。

二 转型期的国有企业劳动关系的变化

随着国有企业转制，国有企业里相互依赖、相互交换、相对静止的平等劳动关系状态正被打破。

国家劳动用工制度的改革使传统计划经济体制下以行政为主的劳动关系，逐步转变为以契约为主的劳动关系。大部分国有企业先后实行了全员劳动合同制，即国家用工在一定程度上变成企业用工，企业有了用工自主权，职工有了自由选择职业、选择岗位的可能。

国家劳动就业制度的改革使市场化就业取代国家统包模式，劳动力供求活动主要依托市场进行。劳动者和企业分别作为劳动力资源的供给者和需求者成为平等的市场主体。

国家分配制度的改革使企业掌握了分配自主权，工资越来越多地起着调节劳动力流动和供求变化的杠杆作用。过去在分配上的平均主义、平等地位关系，正在转为收入差距日趋扩大及其收入差距带来的地位差距。由此人们对平均主义的不满正转化为对收入差距和分配不公的不满。

国家社会保障制度的改革使国有企业劳动保险逐步向社会过

渡。这一改革具有明显的利益关系调整性质，涉及每个职工的切身利益，同样也波及国有企业的劳动关系。

总之，市场经济使国有企业逐步个性鲜明，行为自主；劳动者已不再是传统意义上的"国家职工"；国有企业相对平等、相对静止的劳动关系正朝着契约化、市场化、多元化的方向发展。处在变化之中的劳动关系双方，在经济利益、政治利益、文化观念方面认同一致时，表现为稳定状态；反之，则引起冲突和不协调。主要表现在以下几个方面。

第一，契约（如劳动合同）是劳动关系达成的基础，但契约真正发挥作用还取决于劳动合同的规范性、劳动关系双方地位的平等性和认同感。现阶段劳动合同制在国有企业里远未全面执行，仅在一部分企业中的一部分劳动者中执行，劳动合同签订率偏低，无效合同、违法合同大量存在，这使得劳动者和用人单位之间的契约关系模糊。同时，作为法人代表的企业经营者，在执行国家劳动用工时，有权根据企业的需要聘用或解聘劳动者，而目前对用工主体还没建立起有效的监督机制，劳动者一方事实上处于弱者地位，双方地位不平等。劳动关系双方因不同身份、不同需要、不同经历、不同文化程度对合同规定的权利、义务不认同，行为上表现为双方不协调。劳动关系由以行政为主转为契约为主过程中所出现的不规范、不平等、不认同影响了契约作用的发挥。

第二，劳动力供大于求、劳动者素质的差异形成的劳动力供求关系严重失调影响劳动关系。国有企业中，职工在获得择业自由的同时，也受到了劳动力供大于求和自身素质的限制。一些企业为了追求最大利润，减少生产成本，用外地工、农民工代替原有的普通工、熟练工；大量的农村剩余劳动力涌入城市，使本来就不多的就业岗位显得更为紧张；科学技术的进步淘汰了旧的产业，新的产业不断崛起，对劳动者的技术水平要求也不断更新，这就使得一部分文化程度较低、缺乏一技之长以及中高龄的下岗职工难以再就业。由于以上原因，国有企业相当一部分职工保住劳动岗位、保住铁饭碗的愿望很强烈，这种愿望转化为行为就表现为对劳动用工制度改革持不合作态度。这对于建立良好的、稳定的劳动关系是极为不利的。

第三，分配制度缺乏制约机制导致劳动关系不公平。经济体制改革赋予了企业经营者更多的权力，同样，也进一步激发了职工的政治民主意识；在经营者掌握分配自主权的同时，职工政治民主意识也在增强。分配问题是企业上下共同关心的焦点，民主管理是相对公平的基础。但目前在国有企业中，企业经营者民主管理思想淡薄：一是分配上的权力性，很多企业在掌握了分配的自主权后，不仅分配方案不交职代会讨论，甚至不允许职工打听分配情况；二是分配上的随意性，以个人好恶为标准以及无节制地拉大差距；三是分配上的强制性，不管职工对分配方案反应如何，明显的不公平分配方案也要强制执行。分配缺乏制约机制带来了管理者与劳动者的关系紧张，对企业的良好劳动关系也带来了影响。目前在分配缺乏制约机制的情况下，分配的公平就只能取决于领导者的素质以及加强工会的职能。

第四，社会保障制度尚未真正建立，社会保障水平参差不齐影响劳动关系。在市场经济体制建立过程中，计划经济体制下福利保险事业完全由国家和企业（国有企业）承担的局面被打破，但新的社会保障制度尚未真正建立，以至于在各类企事业单位中，职工的劳动保险出现了某种断层和新的不平等现象。效益好的国有企业，各种待遇有增无减；效益差的国有企业甚至无力缴纳或支付养老保险统筹费，如有些企业做出了医药费暂停报销的决定，引发的劳动关系问题日趋增多。

国有企业的劳动关系是随着国家各项制度的改革而变化的，在变化中存在这样或那样的问题是不可避免的。随着建立社会主义市场经济体制这场变革的到来，人们都被推上了商品经济大舞台。职工思想观念也应通过劳动关系的变革逐步更新，以适应劳动关系的变化和推进劳动关系的良性发展。他们在获得择业自由的同时，也受到劳动力供大于求和自身素质的限制，很难自由择业；企业分配与效益挂钩，职工收入与绩效挂钩调动了职工的积极性，同时企业内收入差距的不公平和地位的不平等又严重打击了工人的积极性；社会保障水平的高低不一，使效益差的企业职工怨气增加。解决国有企业劳动关系变化中出现的问题有待于法规的健全、制约机制的建立、社会保障制度的完善，同时还取决于领导者素质的高低及其执行国家政策的水平。

三 私营企业的劳动关系现状

建立在雇佣劳动基础之上的私营经济，私营企业主以生产资料的占有者与支配者的身份出现，雇工以劳动力所有者的身份出现；企业主支配全部经营管理活动，也支配雇佣工人的劳动力。因此，私营企业的劳动关系状况取决于私营企业主的个人资源及其管理水平。我国目前大部分私营企业还处在传统家庭式管理模式中，多数经营者在利益驱动下对企业进行管理，再者私营企业主群体人员素质不一、管理水平高低有别。因此，私营企业劳动关系也存在不少不容忽视的问题。

第一，劳动关系的契约模糊或无契约。劳动合同是劳动者与用人单位确立劳动关系、明确双方权利和义务的协议，是劳动关系中最基本的法律契约。建立劳动关系应当订立劳动合同，且一切管理标准应以合同为主。而在私营企业中，很多企业不与职工签订劳动合同；随时招聘，随时解聘；企业经营管理操作随意，资方不承担任何法律责任。

第二，无严格的分配制度。大部分私营企业中，工资的发放标准由私营企业主自定，年终也有红包，雇工的收入相互保密。无严格的分配制度，实质上表现在剩余产品的分配上，雇主有占有权，雇工无参与权。大多数雇工来自农村，他们大部分只是暂时离开土地，获得一份高于农业劳动的收入就满足了，对于分配的合理性没有或不敢追求。

第三，加班加点严重，无 8 小时工作制。国务院颁布的每周40 小时工作日制，可以说私营企业基本上没有贯彻执行。笔者于1996 年 7 月对武汉市的 20 家私营企业进行访谈调查发现，这 20家企业（1 家为家具厂，3 家为服装厂，其他均为从事商业买卖活动的私营企业）基本无 8 小时工作制。企业根据自己的工作业务性质来确定工作时间，即工人基本上每天工作 8 小时左右，每周工作 6 天，业务旺季时，无条件地加班加点，一天要工作 12 小时左右。

第四，劳动条件差。处在创业期的生产性私营企业和服务性的私营企业，企业主无安全意识，如所调查的一家家具厂和其中的两家服装厂，工作间狭小，光线暗，机器的咔咔声和人工操作发出的响声此起彼伏，灰尘、毛绒到处飞扬。当谈及改善劳动条件、保护工人身体健康时，企业主称，什么条件办什么事，能生存一天是一天，同行竞争激烈，说不定哪天倒闭，就这样干不会出人命。私营企业主的这种无长期经营目标的思想，导致劳动保护措施无法落实。各地报刊披露私营企业劳动条件差、无安全措施引发的工伤事故屡见不鲜。

第五，没有建立福利保险制度。按照有关劳动法规，私营企业同样要执行有关的职工保险福利待遇。但从实际情况看，不少企业没执行或执行得不理想。在被访谈调查的 20 家私营企业中，几乎没有一家参加社会保险，而且都无医疗待遇、无住房，一切福利待遇都包括在工资中。私营企业主认为，他们说没有福利待遇就没有，说有就有，因为所付的工资包括一切费用。调查资料还表明，雇工一方，其出雇的原因，不完全是为了挣钱，更重要的是见世面。对于私营企业中无劳保福利的状况，他们认为国有企业这方面也正在变革，私营企业没有劳保福利也无所谓，他们只是城市的过客，乘的是过渡船，终究还要回到生养他们的土地上。所以，私营企业无劳保福利的状况是由多种原因造成的。

第六，任意侵犯雇工的人身权利。私营企业中，侵犯职工人身权利的情况时有发生，表现在随意体罚虐待员工、任意打骂职工、非法搜身等方面。私营企业中职工权益之所以屡遭侵犯：一是缺少对私营企业主的法律宣传，或只注意经济法，不注重劳动法；二是对侵犯职工权益的相应制约机制不完善，企业中各项劳动法规和福利政策的执行一般都是由私营企业主决定，对此缺少有效检查和监督，不管执行状况如何，企业都一样生产经营，很多企业没有建立工会，即使建有工会组织，作用也是有限的；三是私营企业主本身素质不高、管理水平低，置法律于不顾，片面追求经济效益，基本上是用原始积累的方法来进行管理。

综上所述，私营企业在劳动关系方面出现的问题，集中反映了私营企业主为了攫取剩余价值或利润而进行自行其是的管理。这种管理之所以可以进行，主要原因是私营企业尚在创业、发展阶段，企业主希望企业内部安定、高效，一般注意满足雇工的不太高的基本要求；而大多来自农村的雇工，刚刚迈入工业社会，在企业的管理中持合作态度。但这并不表明，现有的管理方法和手段是合适的。随着雇工素质的提高，现有的管理方法不得不改进，以符合国家的利益、企业的利益、个人的利益，这样才可使劳动关系协调。

四　调整两种所有制劳动
关系的若干建议

以上分析表明，不管是国有企业还是私营企业，其劳动关系的发展都处在市场化的初级阶段。私营企业由其性质决定，从一开始劳动关系的发展就处在市场化中，而国有企业的劳动关系则由行政化向市场化过渡。因而在市场化过程中都存在交易契约的不完善、企业主行为的不可控、工会组织缺乏等弊端，这些对劳动关系的稳定产生消极影响。如何运用现有的规范实际上是双方如何认可已确立的规范。交易契约不完善致使劳动关系双方责权利不仅不明确，也为某些冲突的解决埋下了隐患。《劳动法》明确规定："建立劳动关系应当订立劳动合同。"通过签订合同，确定劳动关系。《劳动法》作为一种强制整合的方式，通过建立规则而形成一种交换模式，但要使这一规范得到认可并执行，需要从规范的受益者中，形成拥护新规范的组织或利益群体，只有组织才能有力量参加利益的分配。

企业主行为不可控。现阶段，国有企业的经营者权力不断扩大，但制约机制尚未建立。因而，国内理论界认为，这一部分经营者正处在"双轨"中，占有的是国家资产，拥有的是私有权力。而私营企业主作为资产的所有者，拥有企业绝对的管理权。相比之下，不管是在国有企业还是在私有企业，劳动者阶层作为一个相对独立的群体，总是处在被支配的地位。制约机制不完善，整合的力量弱。整合机制的建立应从两方面进行：一是政府利用其优势地位，通过立法来控制、平衡参与者的行为及利益关系；二是建立健全工会组织，创造一种环境以增加交换频率，能够在一定的范围内形成自己的亚文化，促进劳资认同共同的组织规则和职业道德，从而使劳资中的若干矛盾在组织这一层面便获得解决，而不至于引起分化中的无序或混乱，不至于集聚为大的冲突并引发社会问题。

工会是形成整合机制的重要组成部分，在现阶段是对政府作用的补充，也是对政府作用的一种限制，即在劳动关系的冲突中既要起到安全阀的调节作用，又要起到应有的监督作用。

劳动关系是劳动者与用人单位双方有目的互动的结果。一般来说，不管企业的所有制关系如何，企业的经济实力、社会地位和知名度、职工经济收入和福利、晋升机会、企业的发展前景对劳动者产生吸引；而劳动者本身的技能、经验、性格以及其先赋地位对企业产生吸引。双方的吸引使劳动关系趋于较稳定状态，相互吸引侧重于用人单位提供的经济收入和劳方提供的技术劳动之间的相互交换。双方契约的签订使劳动关系得以正式确定，而劳方进入组织系统后，在多层次需求的驱动下将表现出各种经济行为或非经济行为。随着企业内部成员地位秩序的稳定，个人因其所拥有的资源出现了权力和地位的分化。在组织内部不断的交换中，如果地位分化的劳方对共同的规范不认同，那么组织系统内部冲突将形成或进一步整合。基本的整合机制形成有两种方式。第一种方式是自然整合。在经济利益、政治利益不平衡导致权力和地位的分化时，各参与方可随着交换频率的增加，寻找某种力量上的平衡，从而形成新的相互吸引的依赖关系，建立起新的交换模式。第二种方式是强制整合。占优势地位的一方，通过建立规则控制其他参与者而形成新的交换模式。不管是哪一种方式，其过程都是制度化的过程。制度化的过程就是劳动关系重新调整的过程：一是如何确立新的规范；二是如何使双方认可确立的规范整合分化中的不稳定状态；三是如何运用现有的规范。

第一，从企业所有者和经营者角度分析。首先，应提高认识，摆正关系。不管是国有企业的经营者还是私营企业资产所有者都应把建立稳定协调的劳动关系作为增强企业活力、促进企业发展的重要内容摆到议事日程上来。虽然企业与职工在劳动关系的利益格局上所追求的目标有矛盾，但这并不影响两者在根本利益上的一致。各级领导的重视就能使劳动关系朝着稳定协调的方向发展。其次，应认真贯彻落实《劳动法》，通过签订合同确立劳动标准和有关劳动关系的行为规范、进行科学管理、建立稳定协调的劳动关系。最后，提高企业经营者和企业资产所有者的素质，高文化素质的企业管理者对国家的法律法规的理解、执行将是积极的，对劳动关系双方的处理是建构在现代管理理论基础上的。

第二，从劳动者角度分析，在维护自身权益的同时，应遵照国家的法规政策，积极投身于改革。首先，提高法律素质，认可共同的规范。广泛开展学习《劳动法》的教育活动，使劳动者懂得用法律进行自我维护，同时根据法律规定对所在企业的管理进行有效的监督。其次，应充分认识自己的主人翁地位，积极参与管理。最后，劳动者自身素质的提高，增强择业选岗的能力。

第三，从政府部门看，加速立法建设，健全劳动监督检查机制。首先，加大社会保障制度改革的力度。在把企业引入市场的同时，也把劳动者引入市场竞争的前沿。在优胜劣汰竞争法则的作用下，若企业破产，劳动者失业的现象将加大社会风险。建立社会保障制度是分散转移风险的重要措施，因此应尽快建立起全方位、一体化的现代社会保障体系，为企业改革创造良好的外部环境。其次，制定民主劳动管理和劳动管理监察的法律、法规，以保证劳动、人事、卫生、公安和工会组织监督企业执行劳动法规。再次，建立健全协商谈判、签订集体合同等企业民主管理机制。现代企业制度的建立，使国有企业劳动关系日趋市场化、契约化、多元化。有关劳动合同、工资分配、工作时间、休息休假、劳动保护、集体福利和企业奖惩等重大问题、重大规章制度，都由企业自行决定。随着企业自主权的扩大，应及时建立有效的协商谈判机制和签订劳动合同，使企业与职工互相沟通、互相理解、互相协商，促进双方对规范的认同并执行，从而建立稳定协调的劳动关系。最后，顺应劳动关系变化，强化工会的维护职能。

　　总之，劳动关系的稳定是动态的稳定，引起劳动关系不稳定不协调的因素是潜在的、多方面的，但其根本原因在于企业内部劳动关系双方利益不平衡引起的冲突。因而，要建立整合机制。整合机制的建立主要是规范的建立、认同和执行，这些要依靠组织的力量进行。国家通过法律法规的完善、权力的调整和制约，同时企业在内部创造自然整合的条件以实施对利益的调整，如此才能建立稳定和谐的劳动关系。

美国社会保障制度的发展及启示[*]

一　美国社会保障制度发展的历史过程

　　社会保障已成为当今美国人生活的一个重要组成部分，由社会保险和社会援助与福利两大类构成。目前美国人都可以按规定享受联邦和州政府以及私人机构提供的社会援助，近98%的人群被社会保险体系覆盖。美国作为少数几个社会保障至今还能保持比较好的发展状态的国家，其社会保障经历了一个发生、发展和改革的过程。

　　美国社会保障制度的建立是以1935年《社会保障法》的制定和实施为标志的。在此之前，美国社会保障主要形式是以自愿捐助和民间团体救济的方式来进行济贫的。国家涉足社会保障领域最早是1865年通过的美国自由民局法案，它是为解决南北战争后的社会问题而采取的措施。1935年，美国通过了历史上第一部保障人们在生活中遇到风险时都能享受基本生活的《社会保障法》，确定了联邦政府有责任向老年人、遗属、儿童、残疾人等对象提供福利援助和康复服务，并建立了以解决老年人和失业问题为主体的全国性的社会保障体系。这部法律一直沿用至今，美国社会保障也一直在此基础上发展和变革。

　　二战后至20世纪60年代是美国社会保障逐步发展和变革的时代。1962年的《公共福利修正案》，是政府自《社会保障法》实施以来第一次认识到公共福利中预防性、保护性和恢复性服务的

---

　　* 原载《中国社会导刊》2006年第10期（下）。

重要性。肯尼迪总统在签署该法案时明确指出："这项措施代表了一个新取向，强调除了支持有需要的人还要有服务，要鼓励人们恢复自立能力而不是单纯救济，要培养人们有用的工作的技能而不是长期依赖福利，我们的目标是预防或减少福利依赖，鼓励自力更生，维护功能完好的家庭的作用，帮助功能发挥不足的家庭恢复其功能。"1967年，美国约翰逊政府也开始实施"工作激励项目"，该项目要求所有接受"失依儿童家庭补助"的受助者须参加工作或培训项目。尼克松总统提出了一个比较全面的福利改革方案——"家庭援助计划"，它规定有能力工作的人若拒绝接受工作，就将失去补助。参议院未通过这一法案，这就是所谓美国福利战争的开始。

美国的社会保障制度改革从20世纪70年代开始。1981年，里根总统上台不久就提出《综合预算调整法案》，在不增加税收的情况下扩大政府财政收入，削减国家社会保障投入，实行提高个人和企业的社会保障税率和制定"新联邦主义"政策，即政府主要负责制定有关社会保障的立法工作，实施主体是州和地方政府；同时重振社区以及大力兴办民间社会保障事业的活动；并将私人机构融入社会保障体系中来。里根政府解决"福利困境"的另一思路是实施工作福利计划。1986年，众议院发布了《走向自主之路：增强美国贫困家庭的力量》的报告，要求政府更加重视帮助有工作的穷人，并努力向福利领取者提供他们所需的教育和培训，使他们成为自食其力的劳动者。1988年，《家庭支持法案》的实行，标志着联邦政府开始执行强制性的工作福利政策。这一法案要求各州制订工作机会与基本技能培训计划，提供教育、培训和就业服务，旨在帮助人们脱离福利依赖。大多数成年当事人要被吸纳到工作机会与基本技能培训计划中，但有3岁以下孩子的父母可以免除；自1994年起，失业的父母每周至少工作16小时。

1996年美国的政府财政赤字高达1037亿美元，同年的一项民意调查显示，70%以上的美国人反对政府在社会保障的投入上花更多的钱。以上的种种，使克林顿于1996年8月两次被否决《社会福利改革法案》，并同时制订了6年消减550亿美元福利的计划。此福利改革法案在国家公共福利制度中引发了一些根本性的变化，如规定福利受助的成年人在接受 24 个月的援助后要参加工作。

随着美国人口结构的变化，美国政界和学界预计从 2016 年开始社会保障基金将出现赤字。为应对这一问题，布什于 2001 年 5 月专门成立了一个由 16 人组成的"加强社会保障总统委员会"。其核心内容是，允许社会保障制度的受益者利用部分社会保障税设立可以投资于金融市场的私人账户，以获得较高的回报率，从而弥补未来社会保障开支的不足。

二 美国社会保障制度发展的特点

纵观美国社会保障历史的发展，美国社会保障制度的改革呈现如下特点。

第一，美国社会保障中政府的作用由强化走向弱化，联邦政府的职能逐渐从直接责任人向决策者方向转变，但政府是社会保障制度中最重要的成分这一点并没有改变。美国政府对社会保障的介入，首先表现在社会保障立法上，其次还表现在政府是社会保障事务的积极参与者，即政府必须承担"积极参与者最小社会福利的责任"，通过国家财政为社会保障提供一定数额的资金，弥补社会保障预算赤字。政府作为社会保障事务中的立法者和参与主体，对社会保障制度的发展起着举足轻重的作用。

随着国家干预社会保障的力量增强，各种福利病同样出现在美国。为解决这一问题，从尼克松到克林顿，美国政府最终在 1996 年开始推行《社会福利改革法案》，社会保障制度由普遍性的社会福利改革到选择性的工作福利再改变到私人保障的参与，政府的干预力量由强变弱，非政府的力量则由弱变强，而市场的介入围绕实现社会经济发展和社会公平的目的而发生改变。

第二，美国社会保障的资金来源将朝着私营化和分散化的方向发展，但政府仍然是社会福利支出中最大的资金来源，并对服务提供者的服务质量进行监控和评估。美国政府一直强调社会保障要与国民经济的发展相适应，采取增收节支措施，以实现社会保障基金收支的基本平衡。美国社会保障基金来源的途径有国家、雇主和雇员以及社会筹措等，一方面逐步扩大自愿捐款、民间筹款；另一方面采用一揽子拨款体制，把保障使用权利授予地方政府。强调国家、企业、个人三方共同负责，特别是要求个人应当为自己的前途及其家庭收入保障担负责任，政府扮演最后出场的角色。美国采取财务自理的原则，强调职工必须在就业期间缴纳保险税、专款专用于退休的福利、福利基金也纳入政府财政预算。

第三，美国政府的一些保障项目或其运作方式将有所减少，半营利性的、私人性质的社会保险项目将有所增加。美国目前实行社会保障的个人化和私有化改革，其实质是缩小政府社会保障体系、扩大私人保障体系。已推行私人性质的措施主要包括雇员和雇主双方出资的401K计划、完全由个人出资的IRA计划、鼓励个人将医疗保险项目从社会保险转入私人商业保险、逐步扩大私人商业医疗保险的规模等。对于这些项目的实施，国家给予税收优惠政策。例如，私人性质的养老保障项目401K计划，是一种可以享受延期纳税优惠的企业退休金计划。雇主自主决定是否在企业内部建立401K计划，为职工缴纳的存款可以按工资的15%扣除；雇员自行选择是否参加，每人每年最大存款额不超过1.05万美元时可延期纳税，雇员退休后从该计划中能领取多少退休金取决于401K个人账户中的余额；投入401K账户的收入可享受免税待遇，政府不对其账户所赚取的红利、利息和资本利得征税，等于减免了当期的税收，只有个人从账户提款时才需缴纳所得税。如今这一计划已成为美国养老保障体系的一个重要组成部分。

第四，"工作福利"观念将进一步超越传统的"救济福利"，即提供福利的目的是让受助者工作。

综上所述，可以看出美国社会保障制度是20世纪以来应对经济危机和自由市场经济而逐步建立起来的，政府通过再分配成为社会福利的主体，从而取代了美国社会中以个人、家庭和慈善组织等为主要渠道的传统社会保护机制。

美国政府由最初的不介入到大规模发挥作用，再到现在的逐步减少政府在社会保障中的作用。美国联邦政府的职能正在逐渐从直接责任人向社会保障的决策者和监督者转变，并且在权利的分配和使用上更倾向于地方政府，其实质是对各方资源进行整合。一个由政府决策、市场介入、民间参与、个人支持的多层次社会保障正在美国兴起。

三　美国社会保障制度的启示

虽然中美两国之间经济、文化、历史背景有很大的差异，但社会保障作为一种社会经济制度，在社会经济运行中起着"减震器"和"安全网"的作用却是有共识的。

一直以来，美国政府在社会保障制度的建立、发展和改革中始终强调政府的历史责任、政府责任与民间责任、联邦政府与地方政府的责任，组织整合各种资源，共同抵御社会风险。美国社会保障发展证明，只有政府通过强制力建立社会保障制度才能预防和控制社会风险，国家干预社会保障的强弱随着国情变化，政府在制订社会保障发展计划时，必须根据经济发展水平确定社会保障发展的方向。

美国社会保障制度在强调政府责任的同时也始终强调充分发挥个人自助精神。这种精神充分发挥人的创造力，鼓励人们多创造财富，在社会保障中应用就是低税收。工作福利制度的推行也是在这一理念基础上进行的，美国的社会保障制度以具有选择性的就业保障为主体，除保障基本生存的部分外，在养老保险和医疗保险中设立个人账户，使每个人的保障水平与其工作收入挂钩。这样可以在一定程度上激励被保障对象积极工作。因此，在我国城市长期依赖国家福利、农村社会保障刚起步的环境下，强调个人自助精神和加强个人自我保障意识，应成为我国社会保障建设理念的重要组成部分。

在美国社会保障政府、民间、个人三方责任明确的情况下，社会保障基金来源渠道得到拓展。20 世纪 80 年代以来，美国提高了社会保险费的缴费标准。工人和企业缴纳的养老保险费从 1977

年的 5.85 % 逐步提高到 1990 年的 7.65 %，而且缴费上限也由 1977 年的 16500 美元调整到 53400 美元。同时，开征社会保障收入所得税，美国从 1984 年开始对收入超过一定标准的年金领取者征收所得税，并将其并入保险基金。此外，还有扩大缴费对象范围、增加福利项目收费等。美国社会保障费率的调整也体现了效率与公平的关系。美国是在追求相对社会公平的情况下，在自由竞争的原则下，发展社会经济、增加政府财政收入、通过社会保障调节以确保社会的相对公平。因而，这也是美国社会保障制度运行 70 年没出现大的财务危机的重要因素。这对于任何一个有社会保障制度的国家而言，都不是一件易事。

美国社会保障充分调动民间力量，社会保障部分项目私营化，其是有美国的立法和强大的经济基础作后盾的。美国拥有世界人均水平最高的财富量，有财力进行私有化改革：一是企业和个人有财力承担高缴费率，二是国家有财力弥补这一制度可能形成的缺口。中国目前社会保障立法滞后，投入社会保障制度的财力也有限，因此政府在尝试缩小社会保障范围及减少项目干预，并把这些转给非政府机构来管理运作时需要谨慎而行。从美国社会保障立法与制度建设轨迹中，可看出先有社会保障方面的立法，之后才会有社会保障项目的具体实践。社会保障制度的改革和完善要循序渐进，要随着经济的增长而有计划地发展。美国建构由政府决策、市场介入、民间参与、个人支持组成的多层次社会保障的改革成为市场经济发达国家社会保障改革的趋势。由此看来，实行多层次社会保障应成为我国社会保障制度改革和发展的一个重要方面。

国外社会工作发展历程及其启示[*]

　　社会工作一般指由那些掌握专业化的科学知识、方法与技能的职业社会工作者与社会工作管理者通过为社会成员提供专业化社会服务以及相关的福利保障，调整社会关系，恢复和增强人们社会功能，促进社会稳定发展的一项专门事业和一门学科。从历史的角度看，社会工作的产生和发展，是社会文明的进步，在一定程度上体现了社会责任感和人道主义思想。它既包含了社会救济事业，又包括了更富有积极意义的社会福利事业；不但有各种补救性的援助措施，还发展了改善社会生活、预防社会问题的专门技术和专业管理方法。可以说，社会工作专业的发展是伴随着人类不断认识问题、解决问题而逐步发展起来的。

　　英美等西方国家社会工作建立得较早，有一定的理论积累和丰富的实践经验。因此，回顾西方国家社会工作发展的特征和独特历程，将对我国的社会工作有所启示。

一　为贫困者提供服务：社会
工作的起源与形成

　　现代社会工作源于 1601 年英国伊丽莎白女王颁布实施的《济贫法》，这部法开创了国家以立法形式救济贫民的先河，并明确了政府和社会有济贫责任。16 世纪的英国，社会结构发生了急剧变化，当时的英国统治者面临大量的贫民生活无着落、偷盗、乞讨等社会问题。因此，英国政府颁布了《济贫法》，以解决当时面临

---

　　* 原载《中国社会导刊》2007 年第 6 期（下）。

的贫困问题。《济贫法》的实施，要求对个人和家庭的生活状况进行调查以确定帮助对象，这需要专人和专门的工作方法进行，由此，现代社会工作的雏形形成。《济贫法》的意义：一是政府首次以立法的方式对全国的贫民实施生活救济制度；二是其救济经费的一部分来源于富有阶层，即国家强制征收的济贫税。《济贫法》规定，教区对没有亲属供养的区内贫民负责救济，救济经费以济贫税、志愿捐款和罚金三者为主要来源。《济贫法》的特点是实施分类救助，分别对有工作能力、无工作能力、无依儿童给予不同安排。社会工作的类型化方式由此提出。《济贫法》于 1834 年修正为《新济贫法》，到 1948 年，在英国实施了 347 年。《济贫法》的修正实施使社会工作者尝试用个性化方式解决贫困问题，这为英国社会工作发展和社会个案工作方法的形成奠定了基础。

德国 1788 年在汉堡市实行一种救济制度，史称"汉堡制"，对社会工作制度与方法影响甚远。汉堡制将全市分为若干区，分别对贫困者实施救济，或介绍职业、医疗疾病等，并设中央办事机构，总管全市救贫行政事务。1852 年德国爱尔伯福小市镇仿汉堡制并加以修改完善，开始实行"爱尔伯福制"，即各区再分段，负责对段内的贫民进行经常性调查，按需给予补助，而且办理职业介绍，并对游民进行管理训练等，在设有全市性的赈济组织。在此期间，英国早期社会工作者借鉴德国汉堡制和爱尔伯福制的做法，进行济贫工作。此后，1869 年在伦敦成立的英国慈善组织会社（The Charity Organization Society，COS）和 1877 年成立的美国慈善组织会社进一步推动了济贫工作的专业化，确定了服务到个人的工作理念。

兴起于英美等国的慈善组织会社与睦邻运动促进了社会工作的发展。社区睦邻运动首先是由教会及一些慈善组织、基金会发起的。社区睦邻运动的方法是让社会工作者广泛、深入地参与社区生活，尽量调动并利用社区内各种社会资源，组织和教育居民改善自己的环境，培养居民的自助与互助精神。社区睦邻运动发起于英国，1884 年伦敦东区传教士巴涅特为纪念年轻的亡友——牛津大学经济系讲师汤因比服务于贫民、工人的崇高精神，在自己所属的教区建立了第一座社区睦邻中心（Social Settlement Home），并定名为汤因比馆。继该中心后，英国各地也建立了类似的服务中心。社区睦邻运动在美国的影响较大，开展最为广泛。1886年，美国著名的社区睦邻服务社苏尔大厦创办，大厦为青年人、老年人提供了从事教育、艺术、音乐、娱乐等活动及发展教育的机会，还成立了如贫困、劳动、教育、政治等的大型研究室。苏尔大厦的建立改善了其所在地芝加哥市市民的生活，并促进了全美社区睦邻运动。到1937年，美国已建立了300多个类似的服务中心。欧洲大部分国家也相继开展了社区睦邻运动。

社区睦邻运动的开展及其所提倡的服务精神和取得的成就，无疑给解决工业化所带来的城市贫困问题提供了一条可行之路。其目的是尽可能在社区基础上，改善社区居民的生活条件和解决贫困问题。社区睦邻活动对于社会工作事业的贡献主要表现在以下五个方面：一是首创了社区服务为主要内容的社区工作及服务机构；二是开创了社会工作与社会调查研究相结合的先河，即充分关注社区居民的需要和问题，并且将解决问题的工作计划与项目均建立在社会调查研究的基础；三是注重开发，利用和整合社区内的各种资源，以推动社区计划的实施；四是注重居民社区参与精神的培养；五是将无私奉献的社区活动与社会工作结合起来，并置于社区工作机构（社区中心）的指导之下。

二 为社会发展提供服务：社会工作专业化发展

社会工作作为一种制度和方法，是与社会福利事业的发展紧密相连的。1883年，德国首相俾斯麦制定了世界上第一部《疾病保险法》，1884年通过了《工伤保险法》，1889年又实行了《老年与病残强制保险法》。这一系列社会保险制度的推出缓解了一触即发的劳资矛盾，解决了产业工人的后顾之忧，加快了国内经济的发展。1935年，美国总统罗斯福为解决1929年的"大危机"和随之而来的"大萧条"所导致的成千上万失业人员的生活及其就业等问题，颁布实行了《社会安全法案》，其内容主要由《社会保险方案》《公共分类救助方案》《卫生及福利服务方案》三个方案构成。这些制度的建立说明，各国为了促进社会经济发展，由对社会成员贫困问题的关注逐渐转向关注全民福利，社会工作中的社会行政工作日趋重要。社会福利事业促进了社会工作的扩展，欧美国家的社会工作开始走向专业化。20 世纪 40 年代，小组工作（亦称团体工作）开始被纳入社会工作专业的方法之中。50 年代以后，由于联合国的推动，大多数国家开始重视社区福利计划和社区发展计划。到了 60 年代，美国的社区发展计划进入了黄金时期，1962 年社区工作正式被认可为社会工作的专业方法。几乎在同一时期，英国政府也视社区工作为福利国家制度的一种必要补充。

社会工作职业化和专业化对社会工作教育提出了要求。社会工作教育发展较早的是美国，1898 年，纽约救贫协会创办讲习班讲授慈善学的应用，1904 改为纽约社会工作学院。后其与哥伦比亚大学合作，于 1910 设置社会工作课程，并于 1912 年正式成立社会工作学院。英国利物浦大学于 1903 年开设社会服务课程。1917 年美国学者理查曼《社会诊断》（*Social Diagnosis*）一书出版，把这种助人的工作作为一套独立的知识系统加以研究和传授，从而成为社会工作专业建立的一个重要里程碑。美国的社会工作专业发展较英国早半个世纪，主要动力来自社会工作教育团体，同时各种社会服务组织也日益感到接受专业教育、学习专业知识和技巧的重要性。因此，美国的大学应邀负责培训社会服务机构的在职工作人员，继而纷纷开始建立社会工作专业。1953 年美国社会工作教育委员会（CSWE）和 1955 年美国社会工作者协会（NASW）的成立，标志着社会工作最终成为一个公认的职业。

英国社会工作作为一个重要的社会服务出现在 1945 年以后，所有的政府部门都认为社会服务是为社会中的贫苦及边缘群体提供的机构服务。社会服务部门的创立，给英国社会工作者构建了一种专业性的服务工作结构。英国在 1969 年正式成立英国社会工作员协会（BASW）；1970 年，成立社会工作教育训练中央委员会（CCEThW），正式奠定英国社会工作人员的专业地位。1970 年实施的地方政府社会服务法规定，要在地方政府中构建各种社会服务机构。从那以后，社会服务公共支出增长了400%。社会服务机构的社会工作者承担了复杂的个案工作，他们服务于老年人、儿童以及他们的家庭，与一些特殊群体打交道，向儿童、老年人以及广泛分布的心理、精神病患者提供服务。个案工作、团体工作与社区工作的方法，在社会服务部门得到了广泛应用。

社会工作发展到现在，均已实现了职业化和专业化，这就意味着，从事社会工作必须经过社会工作专业系统训练。如在欧美等发达国家以及我国香港地区，社会工作者同医生、律师一样，若没有获得社会工作的执业资格，就不能从事社会工作事务。

从为贫困者提供服务到为社会发展提供服务，从关注贫困人员问题到关注全民福利，社会工作由朴素的社会自治性事务到成为专门解决各种各样社会问题的一种制度或方法，由自愿的慈善服务到社会工作的职业化和专业化，是个人和社会发展的要求，同时也是依托多学科理论在实践中运用的结果。从20世纪30年代开始，心理学、人类学、社会学、社会心理学的参与，使社会工作专业的理论和知识多样化。现代意义的社会工作是为解决工业化带来的社会问题，协调人与社会发展而出现的。可以说，没有社会问题，就没有社会工作。从这个角度讲，社会学理论是社会工作研究和实践的基础。再如，弗洛伊德的人格相关学说为理解人的行为提供了一个理论分析框架，在社会个案工作中被广泛运用。这些理论研究的共同点都是探讨如何帮助社会上有困难的人，解决社会问题，促进人与社会和谐的方式方法。

三　对中国社会工作发展的启示

回顾西方社会工作发展史，可知西方社会工作是在实践中不断摸索发展起来的。不同时期所采取的形式和内容都是各国当时的政治、经济和文化传统影响的结果；都是为解决社会问题，与提高人的社会功能，协调、平衡人与社会、人与环境的关系相联系的；它帮助个人、团体更好地适应环境，得到社会认可，并增进社会福利以利于人的健康全面发展。这一助人自助的专业工作是中国社会经济发展所需要的。

转型期的中国，为社会工作的发展提供了社会环境与社会需求。一是正处于社会结构转型期的中国社会，由于种种原因，还存在许多社会问题，这些社会问题的存在成为社会工作发展的客观要求。如人口问题中的残疾人生活就业问题、人口结构出现的男女比例失衡问题、人口老龄化问题、贫困问题、就业问题、家庭问题、犯罪问题、教育问题、生态环境问题等。这些问题的存在带来个体、群体、社会间的不协调，需要社会工作的专业服务。二是随着政府职能转换、企业社会职能的剥离，"单位人"越来越多地变为"社会人"；大量与居民相关的公益性事务因政府"不管"、企业"剥离"，都要靠社区来解决。社区成为城市社会保障工作的基础，社区服务成为解决社会问题、提高城市居民生活质量的重要措施。三是经济全球化趋势日益增强，加入WTO以后，国内的竞争也异常激烈，竞争对人的素质提出更高要求，不可避免会出现贫富两极分化，导致社会问题的产生。西方社会工作注重人与人之间、人与环境之间调适的社会工作个案方法，发掘社会资源、启发个人或制度的潜能、增强其预防问题的能力、更好地发挥其社会功能的团体工作和社区工作方法，对我国社会工作的发展是有意义的。

现今中国社会在许多方面仍处于一个转型期，并还会持续比较长的一段时间，而转型期的问题往往需要新的机制来解决。中国同时又是一个政治、经济、文化发展不平衡的大国，整个社会在向现代化、城市化迈进的过程中凸显出人与社会的种种不适应，这些问题的解决要求中国社会工作在借鉴西方社会工作经验的同时，根据中国国情不断完善、提高和创新中国社会工作。

交融与独立：全球化趋势下弘扬和培育民族精神的思考*

当代世界全球化趋势的发展已经从经济领域不断向人类的政治、文化诸领域扩散，广泛地影响着人们的生活内容和生活方式，改变着人们的价值观念。在全球化、网络化、文化多元化的背景下，不同的价值观念互相碰撞、交融已不可避免。面对全球化图像中世界文化交融与碰撞的纷繁复杂局面，如何使我国自立于世界民族之林，是我们研究全球化背景下弘扬和培育中国民族精神的意义之所在。

一　弘扬和培育民族精神是应对全球化挑战的必然选择

世界科学技术的高度发展和经济全球化，使全球国家之间的地域空间距离大大缩短，政治、经济、思想、文化交流空间大大扩展，意识形态的相互影响大大增加。例如，商品已经成为一种超越国界的力量，资本的流动也呈现超越国界的态势，信息的传递和共享、大众文化不断普及，这些都使得人们产生了在国际经济领域中平等交往的客观要求。但是应该看到，世界经济全球化格局的产生绝不是在抛弃国家利益的基础上形成的，而是基于世界各国对于各民族、国家之间利益的相关性和一致性的共识形成的，是出于对本民族和国家利益的高度关注。特别是当今发达国

---

*　本文根据欧阳康主编《文化反思与价值建构——全球化与民族精神》，人民出版社，2009，第131—142页的作者参著的内容缩写。

家凭借其经济和科技优势，在文化的载体、文化的制作、文化的传播形式和速度方面，形成强大的文化优势，使其文化产品、意识形态和价值观念的输出能力和影响力大大增强，既获取了巨大的经济利益，又对发展中国家的政治、经济、文化带来不同程度的负面影响。因此，现代竞争已不仅仅是经济、科技、国防实力的竞争，更是民族精神的竞争。[①] 当今世界，文化与经济和政治交融为一体，对内成为社会发展动力和生产力的重要组成部分，对外成为综合国力和国际竞争力的重要组成部分。中国和世界上许多民族国家都共同面临一个重大问题，即如何在世界经济全球化的过程中寻找到最适合本民族现代化发展的道路。面对经济全球化过程中不同思想文化相互激荡的现实，江泽民曾深刻地指出："世界多极化、经济全球化的深入发展，引起世界各种思想文化，历史的和现实的，外来的和本土的，进步的和落后的，积极的和颓废的，展开了相互激荡，有吸纳又有排斥，有融合又有斗争，有渗透又有抵御。总体上处于弱势地位的广大发展中国家，不仅在经济发展上面临严峻挑战，在文化发展上也面临严峻挑战。保持和发展本民族文化的优良传统，大力弘扬民族精神，积极吸取世界其他民族的优秀文化成果，实现文化的与时俱进，是关系广大发展中国家前途和命运的重大问题。"[②] 所以，弘扬和培育民族精神是应对全球化挑战的必然选择。

二 准确把握民族精神的基本内涵与特征

民族精神是一个有着丰富历史内涵的与时俱进的概念，是历史性和时代性的有机统一。作为历史的概念，中国人民的民族精神植根于中华民族数千年绵延不绝的优秀文化传统之中。在人民创造历史的过程中，中华民族以勤劳、勇敢、智慧著称于世，形

---

① 俞可平：《论全球化与国家主权》，《马克思主义与现实》2004 年第 1 期。
② 江泽民：《在中国文联第七次全国代表大会、中国作协第六次全国代表大会上的讲话》，《人民日报》2001 年 12 月 19 日第 1 版。

成了刻苦耐劳、矢志不移、雄健刚烈、自强不息，温柔敦厚、择善而从的民族性格，以及以国家、民族、乡里和家庭为重的伦理观念。在此基础之上凝结而成的民族精神反映了一个民族独特的精神气质，其基本核心则是对待民族或国家利益的态度。

在五千多年的发展中，中华民族形成了以爱国主义为核心的团结统一、爱好和平、勤劳勇敢、自强不息的伟大民族精神。一部中华民族自古至今的发展史证明了它的强大生命力。自强精神是一种具有强势张力的进取精神和斗争精神。中国古代哲人通过观测宇宙的变动不居，提出"天行健，君子以自强不息"的思想。历代英雄豪杰追寻"生当为人杰，死亦为鬼雄"的壮怀激情，力行"穷且益坚，不堕青云之志"和"穷则独善其身，达则兼济天下"的坚忍精神。在革命历程中形成的"坚定信念、艰苦奋斗，实事求是、敢闯新路，依靠群众、勇于胜利"的井冈山精神，为中国革命播撒了燎原火种。"坚韧不拔，自强不息，勇往直前"的长征精神，书写了人类历史上无与伦比的史诗。在当代，"两弹一星"精神，"铁人"精神等，更是我们民族引为自豪的以实现崇高理想和振兴中华为归依的民族精神的楷模。这些精神，是中华民族五千年伟大精神的历史延续，是中国共产党人解放思想、实事求是、与时俱进的时代创造。因而，民族精神的历史性、时代性、思想性、创造性决定了一个民族区别于其他民族的民族精神独立。

历史性是指培育民族精神要立足于中华民族优秀文化，体现新型文化、时代精神及现代化进程的民族精神。中华民族优秀文化是经过数千年的历史演变，各民族文化的碰撞、冲突、交流、融会形成的，为各民族所认可的主流文化。国家统一、民族团结、共同发展的思想观念是中华民族精神的重要特征，曾对中华民族的凝聚产生巨大影响，是维系中华民族生生不息、绵延不绝的纽带，是民族精神和情感的重要载体。民族精神是在一定历史发展进程中孕育、形成和演进的，与一定文化传统的发生、发展息息相关，是一定民族文化传统的精神支柱和守护神。人类的存在和发展是以一定的民族作为群体性单位的，民族精神既是一定民族的生产、生活方式观念的表达，也是其思维方式、价值观念和评价方式等的集中体现，具有鲜明的地域性、种族性、民族性特色，是民族内在凝聚的思想基础，也是一定民族与其他民族相区别的东西。所以，随着人类历史的发展和时代的需要，民族精神仍将在全球化舞台上存在、生长。

创造性是指培育民族精神要在继承和弘扬传统优秀文化的基础上，与时俱进、不断开拓创新。创造力是民族文化生命力乃至民族生命力的基础，文化上的保守导致人的精神上的愚昧和创造力的弱化。在经济全球化时代，大力培养人的开放性、竞争性的心态，把适应社会主义市场经济的当代民族精神推向一个新的高度。在 21 世纪适应全球化潮流、建设社会主义现代化、振兴中华的大业中，弘扬中华文化的优秀传统并赋予其新的时代精神，是培养人们树立民族自信心和爱国主义民族精神的基础。

时代性是指弘扬和培育民族精神必须适应时代发展的要求，符合时代特点和潮流。空洞的说教和不切实际的宣传，不仅毫无意义，还可能使人们产生逆反心理。改革开放形成的经济社会结构多元化，使不同层面的利益群体形成不同的文化品位和文化心态，民族精神的弘扬和培育必须与时俱进，能够满足不同层次人们的不同精神需求，并帮助人们养成与现代经济、文化、社会发展要求相适应的道德行为准则。

思想性是指民族精神应成为人们的精神支柱。在当今文化传统与现代交织、落后与先进交织、城市与乡村交织，国内历史遗留的封建腐朽思想沉渣泛起、国外形形色色的思想文化不断渗透的情况下，帮助人们牢固树立正确的世界观、人生观、价值观，牢固树立为中华民族伟大复兴奋斗的理想和坚定不移地走建设有中国特色社会主义道路的信念，引导人们增强自觉承担社会义务、履行社会责任的意识，引导人们崇尚科学、反对迷信、崇尚先进、反对落后、倡导健康文明的生活方式、诚信道德的行为方式，是民族精神的重大使命。

从民族精神的基本内涵分析，可以这样认为，中华民族精神，应该既是民族的，也是面向世界的。民族精神的特征表现在，中华民族精神渊源于中华民族五千年的文明史，民族精神是一个民族赖以生存和发展的精神支撑，是衡量综合国力的重要尺度，爱国主义是中华民族精神的核心，中华民族精神在中国特色社会主义建设实践中不断丰富和发展。① 我们要以世界眼光不断丰富和发展中华民族精神的内涵，培养人们既能够继承和发扬中华民族的优秀文化精神传统，又拥有面向世界的胸怀，能够正确吸收人类一切先进优秀文明成果；培养人们热爱祖国、时刻维护国家统一和民族尊严、国家利益高于一切、将个人荣辱得失与国家的盛衰强弱紧密连接在一起的强烈的爱国意识；培养人们充分认识竞争发展是当代世界发展的主题，自觉努力不断学习，掌握当代新知识和新技术，不断破除一切思想观念障碍，以创新卓越的精神，在各个领域进行持续不断的创新，敢于竞争的强烈的创新意识；培养人们充分认识建设强盛祖国的紧迫性，认识自己对国家和社会所承担的责任，肩负起振兴国家的历史使命感和社会责任感。

三 民族精神的弘扬与培育应
着重抓好五个方面

五十五年前，毛泽东预言中国必将以平等的地位屹立于世界民族之林，如今已成为现实，如申奥成功、成功入世、首次成功举办 APEC 会议、足球冲击世界杯胜利出线。中国在国际事务中发挥着日益重要的作用。我们不仅要阐释民族精神的历史、内涵和功能，着眼于民族精神的继承和弘扬，而且应当着眼于民族精神的未来，着眼于民族精神的培育和建设。

1. 弘扬和培育民族精神，必须以世界眼光和科学的发展观认识世界和中国

所谓世界眼光和科学的发展观，是一种历史的、开放的、全球性的文化视野，是一种着眼于历史、现实和未来的三维时空观察、认识、判断事物和处理事物的文化思维。一方面，要以宽广

---

① 欧阳康、吴兰丽：《"民族精神"的概念界说与研究思路》，《华中科技大学学报》（社会科学版）2004 年第 2 期。

的心胸气度积极汲取外来文化的精华，学习借鉴外国的先进科学技术和管理经验。另一方面，要坚持以我为主、为我所用的原则，保持中国文化的民族特色和自主发展。

首先，世界多极化、经济全球化的曲折发展，引起世界各种思想文化的相互激荡、相互影响，有吸纳又有排斥，有融合又有斗争，有渗透又有抵御。各国文化发展既互相较量和冲突，又互相沟通和融会，在交汇融通中吸收外国文化精华，由此推动人类文明的不断发展。世界是丰富多彩的，各国文明的多样性是人类社会的基本特征，也是人类文明进步的动力。中国要在各方面主动参与和积极进行国际交流，特别是文化交流，不仅要在文化交流中借鉴国外先进文化，而且要在文化交流中发展和维护自己的文化，保持自身的民族特性和文化价值。

其次，当代中国，在社会主义市场经济条件下，弘扬面向现代化、面向世界、面向未来的、科学的、大众的民族精神。在全球化背景下，必须坚持马列主义、毛泽东思想、邓小平理论和"三个代表"重要思想的指导地位，这是一个不容动摇的根本性原则。坚持马列主义、毛泽东思想、邓小平理论和"三个代表"重要思想为指导，就是要坚持实事求是、解放思想、开拓创新，紧紧把握与时俱进这一核心，根据变化了的时代特征，制定和实施体现先进生产力发展要求和社会进步的文化发展方针政策，推动中国特色社会主义文化的发展繁荣，弘扬主旋律，实现多样化，抵制和消除各种落后的、腐朽的、庸俗的、颓废的文化影响，满足人们日益增长的精神生活需求。坚持以人为本，教育和引导人们树立中国特色社会主义的理想信念，树立正确的世界观、人生观、价值观，培养高尚的思想品质和良好的道德情操。

2. 弘扬和培育民族精神，必须把以爱国主义为核心的民族精神放在首位

爱国主义是各个民族或国家在走向现代化的过程中最基本的本土资源和最核心的内在动力，是实现现代性和传统、全球化和本土化的辩证统一的思想基础。在人类历史发展的过程中，爱国主义在实质上表现为个人与国家或民族间的一种价值关系，表现

为一定民族在对待个人利益同国家或民族整体利益之间关系上所持有的根本观念和态度。爱国主义作为一个历史范畴，在不同的历史阶段具有不同的内涵，只有到了社会主义社会，才获得了全新的性质，成为一种新型的爱国主义。爱国主义作为处理个人同国家或民族利益关系的价值准则所提出的价值导向是确定的，要求个人把国家或民族利益摆在首要地位，并认定个人的价值只能在为国家或民族利益而奋斗奉献的过程之中实现。只有在这一过程中人们才能获得关于个人素质、能力、品格、发展完善标准等诸多涉及人的内在需求问题的合理解答和实现途径，而这一个过程也就是一个民族或国家的优良文化传统、民族精神得以形成和培育的历史过程。

爱国主义是民族精神的核心和民族文化的本质体现，每一个当代人在具有全球意识的同时，也必须保持自己的民族意识。以史为鉴，引导人们学习历史、了解历史、了解传统、了解中华民族历经的深重灾难和进行的英勇不屈的艰苦斗争，从而树立民族自尊心、自信心和自豪感、责任感。在保持和弘扬以爱国主义为核心的民族文化的基础上，必须克服狭隘的民族主义文化心态，必须以开放的心态面对全球化形势下的文化交融，把中华民族传统文化中的优良文化精神与大力吸收世界各国文化中的先进文明成果为我所用地有机结合起来，创造面向世界和未来的开放性的现代新型文化。① 唯有如此，中华民族才真正具有生命力，具有旺盛的创造力，才能立足世界。

3. 弘扬和培育民族精神，必须贯彻到社会生活的各个方面

通常说来，民族精神就是一个民族的文化精神，它体现在人们生活的方方面面。人们的行为方式是一定道德文化和价值倾向的表现，而弘扬和培育民族精神有利于创建先进道德文化。先进道德文化是民族精神的重要组成部分，是实现社会主义现代化所需要的精神动力的基础。大力推进社会主义道德文化建设、建立

---

① 刘文兰、刘福明：《与时俱进地开展爱国主义教育》，《光明日报》2004 年 8 月 31 日第 2 版。

社会主义思想道德体系、创建全社会成员共同遵循的价值取向和行为准则，是一项重要的任务。改革开放和社会主义市场经济体制的确立，不仅引起经济社会结构和社会生产方式、运行机制发生重大变化，同时也引起社会各阶层人们的生活方式、价值观念、是非标准、道德评判、精神状态、价值取向和行为规范的巨大转变。人们思想活动、思想观念的多样化，以及市场经济活动存在的弱点及其带来的消极影响，国内外腐朽思想文化的泛起、滋生和渗入，给人们的精神生活领域带来了一些新的问题，对社会文化领域中社会主义文化的主导地位提出挑战，在一定程度上阻碍着社会经济的健康发展。要解决这些问题，我们就必须建设社会主义精神文明，弘扬和培育强大的民族精神，培育与社会主义市场经济相适应的道德观念。要深入研究社会主义市场经济对道德建设提出的新要求，个人应承担的社会责任与社会尊重个人权益的统一协调关系，法制建设与道德建设的相互作用关系，把依法治国与以德治国有机结合起来，把发扬传统美德与促进公正竞争有机结合起来，把个人自律与社会监督有机结合起来，综合运用多种形式的宣传教育，法律法规的规范约束，行政制度的管理要求，社会舆论的监督引导等方式，加强人们的爱国主义、集体主义、社会公德、职业道德、家庭美德等方面的思想意识培育，引导人们正确处理个人与社会、竞争与协作、个人致富与共同富裕的关系，营造诚信、互助、扬善、去恶、自强不息、奋发向上的社会氛围。从而获得更加丰厚和宝贵的精神资源，形成推进中国特色社会主义建设的强大精神动力。

4. 弘扬和培育民族精神，必须具有强烈的竞争意识，发展民族文化事业和文化产业，增强中国文化竞争力

文化是孕育精神的摇篮。在全球化趋势下，文化经济所形成的文化综合竞争力在当今综合国力竞争中的地位和作用越来越突出。发达国家凭借自己的经济、科技、信息、财力优势，推动着世界文化潮流的发展，并以其价值观和思想意识在精神层面上构成对发展中国家文化存在和发展的巨大现实威胁、政治和意识形态上的严峻挑战。因此，迎接全球化浪潮对我国民族文化发展的

冲击，必须大力加强我国文化事业和文化产业的建设。弘扬和培育民族精神，具体地说，应牢牢把握各类文化阵地和新闻媒体、影视传播等主流意识形态传播载体，要重视适应社会主义市场经济发展的要求和全球化趋势特点，博采世界文化之长，大力发展健康的、积极向上的、为广大群众喜闻乐见的文化产品；制定扶持文化事业和产业发展的优惠政策，加快公益文化事业和文化产业的发展，促进文化产业与教育、科技、体育、旅游、信息等行业联动发展，努力拓展文化市场；深化文化体制改革，推动文化创新，增强文化发展活力；健全文化市场法规体系，加强政府对文化市场的引导、规范、调控和监管，坚决打击和取缔"黄、赌、毒"与迷信、邪教文化产品及西方文化垃圾，建立生产和传播健康精神文化产品、竞争有序的市场环境；完善国内文化市场和文化产业的准入政策及法规，保护我国文化安全；积极扩大对外文化交流，吸纳一切先进文明成果，发展我们的现代新型文化及产业；突出民族优秀文化特色，抓好历史文化资源的开发和利用，以现代科技及传播手段，打造中华文化的国际形象；把文化资源开发和经济发展紧密结合起来，增加经济活动中的文化内涵，开发经济文化力。充分利用我国丰富的文化资源，以文化经济项目为载体，推进人文资源优势向经济优势的转变，促进文化和经济的良性互动，并大力开拓国际文化市场，增加中国文化竞争力，为全面建设小康社会服务。①

5. 弘扬和培育民族精神，必须相信群众，依靠群众，不断创新

创新精神是改革开放时代的当然需要。改革就是创新，改革需要创新，这是必然的。在当今经济全球化迅速发展，知识经济与信息时代联袂而来的背景之下，进一步激励创新精神更有特别重要的意义。经过二十多年的艰苦努力，中国已经在经济和科学技术的发展等方面明显缩小了与发达国家的差距。但是，中国还是一个发展中国家，要在更多的方面迅速接近世界的前沿，并继

---

① 刘云山：《高扬先进文化的旗帜　推动中国特色社会主义文化的发展繁荣》，《人民日报》2002 年 12 月 11 日第 5 版。

续促进国民经济的稳定高速发展，也需要增强创新能力。创新是一个民族进步的灵魂，同时也是一个国家、一个地方经济和社会发展的不竭动力，必须相信群众、依靠群众，充分尊重群众的首创精神，广泛动员群众支持改革、投身改革、推动改革，才能使中国民族精神发扬光大。我们党八十多年的一切奋斗，无论是战争年代浴血奋战推翻"三座大山"，无论是建立社会主义制度、开展大规模的社会主义建设，还是进行社会主义改革开放和现代化建设，归根到底都是为了实现好、维护好、发展好最广大人民的根本利益。社会主义建设过程中只有坚持群众路线，才能保持党与人民群众的血肉联系；才能集思广益，制定正确的路线方针和政策，才能保证路线方针政策的贯彻和执行，才能发挥广大群众的积极性和创造性。

民族精神作为社会和各行各业中起支配作用的精神理念，要通过全体社会成员的自觉实践才能逐步形成并不断升华。只有广大群众对民族精神概念、理念在心理上认同、在实践上身体力行，才能使民族精神对广大社会成员真正发挥影响和作用，而不是停留在口号上。因此，弘扬和培育民族精神，建设社会主义精神文明，必须相信群众，依靠群众，必须和各级党、团组织建设、廉政建设、政府职能转变、社会信用体系、企业经营管理创新、加强干部队伍建设有机结合起来，使以爱国主义为核心的团结统一、爱好和平、勤劳勇敢、自强不息的伟大民族精神理念融入各行各业各部门单位的日常工作和经营管理活动之中，逐步转化为中国各民族人民的自觉行动，为社会主义现代化建设做出贡献。

4 下岗职工与社会保障

下岗职工基本社会经济状况分析[*]

国有企业改革以工人下岗失业为代价已是不争的事实，并且这个代价是不可不付出的，党的十五大报告已明确了这一点。但如此庞大的失业大军对社会将产生怎样的冲击，将产生怎样的社会问题？这是当前社会急需深入了解和把握的，以便制定对策，把失业带来的各种社会问题对社会稳定的不良影响减少到最低限度。

本文对下岗职工基本状况的描述基于 2000 年 7 月在武汉市武昌积玉桥街街道（原武汉印染厂、武汉国营第六棉纺厂等纺织行业职工家属区所在地）、武汉钢铁公司职工家属区、武汉汽车标准件厂职工家属区进行的调查；发放问卷 600 份，有效问卷 576 份；调查对象为下岗职工和下岗后又找到工作的职工。此次调查资料主要为本课题中的下岗职工社会保障现状及问题研究提供部分实证资料。

一　下岗职工的基本特征

下岗职工这一群体的基本特征可从表 1 分析得到。

性别特征分析：女性多于男性，下岗职工中女性占 61.1%，男性为 38.9%。

年龄特征显示：中年人居多，年轻人较少，其中 25—35 岁以下的有 20.1%，35—45 岁以下的占 57.3%，45 岁以上的占 13.9%，整个下岗职工的平均年龄为 39 岁。

---

[*] 本文根据作者主持的教育部人文社会科学研究"九五"规划项目"国有企业下岗职工社会保障研究"（98JAQ840004）结题报告第 19—25 页的内容撰写。

健康状况显示：健康状况良好和一般的下岗职工分别为39.7%和48.8%；不太好的有8.7%，很差的仅2.8%。

文化程度显示：下岗职工的文化程度普遍偏低，初中毕业及以下的占71.4%，大专以上的只有3.1%，高中和大专文化程度的人有25.5%。

职业特征显示：下岗职工大多是技术性生产工人和体力工人，管理人员和专业技术人员极少。其中技术性生产工人占39.2%，体力工人占24.3%，服务业工人占25.2%，企业管理人员和专业技术人员为11.3%。

担任职务情况：下岗职工在岗时为班组长的占10.9%，是车间干部的有6.1%，而没有担任职务的职工占83.0%。

婚姻状况显示：未婚64人，占11.1%，已婚480人，占83.3%，离婚的较少，仅占1.6%，其他占4.0%。

政治面貌显示：党员占8.3%，团员占13.4%，普通群众占78.3%。

下岗职工群体个人特征的特点：下岗职工中女性多于男性、以中年人居多，下岗职工的文化程度普遍偏低、初中毕业及以下的人员居多，下岗职工中普通群众较多。因而，下岗职工社会资源缺乏、政治觉悟不高、社会权力少、个人负担重等特点使他们在重新择业过程中处于劣势地位。年龄偏高的他们生活保障状况如何，是研究者所关心的重要方面之一。

表1　下岗职工的个人特征

单位：%

基本特征		频数	百分比
性别特征 （N=576）	男	224	38.9
	女	352	61.1
年龄特征 （N=576）	25 岁以下	50	8.7
	25—35 岁以下	116	20.1
	35—45 岁以下	330	57.3
	45—59 岁以下	80	13.9

续表

基本特征		频数	百分比
健康状况 （N=576）	良好	229	39.7
	一般	281	48.8
	不太好	50	8.7
	很差	16	2.8
文化程度 （N=576）	初中及以下	411	71.4
	高中及大专	147	25.5
	大专以上	18	3.1
职业特征 （N=576）	体力工人	140	24.3
	服务业工人	145	25.2
	技术性工人	226	39.2
	技术和管理人员	65	11.3
担任职务状况 （N=576）	班组长	63	10.9
	车间干部	35	6.1
	没担任过职务	478	83.0
婚姻状况 （N=576）	未婚	64	11.1
	已婚	480	83.3
	离婚	9	1.6
	其他	23	4.0
政治面貌 （N=576）	中共党员	48	8.3
	共青团员	77	13.4
	普通群众及其他	451	78.3

二 下岗职工的生活状况

下岗职工生活质量的高低取决于他们的收入，按照马斯洛的需要层次论，大部分的下岗职工的需求处于较低层次——生理需要，衣、食、住是他们辛勤劳动的奋斗目标，安全需要、爱与归属的需要反而变得次要起来，要求自我实现和别人尊重的下岗职工凤毛麟角。下岗职工的收入基本只能满足各种物质生活资料的需要，他们在为生存而奔波。调查中，我们主要设计了下岗职工个人收入、家庭收入、生活支出、住房条件、闲暇生活和家庭生活等指标来描述目前下岗职工的生活状况。

个人收入。下岗职工的个人收入主要来自原单位发的生活费和从事新职业的收入。调查显示只有 35.2% 能够领到生活费，生活费最低 50 元/月，最高也只有 300 元/月，全部下岗职工人均生活费收入是 63.9 元/月。从事了新职业的下岗工人的平均收入为每月 456.7 元，如果把没有新工作的下岗工人计算在内，则整个下岗工人的平均收入为每月 215.7 元。因此下岗工人个人平均收入为 279.6 元/月

家庭收入。调查显示，下岗职工每个家庭的总收入为 615.8 元/月，每个家庭的平均人数为 3.5，每个家庭成员的人均收入为 175.9 元/月。我国 1996 年年底居民最低生活费用标准为人均月收入 164.3 元，根据恩格尔系数法预测，我国 1997 年居民最低生活费用标准为人均月收入 175.8 元，下岗职工的收入略高于这一水平。

生活支出。83.0% 的下岗职工家庭的支出等于收入，12.1% 的下岗职工家庭的支出大于收入，仅 4.9% 的下岗职工家庭的支出小于收入。支出中伙食占 63%，人均每月 110.9 元；用于穿的占 10.7%，人均每年 225 元。从下岗职工的消费开支结构来看，大部分下岗职工的收入用于满足基本生活。

住房条件。被调查的下岗职工的住房面积为 7.85m^2。全国居民人均住房面积，1995 年就为 7.9m^2，而武汉市人均住房面积高于全国平均水平，因此下岗职工对住房不怎么满意：没有一人认为自家住房属于上等，8.7% 的人认为属于中上等，43.5% 的人认为属于中等，24.6% 的人认为属于中下等，23.2% 的人认为属于下等；因此无一人对住房感到"很满意"，"较满意"的也只有 26.1%，大多数人觉得一般，占 42.4%，17.0% 的人不太满意，14.5% 的人很不满意，见表 2、表 3。

表 2 武汉市下岗职工对自己住房的评价 N = 576

单位：%

等级选项	频数	百分比	有效百分比
上等	0	0	0
中上等	48	8.3	8.7
中等	240	41.7	43.5
中下等	136	23.6	24.6
下等	128	22.2	23.2
缺省值	24	4.2	
合计	576	100.0	100.0

表 3 武汉市下岗职工对自己住房的满意程度 N = 576

单位：%

满意度选项	频数	百分比	有效百分比
很满意	0	0	0
较满意	144	25.0	26.1
一般	234	40.6	42.4
不太满意	94	16.3	17.0
很不满意	80	13.9	14.5
缺省值	24	4.2	
合计	576	100.0	100.0

闲暇生活。闲暇生活可以调节人的心理、情绪，缓解压力，闲暇生活的内容对整个生活质量有十分重大的影响。下岗职工的旅游（包括郊游）发生了较大变化，表 4 显示职工下岗前的旅游活动多于下岗后。

表 4 武汉市下岗职工旅游变化情况 N = 576

单位：%

旅游状况	下岗前	下岗后
经常	21.3	1.6
有时	35.2	10.2

续表

旅游状况	下岗前	下岗后
很少	40.1	23.5
没有	3.4	64.7

家庭生活。夫妻关系的好坏决定着家庭生活质量，下岗职工因为工作、收入等所产生的负面情绪和心理的发泄而引起夫妻关系紧张。调查显示，下岗后，下岗职工家庭夫妻之间为钱而闹意见，为家庭琐事而发生争吵的现象明显增加，因此78.8%的人认为下岗前夫妻关系比现在要好。在对"总的来说，你对目前自己的婚姻生活满意吗"这一问题，回答"很满意"的占1.4%，回答"比较满意"的占9.7%，回答"一般"的占83.3%，回答"不太满意"的占5.6%，回答"很不满意"的没有。

三　下岗职工的社会态度

社会态度（social attitude）是主体对外界事物一贯的、稳定的心理准备状态或一定的行为倾向。1862年美国心理学家斯彭斯最早注意到态度现象，并认为它是一种先有之见；1885年，丹麦社会心理学家朗格在关于情绪的实验中发现，被试者有思想准备和无思想准备，对刺激物的反应不一样；美国社会学家托马斯与兹纳尼茨基在《波兰农民在欧洲和美国》（1909）一书中首次使用态度概念。

在社会心理学中对社会态度有不同的理解，美国社会心理学家瑟斯顿和奥斯古德将态度视为评价或情感性反应；奥尔波特把态度看作心理的神经的准备状态；社会认知理论认为影响人们社会认知的至少有三类因素——认知者自身因素、认知情境因素（如认知发生的关联背景等）、认知对象因素（如认知对象的社会意义或表现、展现状况等）。[1] 认知论者将态度看作由认知的、情

---

[1]　13所高校《社会心理学》编写组：《社会心理学》，南开大学出版社，1996，第117—121页；时蓉华：《社会心理学》，上海人民出版社，2002，第177—182页。

感的、行为的三种成分构成的一个整体，是对态度对象的理解、情感和行为的相互关联的比较持续的、某一个人内部的系统。认知成分是主体对态度对象的认识和评价，是人对于对象的思想、信念及其知识的总和。情感性成分是主体对态度对象的情绪的或情感性体验。行为倾向成分是主体对态度对象向外显示的准备状态和持续状态。这三种成分各有自己的特点，认知成分是态度的基础，其他两种成分是在对态度对象的了解、判断基础上发展起来的；情感性成分对态度起着调节和支持作用；行为倾向成分则制约着行为的方向性。

本研究社会态度主要是指下岗职工对下岗、企业发展、政府对下岗人员保障工作等外界事物的认知和态度倾向。

1. 对下岗的态度

本研究分别从下岗方式、下岗数量、下岗后存在的问题、下岗的感受、下岗原因等方面进行测量，调查结果如下。

①下岗方式。从下岗的性质来看，工人下岗的方式有内退、放长假、"两不找"、协议下岗、病退拿劳保等，其中内退最多，占1/3最多，见表5。

表 5　武汉市下岗职工的下岗方式　N = 576

单位：%

类别 人数	停薪留职	内退	放长假	病退拿劳保	协议下岗	"两不找"	其他
人数	160	192	128	16	16	48	16
百分比	27.8	33.3	22.2	2.8	2.8	8.3	2.8

从是否自愿的角度来看：停薪留职、内退、放长假，共计83.3%是非自愿的；"两不找"、病退拿劳保、协议下岗、其他，共计16.7%的人是自愿下岗的。

②对下岗人数的看法。52.8%的人认为本单位的下岗职工很多，41.7%的人认为本单位的下岗职工不太多，仅5.5%的人认为其所在单位的下岗职工较少。

③下岗后存在的问题。27.8%的人认为下岗后存在的最大问

题是生活艰难，44.4%的人认为是再就业困难，而11.1%的人则是"心理上无法接受"，但也有16.7%的人认为没有什么问题。

④对下岗的感受。34.4%的人对下岗无所谓，27.8%的人不舒服但可以接受，31%的人对此愤愤不平，仅6.8%的人感觉不错。

⑤下岗前后主观感受的差异。50.0%的人认为下岗与在原单位上班差不多，36.1%的人认为下岗比在原单位上班差，认为下岗后更好的占13.9%

⑥对下岗原因的认识。大多数下岗职工把他们下岗的原因归咎于企业的内部因素，其中37.8%的人认为领导班子有问题，37.8%的人认为企业管理机制有问题，16.6%的人认为国家政策不合理，还有一些人认为是资金困难、社会风气不好等原因。

2. 对企业发展的态度

下岗职工大多充满了危机感，但对于原单位的前途和国有企业改革，大多持观望态度。

认为原单位前途有希望的下岗职工仅占13.9%，认为原单位没有希望的占19.4%，而66.7%近2/3的人则认为难以预测。

72.4%的人认为国有企业改革是否成功难以预测，认为国有企业改革会成功占15.5%，认为不会成功的人占12.1%。

3. 对政府工作的态度

调查表明下岗职工对政府工作的评价大多持否定态度，在对"你认为政府对下岗职工的生活关心得怎么样"的回答中，仅有3.7%的人认为"很关心"，5.9%的人选择的"比较关心"，而认为"关心不够"的占79.6%，此外尚有10.8%的人认为政府根本不关心他们的生活。

以上的资料显示下岗职工对社会和政府的工作持一种比较否定的态度，这易于使他们产生被遗弃的感觉，也易于促使他们从原来的阶层和群体中分化出来，而形成一个新的社会阶层和许多新的群体，从而加速社会分化。

对社会、政府失望必然带来另一个后果，即社会压力的增加。在缺乏正常的发泄压力的情况下，下岗工人可能会集体以一种非正常的渠道将压力发泄出来，造成集体越轨犯罪或个人越轨犯罪。

一些地方的下岗工人集体上访的频率增多说明了这一点。

四 下岗职工的社会援助与社会保障

1. 社会援助

下岗职工受到的社会援助主要是亲戚、朋友的帮助，此外还有政府补贴。从调查看，下岗职工受到的社会援助不多，72.2%的人认为没有亲戚给他们帮助，只有27.8%的人认为亲戚曾帮助他们，亲戚的帮助中60.1%是精神上的鼓励，29.7%是物质上的支持，10.2%的亲戚帮助其寻找新的就业机会。

没有受到朋友帮助的人亦占72.2%，且朋友的帮助也是精神上的鼓励居多，占52.5%，朋友在寻找就业机会上给予过帮助的占29.5%，朋友给予了物质上支持的占18.1%。

得到过政府补贴的下岗职工极少，仅占5.6%，从下岗职工的收入和生活状况来看，政府可以给予困难补贴的在25%以上。

2. 社会保障

社会保障主要从医疗保险、养老保险、失业保险三方面进行测量。

①医疗保险。在对"你现在的医药费是否能报销，报销渠道"这个问题的回答中，没有一个人的医疗费是原单位全部报销，61.1%的人是原单位部分报销，5.6%的人是"社会统筹"，22.2%的人没有地方报销，11.2%的人选择"其他"，见表6。

表6 下岗职工医药费报销情况 N=576

单位：%

	医药费报销情况					
	原单位全部报销	原单位部分报销	社会统筹报销	没有地方报销	其他	合计
人数	0	352	32	128	64	576
百分比	0	61.1	5.6	22.2	11.1	100.0

②养老保险。养老保险的社会化程度仍不高，国有企业仍承

担着这个重担，当这些国有企业效益不好或濒临破产的状况时，下岗工人对他们今后的养老金问题十分担心，只有 1/3 的人认为其养老有着落。

③失业保险。下岗工人的失业保险金是以生活费的方式发放的，但也由企业承担，因此只有 35.2% 的人能领到生活费。

从下岗工人的医疗、养老和失业保险来看，我国当前的社会保障体系很不健全，基金缺乏、保障范围太狭窄、很不稳定，下岗工人正是由于经历所受的保障由铁桶般的牢固到拥有极少，对今后的生活十分担心和不安，他们下岗之后最渴望的是生活保障。

五 下岗职工的再就业状况

1. 再就业率

下岗职工的再就业率 =（再就业人数/下岗职工人数）× 100%。武汉市下岗职工再就业率为 47.2%，其中女性为 22.7%，男性为 85.7%，见表 7。

表 7　武汉市下岗职工再就业率　N = 576

单位：%

性别	人数	再就业人数	再就业率
男	224	192	85.7
女	352	80	22.7
总人数	576	272	47.2

2. 再就业的职业结构与收入

有了新职业的 272 人中 7 人进了机关、事业单位；26 人成为企业管理人员；32 人成为专业技术人员；47 人成为技术性生产工人；48 人成为体力工人；从事个体工作的 112 人。在从事个体工作的 112 人中，42 人是有执照的个体经营户，70 人是无执照的个体经营户；34 人开饮食摊，8 人开小店，12 人开三轮车，36 人摆地摊，22 人干零活及其他职业，见表 8、表 9。

表 8　武汉市下岗职工再就业的职业结构（1）　　N＝272

单位：%

	职业					
	机关事业单位	企业管理人员	专业技术人员	技术性生产工人	体力工人	个体户
人数	7	26	32	47	48	112
百分比	2.6	9.6	11.8	17.3	17.6	41.1

表 9　武汉市下岗职工再就业的职业结构（2）　　N＝112

单位：%

	个体经营种类				
	开饮食摊	开小店	开三轮车	摆地摊	其他
人数	34	8	12	36	22
百分比	30.4	7.1	10.7	32.1	19.7

再就业工人的收入差距很大，最低的为 80 元/月，最高的却达 5000 元/月，后者是前者的 62.5 倍，但人均收入为 456 元/月。

3. 再就业意向和要求

在对"你愿意再就业吗"问题的回答中，61.6% 的人选择了"很愿意"，32.8% 的人选择了"无所谓"，回答"不太想"的只有 5.6%。

从下岗职工对重新就业的主要要求来看，选择"专业对口"只有 2.8%，选择"待遇不太低"的占 22.3%，15.6% 的人希望有福利保障，5.6% 的人希望新职业有发展前途，51.1% 的人则无要求。

从下岗职工的就业意向来看，47.2% 的再就业率并不算太低，因为只有 61.6% 的人有强烈的就业意向，而剩下的 38.4% 的人则对再就业抱着无所谓或不太愿意的态度，并且 51.1% 的人对新职业无任何要求。由此可以推出，当前下岗职工对工作问题的不满情绪不会太严重，这是个值得深入探索的问题。

综上所述，下岗职工不管是在社会地位、社会权力、社会资源、社会关系、社会援助和社会保障等方面，还是在生活方式、生活质量、生活感受、社会态度和社会心理、社会意识等方面，都有比较一致的一面。他们有着共同的利益取向、共同的情感、相互之间也比较认同，由此我们可以把他们看作一个社会利益群体。这个群体的大部分成员在城市工人群体的各阶层处于下层，他们的危机感、被剥夺感和孤独无援的情绪是影响社会稳定的不良因素。对下岗职工进行深入研究的重点便是建立怎样的社会机制，采取怎样的策略去消除或消减他们的不良心理、不满情绪和某些不合时宜的传统观念。因此，首先要解决大部分下岗工人的生活问题，使他们的生活质量不因下岗而下降；其次要缩短下岗工人失业状态的时间。改革是市场经济的需要也是产业结构调整的需要，工人由第一、第二产业向第三产业的结构性流动是现代化、城市化的必由之路，要扶持他们学习新的职业所需的技能；再次培养积极的就业观念。

转型期下岗职工经济支持
理性化模式初探[*]

　　经济支持有广义和狭义之分，本文使用的是狭义概念，指给职工及其家庭提供日常消费的经济来源。经济支持是个人支持和社会支持的混合体。个人支持是指个人自身提供自己所需要的日常消费；社会支持是指社会总体对脆弱群体或者说弱势群体提供的救助和服务。经济支持的强弱是与社会成员所拥有的资源多少，政府、社会的救助程度紧密相关的。

　　下岗职工作为市场经济条件下的一个弱势群体，其特点不同于"三无"人员以及残障人士，它的出现有其历史和现实的原因，也有自身独特的特点，其主要特征是：年龄偏大，主要集中在30—45岁；以女性居多，家庭抚育负担重；文化程度低，是技术单一或是从事熟练工种的劣势劳动力；拥有社会资源少；等等。这些特点使其在激烈的市场竞争中处于劣势地位。同时，部分下岗职工的基本生活难以保障，使城市贫困人口增多。下岗职工的出现改变了中国城市贫困结构的构成。因此，正视下岗职工生存状况、给予正确有效的生活保障便成为一个突出的问题。正如《中共中央国务院关于切实做好国有企业下岗职工基本生活保障和再就业工作通知》中所强调的那样，"妥善解决国有企业下岗职工基本生活保障……不仅是一个重大的经济问题，也是重大的政治问题，不仅是现实的问题，也是关系长远的战略问题"。从这个意

---

　　* 本文根据作者主持的教育部人文社会科学研究"九五"规划项目"国有企业下岗职工社会保障研究"（98JAQ840004）结题报告第48—53页的内容撰写。部分内容原载《华中理工大学学报》（社会科学版）2000年第2期，与胡仕勇合写。

义上说，研究下岗职工的经济支持状况，研究个人支持和社会支持中提供经济支持的各方面因素，对于保证下岗职工停业期间的基本生活、促使下岗职工尽快就业、减轻国家和企业的负担、保持中国社会稳定、促进社会经济发展，有着十分重要的现实意义。

一 建构经济支持理性化模式的价值取向及其功能选择

随着我国市场经济日益推进和深入发展，国有企业作为下岗职工经济来源的主体，已不可能完全负担所属下岗职工的基本生活，因此需建立新的多层面的经济支持结构体系，具体来说：首先从与下岗职工经济生活存在内在逻辑关联的社会层面着手来探讨构成一个经济支持理性化模式的理念选择；其次分析经济支持理性化模式的功能目标；再次从以上两方面的分析结果来构建经济支持理性化模式。

首先，构建经济支持理性化模式的价值理念应考虑以下因素。

第一，现实运行的经济体制原则。我国已由计划经济转向市场经济，经济体制的理念已发生重大变化。一般来说，计划经济是行政经济，市场经济是竞争经济。这种转变强调竞争个体的主体性，因此，在理性化模式中个人自身支持即个人自救不可少。同时也只有个体参与竞争才可能产生效率，这就决定了理性化模式建构的效率原则，即促进下岗职工积极参与竞争。

第二，资源分配的原则。随着计划经济向市场经济转型，资源分配也在发生变化。计划经济的资源分配是平均分配，而市场经济的分配原则是效率优先、兼顾公平。对于利益结构调整过程中的社会成员来说，经济体制改革的任何举措都会打破既定利益结构的平衡与稳定。国有企业的改革、富余人员的下岗，与人们的切身利益密切相关。要提高效率，就更是如此。对于市场经济中的"理性"人必须给予一定的激励，资源分配便是激励机制内容之一，我国已由过去的吃"大锅饭"向按劳分配即劳动自致的理念转换。这就决定了市场经济中的人只能是通过自身的奋斗、劳动等方式来获得社会的报酬。同样，下岗职工更是需要通过自身的努力、奋斗来获得保障自身生活的收入，个人自身支持不可少。

第三，下岗职工在市场经济中的定位分析。下岗职工是在计划经济向市场经济转型过程中出现的一个特殊群体。它不同于失业群体，失业群体表现为与原工作单位解除劳动关系。而下岗职工仍同原企业保持劳动关系。因此，对下岗职工提供经济支持的主体，包括下岗职工所属企业。下岗职工群体是时代的产物，而单就某个人而言，"他"之所以会下岗在很大程度上是因为"他"的劣势竞争力。因此下岗职工群体是在转型期出现的一个新的弱势群体，其弱势状态主要表现在以下两个方面：一是以个人自然特征分析，下岗职工一般年龄偏大、文化程度低、技术单一、社会资源少，女性居多；二是从个人心理特征分析，下岗职工中多数人传统的"以厂为家"的观念根深蒂固，对原属企业具有强烈的依赖心理，自我保障心理微弱，承受风险能力差，对重新择业缺乏应有认识。同时，应该承认，富余人员下岗是国家产业结构、经济结构、所有制结构调整和优化的结果，并不完全是市场经济条件下的优胜劣汰。特别是国企职工，在岗时接受的是行政经济资源分配的安排，拿的是低工资，劳动价值的大部分为国家和社会做出了贡献，他们在经济上没有承担风险的储备基金。他们为国家建立现代企业制度做出了牺牲，为国有企业的改革做出了牺牲，国家和社会都有责任给予下岗职工一定的经济支持。

以上三个主要的因素，决定了经济支持理性化模式是基于个人自身支持和社会支持相结合的一个混合结构体系。其混合的特性体现在它不是单方面，不只是个人支持或者是社会支持。在目前市场经济竞争中强调以效率为主、劳动自致的条件下，弱势群体只有通过自身的支持和获得适当的社会支持，同时，尽快重新"上岗"，才能实现自我价值并为社会做出新的贡献。

经济支持体系的建立是为了解决下岗职工问题，为了给国有企业的发展创造更宽松的环境，其功能主要作用于三个方面。

①保障下岗职工基本生活。生存和安全是人的首要需要，主

要应该通过自致来满足，即文中所说的个人自身支持。同时我们也清楚地看到下岗职工作为市场中的一个弱势群体，竞争力差使个人自身支持具有无法发挥功能的可能性，相应地需要一个比个人自身支持更高一级的支持——社会支持。社会支持中的经济支持，即多方位出资，建立基本保障系统。因此它可以成为下岗职工生活的基本经济来源，满足下岗职工的基本需要。

②社会稳定。作为一个系统，保持良性运动和协调发展是社会的理想状态。但事实上，社会的运作有其自身的规律和特点，不可能完全按照人们的理想设计来运行，诸如我们所提出的"弱势群体"的存在是任何社会所不可避免的。

显然，如果一部分社会成员的基本生活得不到满足，社会就有可能因失调而出现动荡。为使社会稳定和谐地发展，社会需借助一定的手段去满足这些成员的基本需求。从这个意义上说，经济支持系统的主要功能之一是发挥社会的稳定机制作用。

③有助于减轻企业负担和国有企业发展。如前所言，下岗职工的待岗工资是他们经济收入的主体，而待岗人员工资同时也给企业背上了一个沉重的经济负担。企业在财力有限时，常会出现"两难"局面：一是确保下岗职工的基本生活费，二是为求得企业发展又需大量资金。从多渠道寻找保证下岗职工基本生活的来源，可有效缓解"两难"局面，减轻企业负担，确保企业的发展。

二 经济支持理性化模式的构成及其分析

1. 理性化模式的构成

从价值取向和功能出发，经济支持理性化模式包括个人支持层面和社会支持层面两大部分。所谓理性化模式，本文是从对下岗职工形成经济支持的经验层面，通过归纳和类比的方法，通过对经济支持的来源与下岗职工之间内在关系的逻辑分析建立的。个人支持主要指个人自身对经济支持的提供，而社会支持则来自社会总体。按照美国柯恩和阿拉托将社会三分为国家/市民社会/经济领域的划分方法，我们把社会支持划分为国家支持、市民社会支持和经济领域支持。经济领域主要指企业支持，市民社会支持又可细分为私人领域支持和组织化领域支持等。私人领域支持可从社会网（指个人社会关系中相对稳定的关系）这个角度去考察，它基本覆盖了私人领域所有范围。在组织化领域的考察，我们用社区和社团作为代表，因为它们体现了组织化领域的基本特征（有组织、民间自发、成员主动性强、有共同的利益等）。

综上所述，下岗职工经济支持理性化模式可被建构，如图1。

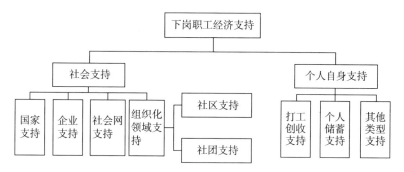

图1 下岗职工经济支持理性化模式建构图

2. 理性化模式分析

模式的建立基于各支持层面与下岗职工经济支持之间的内在逻辑关系，这是模式分析的关键所在。它不仅体现了模式的"理性化"，同时也是分析其特点的基础。

所谓内在逻辑，主要指两者的关联关系和内在的可能性。对其特点的分析主要集中在支持范围的广泛程度、支持者与被支持者的关系强度状态、其现实表现形式、支持的方式和手段等。

①个人自身支持的分析。市场经济和资源分配的理念说明个人在社会中被假设为具有主体地位，因此个人要支持自身生存和发展。另外，下岗职工的弱势群体的定位并不等于他们没有竞争力，因此个人支持必然成为其经济支持的一个方面。

个人支持自身生存的现实形式一般为吃储蓄，通过打工、摆地摊、炒股、从事服务业等不稳定工作获取收益。因自己支持自己，关系强度大。

②国家支持的分析。政府介入社会支持领域主要是由于市场

机制在社会支持上难以发挥有效作用。社会支持从本质而言，属于一种社会福利，在经济学上被称为"优效产品"。它属于公共物品范畴，具有明显的外部性、消费者非排他性和消费行为的非对抗性。而市场机制恰恰相反，它是建立在商品交换的等价原则之上的，因此只有那些具有可排斥的商品才能交换，故市场原则下公共产品的交换难以产生，虽然存在需求，但没有市场供给。这时政府必然介入，补充市场的缺陷，于是国家介入成为必然。

其特点为：政府的支持范围广、组织化程度高、支持者与支持对象的关系强度弱。其现实形式是社会救助和社会保险。

③经济领域（企业）支持的分析。企业作为市场经济中微观领域运作的主体，给予下岗职工经济支持似乎没有什么内在逻辑而言，但是从国有企业发展和中国现实社会结构的角度而言，它们之间的内在逻辑是很强的。从中国社会现实结构而言，"单位制"的存在不可忽视。各种"单位"是中国当代社会的细胞，社会成员依赖或隶属于某一"单位"。对于个人而言，只有进入某一单位或依靠某一单位，才能具体实现自己的社会地位以及经济收益等。就国有企业的发展历程而言，国有企业在计划经济的指导下一直执行着高积累、低工资、高福利，工人创造的财富主要用于企业的发展与建设；而在市场经济条件下，企业为轻装高效地走入市场，谋求自身发展，采用"下岗"的方式，削减冗员，下岗工人为此付出了代价，他们理应受到企业的支持和扶助。

从上述分析中，我们不难发现企业支持的范围较窄、仅限于本企业之内、组织化程度较高、关系强度高。其经济支持的现实形式为支付待岗工资或发给生活费等。

④个人社会网支持的分析。社会网可以按形成的原因划分成不同的类型，诸如血缘关系、亲戚关系网络、业缘关系网络、地缘关系网络等。它们具有的一个共同特点就是彼此之间的信任。经济行为嵌入社会结构，而核心的社会结构就是人们的社会网络，嵌入的网络机制就是信任。在经济领域中最基本的行为就是交换，而交换的行为得以发生的基础是双方必然建立某一程度的相互信任。因此，在下岗职工的社会网中才可能会有人主动向下岗职工

给予经济支持。

显然，支持关系存在的基础是支持者和接受者之间的初级关系。这种关系在形式上是松散的，支持范围较窄、仅局限在某个社会网中、关系强度大，其中尤以血缘关系网络关系最强。

⑤组织化领域支持的分析。组织化领域有一个基本特点就是成员间存在共同的利益。为扩大该领域的集体利益，领域内成员有可能为弱势者提供经济支持。以社区为例，社区中邻里互动时，人们总会特别关心和帮助那些弱势者，同时也表现在社区中的社会互助。

其主要特点为：有组织，关系为一种次级关系；其支持的范围有限制，主要局限在本社区和本社团内；在现实中其表现形式为居委会、妇联、工会等；其支持的来源为邻里帮助、街区经济组织的盈利、社团的募捐和活动经费等。

三　经济支持理性化模式运行的条件和机制

通过对经济支持理性化模式中各经济支持层面的支持范围、关系强度、组织化程度等特点的分析，我们可以认为多渠道经济支持结构的探讨是建立在各经济支持层面特点基础之上的。要使经济支持理性化模式功能得以发挥，就要使各经济支持结构渠道畅通。

1. 切实完善最低生活保障制度

这是保障下岗职工基本生活的切实需要。这一制度的完善可从两方面解决：一是通过单位，发放待岗工资；二是亏损单位发不出待岗工资的，政府要进行救助即形成国家支持。若待岗工资没有达到最低生活保障线仍需政府救助补齐。据《中共中央国务院关于切实做好国有企业下岗职工基本生活保障和再就业工作的通知》的精神，下岗职工基本生活保障由财政预算、企业负担、社会筹集（包括从失业保险基金中调剂）共同承担。因此做好完善下岗职工基本生活保障即最低限度保障他们生活在最低水平之上，要通过两个支持：企业支持和国家支持。因此这个问题也就转换为企业支持和国家支持功能的完善性问题。这不仅要求企业与国家高度重视这个问题，并且在资金的筹措、到位上要有章可循，要有制度保证。

2. 大力发展社区救助，完善社区服务

社区是中国未来解决许多社会问题的重要场所，可以把一些社会问题局限在区域之内。英国社会保障向"社区照顾"上发展便是成功的先例，不仅减少国家的许多预算，还可防止许多"福利病"。对于中国而言，社区经济很有发展前途，不仅可以帮助社区提高其整体利益从而帮助社区的弱势者，而且还可以减少企业和国家的负担。社区和社团的整体利益对其成员有很大的吸引力，其关联强度高，所以社团也有条件转变其职能，参与社区服务，扶助下岗职工重新自立。发展社区救助、完善社区服务，就得完善社区和社团的职能、实现其职能的转换（由管理向服务转变）。这样才会促使其成员扶助下岗职工中的贫困者。另外还得使社区的管理层知识化、年轻化，以适应新形势的需要，保障其职能有效地发挥，国家也要给予政策扶持与引导以促进社区服务的发展。

3. 国家要充分利用现有资源，进行舆论引导和立法建设

舆论引导主要是引导两个方面：打零工；家庭保障。由于两者都是社会控制中未能涉及的层面，我们要进行积极舆论引导。正如前面所谈到的，家庭与被支持者的关系强度高，给予经济支持比重大，这些隐性支持的因素给予充分的引导和鼓励，也可解决部分问题；虽然下岗职工再就业难，但打零工的条件还是具备的，因此国家要正面地积极引导，使他们早日脱困。

另外，对于下岗职工而言，最大且最有组织的安全网非社会保障莫属。而社会保障自身功能并不健全，原因是多方面的，其中重要原因之一是法制体系建构不健全。到目前为止，《社会保险法》《社会救助法》《社会福利法》等基本的社会保障法律仍未出台，这表明社会保障法律体系还未建立，法律建设的任务十分艰巨。这种局面如不尽快改变，新制度还很难进入确定的正常发展阶段，其功能的发挥必将大打折扣。

综上所述，下岗职工经济支持模式在现实的运行中，应以个人支持、企业支持、社会支持、家庭支持为主体，而不是仅仅以企业支持为主体。我们应充分调动社区资源、发展社区经济、开展社区救助、完善最低生活线以及失业保障等社会保障制度，积极引导下岗职工劳动自救，加快进行社会保障的立法建设。

下岗职工的社会保障建构[*]

社会保障作为一种社会经济制度，是社会经济发展到一定阶段的产物，并随着社会经济的发展和自身实践活动的发展而不断变化。完善的社会保障体系作为现代化社会的一个重要标志，在社会经济运行中起着"减震器"和"安全网"的作用。因此，社会保障制度的建立对那些在市场竞争中的失败者或失去劳动能力者或因其他原因形成的贫困者给予物质帮助，并使他们能够获得重新参与竞争的机会的重要作用是毋庸置疑的。

针对各地区、各行业国有企业、集体企业职工失业、下岗具体情况的不同，中央及地方政府采取了统筹考虑、分而治之的综合治理策略，对城镇失业人群进行分解，设计、实施了"三条保障线"，即国有企业下岗职工基本生活费、失业救济金和城镇居民最低生活收入。从而构成了对城镇职工、居民的三道保护屏障，以切实解决因下岗失业而带来的生活困难。

一 国有企业下岗职工基本生活保障制度

国有企业下岗职工基本生活保障制度，是指企业通过建立再就业服务中心或类似机构，为下岗职工发放基本生活费，代下岗职工缴纳养老、医疗、失业等社会保险费用，以保障他们基本生活的制度。进入再就业服务中心的对象，主要是实行劳动合同制以前参加工作的国有企业的正式职工（不含从农村招收的临时合

　＊　本文根据作者主持的教育部人文社会科学研究"九五"规划项目"国有企业下岗职工社会保障研究"（98JAQ840004）结题报告第29—37页的内容撰写。

同工)。他们因企业生产经营等原因下岗,但尚未与企业解除劳动关系、没有在社会上找到其他工作的人员;对于实行劳动合同制以后参加工作,合同期未满而下岗的,也要安排进入再就业服务中心。下岗职工在再就业服务中心的期限一般不超过 3 年。下岗职工在再就业服务中心期间的基本生活费,原则上可按略高于失业救济的标准发放并按适当比例逐步递减,但最低不得低于失业救济标准,具体标准各地根据实际情况确定。

再就业服务中心用于保障下岗职工基本生活和缴纳社会保险费用的资金来源,原则上采取"三三制"的办法解决,即财政预算安排 1/3、企业负担 1/3、社会筹集(包括从失业保险基金中调剂)1/3,具体比例各地可根据情况确定。财政承担的部分,中央企业由中央财政解决,地方企业由地方财政解决。对于困难较多的中西部地区和老工业基地,中央财政给予一定的支持。国有独资营利企业和国有参股、控股企业保障下岗职工基本生活的资金,原则上都由本企业负担。

二 失业保险制度

失业保险制度是社会保障系统的一个组成部分,是社会保险制度的一个类别,指的是国家以立法形式集中建立保险基金,对因失业而暂时中断收入的劳动者提供经济保障的制度。

①失业保险制度建立。我国失业保险制度建立于 1986 年。20世纪 80 年代中期,我国进入了全面经济体制改革阶段,这其中包括企业劳动制度的改革,职工实行劳动合同制,企业拥有一定的用人自主权,对解除和终止劳动合同的、违纪被辞退的职工,破产及整顿企业职工不再实行国家无条件包下来的政策。为配合企业劳动制度的改革,失业保险制度应运而生。但 1986 年颁布的《国有企业职工待业保险暂行规定》中用"待业"代替"失业"概念,其覆盖面也仅包括"四种人"。由于制度本身的缺陷,加之实施过程中的人为因素,失业保险相当程度上只是一种制度象征,并不能发挥实际效用。

为配合经济体制改革的步伐，1993 年国务院又颁发了《国有企业职工待业保险规定》，将原来的"四种人"扩大到七类九种人员，待遇水平也有所提高，但其发展程度和承受能力与建立全国统一的劳动力市场、实现劳动力资源合理配置的客观要求仍相去甚远。1999 年 1 月，国务院颁布《失业保险条例》，标志着为适应社会主义市场经济的进一步发展，我国的失业保险制度的改革也进入了一个新的阶段。《失业保险条例》正式提出了"失业保险"概念，从 1986 年开始一直沿用的"失业救济金"正式改为"失业保险金"。《失业保险条例》将失业保险的范围扩大到了城镇各类企业事业单位，包括国有企业、城镇集体企业、外商投资企业、城镇私营企业、城镇其他企业、非企业化管理的事业单位，以保障劳动者由于非本人原因暂时失去劳动机会而丧失工资收入时，可从国家或社会获得物质帮助。为了充分发挥失业保险制度的作用，提高失业保险基金的支付能力，从 1998 年开始将失业保险基金的缴费比例由企业工资总额的 1% 提高到 3%，由企业单方面负担改为企业和职工个人共同负担，其中个人缴纳 1%，企业缴纳2%。失业救济金的发放标准由省级人民政府规定，目前大部分地区按当地最低工资的 70% 发放，发放期限不超过 24 个月。

我国的失业保险制度从建立到现在，发挥了多方面的积极作用。首先，有效地保障了失业人员的基本生活。通过施行失业保险制度、给付失业保险待遇，保障了失业人员的基本生活，帮助他们渡过了难关。特别是近几年来，失业保险基金每年救助的人员都在 300 万人次以上，对维护社会稳定发挥了积极作用。其次，促进了失业人员再就业。按照有关规定，从失业保险基金中支出部分资金，用于失业人员开展生产自救、转业训练、职业介绍活动，帮助其中半数以上人员重新走上了就业岗位，实现了再就业。再次，支持了企业改革。实施失业保险制度，保障了从企业走向社会的失业人员的基本生活，减轻了企业的压力，推动了改革措施的顺利出台和实施。许多地方还运用基金支持"关、停、并、转"企业妥善分流安置富余人员。1998 年以来，各地认真按照"三三制"原则，从失业保险基金中调剂部分资金用于国有企业再就业服务中心，保障了下岗职工的基本生活和代缴社会保险费用，推动了国有企业改革的深化，为实现国有企业三年改革和脱困目标创造了有利条件。

②失业保险与就业保障。在全球失业问题日益突出的环境下，西方国家开始将失业保障与鼓励再就业结合起来，以解决保障水平过高而影响失业者再就业积极性的问题，经济学上称为"福利陷阱"。对此，德国实行了保障型就业，美国实行了强制型就业，法国的从福利到强调工作，英国、加拿大改"失业保险"为"就业保险"。西方发达国家以就业为导向的失业保险有共同点，即就业保障一般由三个层次组成：第一层次是一次性的雇主赔偿金，第二层次是期限较短的失业保险金或失业津贴，第三层次是国家福利改革福利制度改革的核心"从福利到工作"（Welfare to Work）计划，简称"W2"，主要面向有孩子的长期失业家庭或单身父母。鼓励其中有劳动能力的父亲或母亲摆脱对福利制度的依赖，主动寻找工作，重新融入社会。其鼓励再就业的主要做法有：第一，适当降低对工人的雇主赔偿标准，将节省下来的钱用于失业工人职业培训计划；第二，将失业保险金改为"求职津贴"，失业者领取津贴一段时间后（青年为 6 个月，其他为 12 个月），必须参加培训才能继续领取求职津贴；第三，从失业保险基金中抽出一部分资金，用于职业培训等就业服务计划。有关资料表明，在1990—1991 年和 1998—1999 年，就业政策费支出占国内国民生产总值的比例，美国为 0.7% 和 0.43%，英国为 1.54% 和 1.19%，德国为 2.15% 和 3.43%。[①]

目前，我国失业保险制度面临的挑战是日趋严重的失业现象。失业率每增加一个百分点，便意味着社会保障基金不仅丧失了 1% 的劳动者缴费，而且还必须为每一个新增的失业者提供失业保险金。在这种背景下，强化失业保险促进就业的功能势在必行。我国的《失业保险条例》也在逐渐调整就业和再就业资金的支出结构，使其主要用于促进下岗失业人员再就业的社会保险补贴、小

---

① 张新民：《促进就业：政府的基本职能和义务》，《红旗文稿》2005 年第 6 期。

额贷款担保基金和从事微利项目的小额担保贷款贴息、职业介绍补贴、公益性岗位补贴以及职业培训、劳动力市场建设、就业信息服务系统建设等具有长期效果的项目支出，以发挥促进就业的功能。

三 城镇居民最低生活保障

城镇居民最低生活保障，是指国家对家庭人均收入低于当地最低生活保障标准的城市居民给予必要帮助的制度。按照国务院的规定，在 1999 年年底前，所有县级市和县政府所在地的镇以上的城市都要建立起城市居民最低生活保障制度。城市居民最低生活保障的对象包括：（1）无生活来源、无劳动能力、无法定赡养人或抚养人的居民；（2）领取失业救济金期间或失业救济期满仍未重新就业，家庭人均收入低于当地最低生活保障标准的居民；（3）下岗人员、在职人员在领取最低工资、基本生活费或工资，以及退休人员领取退休金后，其家庭收入仍低于当地城市最低生活保障标准的居民。各地最低生活保障标准由各地人民政府确定，同时所需资金由地方各级政府列入财政预算。

"三条保障线"是目前条件下有中国特色社会保障制度的重要组成部分，是我国政府根据我国国情、针对不同的低收入群体所提供的基本生活保障项目。"三条保障线"作为保障城市低收入人口基本生活的保障制度，既是一个整体，又互为补充，紧密衔接。首先，下岗职工进入再就业服务中心后，可按规定领取基本生活费；其次，下岗职工在再就业服务中心三年期满仍未就业的，可按规定领取不超过两年的失业救济金；最后，领取失业救济金期满后仍未就业的人员，若家庭人均收入低于当地城市居民最低生活保障标准，可申领最低生活保障金。对于已经领取下岗基本生活保障费和失业救济金的人员，符合条件的，还可以按规定领取城市居民最低生活保障金。

三条保障线之间相互衔接，又存在一定的梯度，层次分明，既有利于保障城市低收入人口的基本生活，又能够鼓励保障对象自谋职业、自强自立。从严格意义上讲，国有企业下岗职工基本生活保障制度属于国有企业改革过程中的过渡性措施。随着市场运作的不断规范、社会保障制度改革的不断深化，这项制度（第一条保障线）应与失业保险制度（第二条保障线）并轨。

下岗职工再就业工程的实施与完善[*]

相对于下岗职工生活的基本制度，即失业保险制度、最低生活保障制度和下岗职工基本生活保障制度等制度而言，再就业工程的实施是一项更主动的、积极的劳动力市场政策。它对促进失业人员的就业再就业具有更为直接的作用。

一 再就业工程实施状况描述

所谓再就业工程，就是综合运用政策扶持和各种就业服务手段，充分发挥政府、企业、劳动者和社会各方面的积极性，实行企业安置、个人自谋职业和社会帮助安置相结合，为失业人员和下岗职工（重点是失业和下岗在 6 个月以上的职工）提供帮助，促使他们尽快实现再就业的一项社会系统工程。

再就业工程是根据我国经济转轨时期的特点和切实解决就业问题的需要，通过一定的资金投入为失业人员和下岗职工提供就业指导、职业介绍、转岗培训和生产自救，是在我国社会保障制度不健全、劳动力市场发育不完善的条件下采取的一种特殊政策，是现阶段具有中国特色的社会保障制度。

1993 年 4 月，针对我国当时国有企业破产过程中出现的大量富余职工需要安置的问题，国务院发布了《国有企业富余职工安置规定》，对国有企业职工因企业破产、倒闭而失去工作的重新安置问题做出了明确规定，提出"企业自行安置为主、社会帮助为

---

* 本文根据作者主持的国家社会科学基金资助项目"就业再就业与社会保障体系建设"（05B J Y029）结题报告第66—81页的内容，与曾映雪合写。

辅、保障富余职工基本生活"的指导原则,并组织在部分城市实施再就业工程试点。1994 年,原国家劳动部在上海、沈阳、青岛、成都、杭州等 30 个大中城市具体组织实施再就业工程试点,并对再就业工程的实施提出了初步意见和办法,具体内容包括:(1)全面推进就业制度和就业服务事业的发展,由劳动部门牵头,各相关部门参加,组成专门机构对失业人员进行登记、提供必要的失业救济金、开展就业培训等;(2)建立生产自救基地,解决失业人员的就业出路问题,同时适当安置主办单位富余职工和职工子女,独立核算、自负盈亏;(3)对缺乏一技之长或不能利用原有技能或技能急需提高更新的失业人员进行就业转岗培训,以适应新的工作岗位要求;(4)实行倾斜优惠政策,鼓励用工单位优先招收失业人员,如将一定数额的失业保险金(不超过 24 个月)一次性拨付给用工单位,用于安置、培训失业人员,同时提供适度财政贴息贷款,鼓励优势企业兼并破产企业等;(5)大力组织向东南亚、中东、北非等国家进行劳务输出,缓解国内劳动力市场就业压力。随后,全国总工会、全国妇联等部门以及社会各界纷纷投放再就业工程。

1995 年 4 月,再就业工程经过近两年的试点,国务院批转了原国家劳动部关于在全国实施再就业工程的报告,标志着我国再就业工程在全国范围内推广和开始启动。在总结前期试点城市经验教训的基础上,进一步明确提出了我国再就业工程是促进下岗职工再就业和企业职工分流安置的社会工程,指出我国再就业工程的中心任务是要综合运用扶持政策和各种就业服务手段,充分发挥政府、企业和劳动者三方面的积极性,为失业 6 个月以上的长期失业者和生活困难的企业下岗富余职工提供重点的服务和帮助,促使他们尽快实现再就业。再就业工程实行企业安置、个人自谋职业和社会帮助安置的新"三结合"就业工作方针。

在再就业工程的组织和实施中,各地区、各部门结合自身特点,提出了一系列鼓励和扶持下岗职工再就业的有关税收优惠、工商登记、资金支持等方面的优惠政策。财政部、国家税务总局

《关于企业所得税若干优惠政策的通知》规定，新办的劳动就业服务企业，当年安置城镇待业人员占从业人员总数 60% 的，经主管税务机关审批，可免征所得税三年；免税期满以后，当年新安置待业人员占企业原从业人员总数 30% 以上的，可减半征收所得税两年。享受税收优惠政策的人员包括待业青年、国有企业富余人员、农转非人员和劳改、解除劳教人员。

各地在实施再就业工程的过程中，探索出了一些行之有效的措施和办法。在武汉市，企业自办或联办以安置下岗职工为主的生产项目、劳动部门批准的安置下岗职工的生产自救基地，除享受劳动服务企业规定的待遇以外，缺乏启动资金的，可给予贷款支持；下岗职工自筹资金、自愿组合、利用其原企业闲置设备、边角余料、库存产品从事生产自救活动或新开项目，在单独核算的基础上，除享受劳动服务企业优惠政策外，还可给予更大幅度的照顾。市政府还通过财政拨款、企业和社会各界资助、失业保险金合理调配等途径，建立再就业基金。为此，市政府连续三年通过财政拨款 500 万元作为建立再就业基金的基础。除此之外，上海市的做法也颇值得称道。

上海市在推行"政府推动、市场吸纳、企业自行消化、职工自动和社会援助相结合"的再就业工程模式的基础上，探索再就业工作的新情况、新问题，创造性地于 1996 年在下岗职工相对集中的纺织、机电两行业成立了由政府帮助、社会支持、企业出面组建的"再就业服务中心"，由企业主管部门与困难企业共同负责，对下岗职工进行托管，所需资金由政府、社会和企业三方面共同筹集。

"再就业服务中心"的主要工作，包括提供职业培训、职业指导、组织劳务输出、办理社会保险、保障基本生活和帮助实现再就业等服务。随着国有企业减员增效工作的开展和下岗人员的增多，其他城市也先后建立了"再就业服务中心"或类似的组织机构。到 1996 年年底，全国共有 22 个省、自治区和直辖市出台了再就业工程实施办法，推动了近 200 个城市的再就业工程。全国共建有就业服务中心 2716 所，组织 500 万失业职工和下岗人员参加了再就业工程。其中 300 万人参加了职业指导，110 万人参加了转业、转岗培训，451 万人享受了失业救济，近 200 万人开展了生产自救。通过政策引导和就业服务使 243 万人实现了再就业。

进入 1997 年，再就业工程又进一步和优化资本结构、减员增效结合起来。当年 3 月，国务院出台了《关于在若干城市试行国有企业兼并破产和职工再就业有关问题的补充通知》，把实施再就业工程同经济结构调整和深化国有企业改革密切联系起来。特别是党的十五大从政治高度确立了再就业工程的战略地位。这就使再就业工程从过去简单意义上的促进下岗和失业人员再就业，变为推进经济改革和发展的一项根本性措施。

1998 年 5 月，中共中央、国务院召开了国有企业下岗职工基本生活保障和促进再就业工作会议，并随后下发了《关于做好国有企业下岗职工基本生活保障和再就业工作的通知》（以下简称《通知》）。《通知》提出，建立再就业服务中心是保障国有企业下岗职工基本生活和促进再就业的有效措施，各地要自下而上地建立再就业服务中心组织体系，再就业服务中心资金来源采取财政、企业、社会各负担 1/3 的"三三制"措施。再就业服务中心负责为下岗职工发放基本生活费，代缴养老、医疗、失业等社会保险费用，组织下岗职工参加职业指导和再就业培训，引导和帮助其实现再就业。下岗职工进入再就业服务中心一般不超过三年。同时，《通知》指出要尽快建立健全社会保障体系，大力发展集体和个体、私营经济，鼓励下岗职工自谋职业或组织起来就业。

二　再就业工程实施中的问题与障碍

由于再就业工程本身的复杂性，加上经济转型时期的特点，再就业工程面临许多严峻的考验，阻碍了再就业工程的顺利实施，影响了其功能的发挥。

①就业岗位转移不能适应经济结构调整的需要。在经济发展过程中，经济结构的调整和变动引导着劳动力在不同部门和行业

流动，从而实现就业岗位的转换。但由于我国长期实行"统包统配"高度集中的计划经济劳动就业体制，单位和个人没有任何自主权，因此便形成了"政府包办、企业照办"，个人"等、靠、要"思想。在再就业工程实施的过程中，政府、企业、职工都存在根深蒂固的就业观念误区。对政府和企业来说，由于生产资料社会主义公有制决定了企业职工是国家和企业的主人，企业职工有劳动的权利，不能因失去工作而丧失收入，生活变得无保障。政府和企业有责任和义务帮助他们实现再就业，以保持社会稳定。因此，许多地方和企业在实施再就业工程的过程中，采取分指标、下计划措施，把下岗职工包下来，而不是去帮助、引导和扶持下岗职工自主就业。

②职业技能不能适应技术结构调整的需要。科学技术广泛应用于企业的生产，带来了企业机器设备、工具、技术的更新换代和企业产品、产业结构优化升级，因此对从业人员的素质要求变得更高了。结构性失业成为我国当前下岗职工和失业人员增加的主要原因。由于下岗职工和失业人员大多终身从事一种职业，虽然可以通过"干中学"来积累一定的人力资本，形成一定的职业技能，但一个人在某一工作岗位上工作的年限越长，其人力资本的专用性也越强，相应地，转换工作所需要付出的机会成本也就越高，工作的流动性也就越差。据"6城市职工下岗情况调查"课题组调查的情况来看，"下岗前的工作是第一份工作"的人占76.39%，他们在下岗前的岗位上平均工作年限为15.8年。在同一工作岗位上工作较长年限以及工作岗位缺乏流动性，反映了传统就业部门劳动就业关系缺乏市场调节机制，劳动的流动性受到很大的限制。一旦这些在传统部门就业的职工失去了现有的工作岗位，他们再次参加劳动力市场竞争的能力就会变得非常有限，再就业的可能性也就变得越小了。

③再就业工程资金短缺。我国的再就业工程是在我国就业形势日趋严峻，失业和下岗人员不断增加的条件下实施的一项综合性社会系统工程。实施再就业工程、组建各级种类再就业服务中心，都需要国家投入大量资金，采取一系列的扶持政策。中共中

央、国务院 1998 年《关于切实做好国有企业下岗职工基本生活保障和再就业工作的通知》提出，再就业服务中心用于保障下岗职工基本生活和缴纳社会保险费用的资金来源采取"三三制"办法解决，财政预算安排 1/3、企业负担 1/3、社会筹措（包括从企业失业保险基金中调剂）1/3，具体比例由各地根据具体情况确定。然而，由于下岗职工集中的企业往往也是经济效益低下、亏损严重的企业，企业负担的 1/3 难以保证到位；社会筹措（包括从企业失业保险基金中调剂）部分也因社会保障制度改革滞后、覆盖面窄、缴纳水平低而数额有限。而从财政预算安排的 1/3 来看，由于计划经济体制下各地区、各部门对失业问题认识不足或者否定就业问题的存在，普遍存在对就业经费投入不重视的现象，就业经费来源渠道单一且数额有限，缺乏制度保障，制约了再就业工作的顺利开展。

④劳动力市场发育有待完善。目前，我国已经初步形成具有市场经济特点的劳动力市场，劳动力在各产业、部门、地区之间有序流动。专家估计，我国目前农村劳动力市场化程度达到约 25%，城镇劳动力市场化程度约 40%①。但由于我国实行渐进式的经济体制改革策略，劳动力市场带有较为浓重的经济转型色彩。劳动力市场在劳动力资源配置中的基础地位尚不巩固，作用并未充分发挥出来，就业市场化程度仍然偏低。目前我国仍缺少辐射力较强的区域性劳动力市场，劳动力市场主体仍难以到位。劳动力市场信息传递渠道不畅，既缺少适应市场需求的劳动力资源，又缺少用工信息；有市无场，有场无市。劳动力流动过程中部门壁垒、地区壁垒依然存在，城乡分离、对立的二元劳动力市场现象仍然严峻。劳动部门对劳动就业安置管理缺乏有效手段，管理体制不统一，覆盖面窄，社会化程度低，该放的权全放了，该管的却管不住。劳动力市场就业服务体系发育不完善，全国已建立的职业介绍机构普遍存在规模小、覆盖面窄、手段落后、功能差、效率低等问题，职业介绍机构在再就业工程的实施中发挥的沟通

---

① 辜胜阻等：《再就业工程》，湖北人民出版社，1999，第 72 页

信息的作用极其有限。同时，劳动力市场发育与其他市场发育不匹配，劳动力市场发展与劳动保护、劳动道德以及劳动纪律等精神文明建设不同步，劳动力市场法规不健全。

三　再就业工程中的就业服务工作的完善

①职业介绍服务。职业介绍为劳动力市场供给方和需求方的相互匹配提供了一个操作平台，是就业服务的核心内容。因此如何让职业介绍机构更有效地促进就业，是劳动力市场中的一个重要问题。劳动力市场与其他生产资料市场一样，是机制与载体的统一体，二者不能分割。市场机制是市场运行的机理和规律的总和，而市场载体是市场运行赖以存在的实体和服务手段。职业介绍机构及职业介绍服务正是劳动力市场机制的主要载体，是劳动力市场的有机统一体，这决定了职业介绍服务在培育和发展劳动力市场中的作用。对市场载体在市场运行中的作用，人们最初并没有充分认识到。在自由市场经济时代，西方一些经济学家就认为，供给会创造需求，市场能够靠其机制自动达到平衡，国家不需要进行干预，也不需要市场服务。然而，严重的失业问题使政府不得不考虑发展市场载体，进行市场服务。目前，几乎所有的市场经济国家都建立了一套包括公立和私营在内的职业介绍服务机构，保证了劳动力市场的良性运行。在职业介绍服务系统中，公立职业介绍所作为一种"综合性""多功能"的事业型机构在我国的职业介绍服务体系中发挥主导作用。我国的公立职业介绍机构、就业培训中心、失业保险属于就业服务体系的三大支柱。职业介绍机构是劳动力市场的重要载体。

伴随着改革开放，我国职业中介市场得到了快速的发展，2005年年末全国共有各类职业介绍机构35747所，比上年末增加1857所。其中公共职业介绍机构2467所，全年公共职业介绍机构介绍成功1538万人次，比上年增长15.1%。表1反映了近年来我国劳动力市场职介服务体系的发展情况。

从表1中可以看出，我国职业介绍机构的机构数量从总体上来看呈现上升态势，其中公共职介机构与总趋势类似，公民个人开办的职介机构一路攀升，其他组织开办职介机构稳中趋于下降；从业人员数量稳中略升，主要业务发展呈现逐年上升的趋势。但是我国的职业介绍机构不但从数量、质量还是规范程度上来说都远远滞后于劳动力市场的实际需求。从表 1 中可以看出，由各级劳动保障部门所办的机构和政府各级部门所办的机构在总数中占有绝对多数的比例。从职业介绍机构的工作效益来看，劳动保障部门所举办的机构与其他机构相比在介绍成功人数上占有绝对的优势，介绍成功的人数由 2001 年的 845.1 万人持续升至 2004 年的 1335.5 万人。这在一定程度上说明中国劳动力市场还没有完全完成从政府主导向市场主导的转换。另外，虽然从表 1 中不能直接看出中国职业介绍机构的质量情况，但还是可以从每个职业介绍机构的平均工作人员不到 4 人的情况，间接地看出中国还没有建立一支真正的职业介绍队伍。我国现行的职业介绍机构存在数量大、规模小的问题，这说明我国现行职介服务业的发展仍未摆脱初级水平，其规模效应问题还未解决好。核心业务工作量这一指标反映了一些主要问题。我国现行职介服务体系的核心产品只有职介服务一项，业务量可以从登记招聘人数、求职人数、介绍成功人数三个方面来反映。

表 1　中国职业介绍机构发展情况

单位：万人

年份	年末职介机构数（个）				年末职介机构人数				本年介绍成功人数			
	总数	劳动保障部门	其他组织	公民个人	总数	劳动保障部门	其他组织	公民个人	总数	劳动保障部门	其他组织	公民个人
2001	26793	18739	3787	4267	8.4	5.8	1.3	1.3	1229.1	845.1	125.3	258.7
2002	26158	18010	3046	5102	8.5	5.8	1.2	1.6	1354.3	977.7	116.6	260.0
2003	31109	21515	3107	6487	9.7	6.5	1.2	2.0	1586	1155.5	121.5	309.1
2004	33890	23347	3053	7490	10.6	7.1	1.1	2.4	1837.7	1335.5	121.5	380.7

资料来源：劳动和社会保障部，2005 年度劳动和社会保障事业发展统计公报；国家统计局：《中国劳动统计年鉴》（2002—2005 年）。

②职业培训服务。由于我国目前完全市场化的就业渠道并没有建立起来，所以目前中国高失业的现象在很大程度上都属于结构性失业和摩擦性失业。针对以上的情况，我们应运用人力政策改善劳动力的供给结构，以解决结构性失业问题。人力政策是指政府通过对劳动力进行重新教育和培训，提高其就业适应能力，达到改善劳动力供给结构的效果。市场经济国家人力政策的主要内容是加大人力资本投资力度，如增加教育和培训财政支出、建立培训中心、开发就业技能培训项目，通过对人力资本进行投资使劳动力重新得到教育和培训，把非熟练工人培训成有一定技术熟练程度的工人，把不适应职业岗位要求的失业者培训成能够满足企业需要的劳动者，提高人们适应新技术变化的能力，以缓解因劳动力供求结构失衡造成的失业问题。[①]

在职业技能培训方面，学者们提出，加强职业教育和职业技能的培训可以实现一举三得：一是可以降低劳动参与率，减少劳动供给；二是可以缓解结构性失业的矛盾，促进经济结构调整；三是可以促进失业者就业，减少在职者的失业。[②] 促进城乡统筹就业、改进就业服务、强化职业培训，目前主要有三处调整：一是免费职业介绍和职业培训补贴的对象增加了厂办大集体企业下岗职工、进行失业登记的其他人员，以及进城登记求职的农民工；二是改培训免费为培训补贴的方式，并要根据培训质量和培训后就业情况给予补贴，这样更符合地方的工作实际；三是对持"再就业优惠证"人员通过初次技能鉴定的（限国家规定实行就业准入制度的指定工种），还可给予一次性的职业技能鉴定补贴，主要目的是帮助生活困难人员更好地提高技能、稳定就业。[③]

我国的职业培训包括就业前培训、转业培训、学徒培训和在职培训，涵盖了初级、中级、高级技师职业资格培训和其他适应性培训等层次。国家通过发展高等职业院校、高级技工学校、中

① 国务院发展研究中心社会发展研究部、劳动和社会保障部国际劳工与信息研究所联合课题组：《就业问题的国际经验》，《科学决策》2004 年第 3 期。
② 宋丰景：《关于高技能人才培养模式的思考》，《中国培训》2004 年第 7 期。
③ 莫荣：《2006 年就业市场环境分析》，《中国劳动》2006 年第 1 期。

等专业技术学校、技工学校、就业训练中心、民办职业培训机构、企业职工培训中心等职业培训机构，努力形成全方位、多层次的职业教育和培训体系，加强对城镇新生劳动力、下岗失业人员、农村转移劳动力和在岗职工的培训。其中，就业训练中心是培训新生劳动力和失业人员的基地，以使用技术和适应性培训为主。我国政府把再就业培训作为促进下岗失业人员再就业的常规性制度确立下来。

改革开放以来，面对我国就业问题的挑战，政府展开了以就业、转业、创业能力建设为本的职业教育和培训体系建设。职业培训教育在适应市场需求、促进经济发展、提高人员素质等方面取得了较大的成绩。但现行的职业培训体系无论在体制上，还是其他方面，都存在不适应经济发展的情况，缺乏一个既符合国情市情又符合市场运作规律、职业培训需求的体系。

③劳动力市场信息建设。劳动力市场信息是指公共就业服务机构在当局、企业行政工会的协助下，尽可能地收集有关整个国内和各产业、行业及地区的就业市场状况及其可能的发展趋势信息并进行分析，使公共当局、有关雇主和普通大众能够迅速、系统地得到这类信息。作为公共就业服务机构，可以定期地对劳动力以及雇用单位进行调查得到数据，并对数据进行分析综合解释和发布。这种职能是私营职业介绍所很难做到的，而政府、大众、雇主又十分需要这些信息以帮助他们进行各自领域中的正确决策。因此，公共就业服务机构对劳动力市场信息的分析和发布是非常必要的。劳动力市场信息网是把现代化、信息化手段融入职业介绍工作，提高就业服务质量、规模和档次的关键。我国劳动力市场经过科学化、规范化、现代化三化建设，劳动力市场信息网络初步形成，就业服务网络也得到了加强。在我国，"金保工程"是一项以实现劳动保障业务的全过程信息化管理为目标的电子政务工程。金保工程在建设内容上主要包括社会保险和劳动力市场两大子系统。其中，劳动力市场信息系统的建设是增强我国对就业的宏观调控能力、加强就业服务的一项重要的电子政务工程。从2002 年劳动和社会保障部明确提出将金保工程作为"一号工程"

并于 10 月全面启动以来，我国劳动力市场信息化建设已取得了质的飞跃。经过三年的建设，目前 32 个省级单位实现了与劳动保障部联网，66% 的地市级以上城市实现了与本省数据中心的联网；在全部地级以上城市中，城域网已经覆盖 62% 的经办机构，有条件的地区网已延伸到街道、社区，比如上海等城市公共就业服务机构就做到了公共职介全市联网。[①] 我国的劳动保障信息化建设已经步入了以"全面提升劳动保障行政能力和服务水平"为目标的新阶段。

---

① 劳动保障部：《金保工程取得阶段性成果》，新华网，2005 年 10 月 28 日，http://news3. xinhuanet. com/employment/2005 - 10/28/content_3697097. htm。

我国失业保险制度运行中的
问题及对策研究[*]

一　失业保险制度完善的必要性

就业与失业问题已经成为 21 世纪中国经济发展的最大挑战，这与我国的基本国情相关。我国经济增长方式从粗放型向集约型转变，在宏观经济从短缺转入相对过剩的条件下，制度创新和经济结构调整力度加大，形成失业的各种因素聚集而发，1996 年以后进入第三次失业高峰（见表 1），2002 年城镇登记失业率稳升到了 4.0%，[①] 中国城镇登记失业率进入较高水平的时期。

表 1　中国 1991—1999 年城镇登记失业人数和失业率

年份	1991	1992	1993	1994	1995	1996	1997	1998	1999
城镇失业人口（万）	352.2	363.9	420.1	476.4	520.0	552.8	570.0	571.0	575.0
城镇失业率（%）	2.3	2.3	2.6	2.8	2.9	3.0	3.1	3.1	3.1

资料来源：《中国劳动统计年鉴（1999）》，中国统计出版社，1999；《中国统计年鉴（2000）》，中国统计出版社，2000。

相比其他国家，我国城镇的登记失业率并不太高。整个经合

---

[*]　本文根据作者主持的教育部人文社会科学研究"九五"规划项目"国有企业下岗职工社会保障研究"（98JAQ8 40004）结题报告第 38—47 页的内容与赖志琼合写。部分内容原载《广西社会科学》2001 年第 6 期。

[①]　国家统计局：《中华人民共和国 2002 年国民经济和社会发展统计公报》，《经济日报》2003 年 3 月 1 日第 4 版。

组织国家 20 世纪 50—60 年代失业人数一直在 1000 万左右徘徊，失业率平均在 3% 左右。到八九十年代失业人数突破 3000 万，1994 年经合组织国家的平均失业率为 8%，欧共体国家失业率超过 11%。[①] 但是，我国城镇登记失业率中，没有包括数量巨大的"下岗"职工。"下岗"不完全等同于失业，因为下岗职工与原单位之间一般还保留着名义上的"劳动关系"，保留着回到原单位的优先权，或者保留着原来的"职工"身份，尽管其事实上已经失去了原来的工作。1993 年以来，全国各类经济单位下岗职工逐年递增（见表 2）。

表 2　1993 年以来我国城镇下岗职工人数

单位：年底累计万人

年份	1993	1994	1995	1996	1997	1998	1999	2000
下岗人数	300	360	564	891	1151	1080	1174	1200
下岗率（%）	1.88	1.96	2.95	4.50	5.70	5.22	5.59	—

资料来源：《中国劳动统计年鉴（1999）》；《中国统计年鉴（2000）》；《中华人民共和国 2000 年国民经济和社会发展统计公报》，《人民日报》2000 年 3 月 1 日。

　中国城镇实际失业人口（或失业率）应当包括登记失业人口（或失业率）和下岗职工中未能再就业的人口（或下岗率）。下岗人员中究竟有多大比例实现了再就业，目前还没有公开和统一的数字，这给掌握城镇实际失业人数增加了困难。城镇实际失业人口到底有多少？真实失业率有多高？几年来政府官员、学者专家和民间百姓有着不同的估计和感受。姚裕群和莫荣利用德尔菲法对国内 50 余名从事就业和劳动统计研究和实际工作的著名学者、政府部门的专家（官员）进行了调查，经过数据处理得到的结论是：中国城镇目前的失业率已经达到 7%，近一两年还有增加的趋势。至于增加的趋势，大部分专家学者（占 72.73%）认为近一两年增加 1—2 个百分点的可能性最大；另外，13.63% 的专家学者认为会与现在基本持平；9.09% 的专家学者认为会增加 3%—4%；

[①]　袁志刚：《失业经济学》，上海三联书店、上海人民出版社，1997，第 34—36 页。

4.54% 的专家学者认为会增加 5% 以上。[①]

我国目前严峻的失业状况还会持续相当长一段时期，未来三十年我国劳动年龄人口规模将持续增长，形成持续的就业压力。根据 1997 年国家统计局预测，我国 15—64 岁人口 1995 年为 80727万，2010 年将达到 96799 万，2020 年将达到 99696 万，比 1995 年增加近 2 亿，增长近 23.5%。按我国劳动年龄人口统计口径（男16—59 岁，女 16—54 岁），1995 年为 73112 万，2010 年将达到最高峰，为 87185 万人，比 1995 年净增 1.4 亿人。[②] 与此同时，我国未来创造就业的能力和实际劳动力需求量将会明显下降，就业供求矛盾将会十分突出。陈宗胜对未来实际失业率的预测是 2010 年为 5.18%，2020 年为 4.42%。[③]

可见，我国日益严峻的失业状况和不断加剧的就业压力对我国现行的失业保险制度造成了直接的冲击和挑战，成为失业保险制度改革的宏观要求。

从比较严格的意义上讲，我国失业保险制度建立于 1986 年。20 世纪 80 年代中期，我国进入了全面经济体制改革阶段，这其中包括企业劳动制度的改革，职工实行劳动合同制，企业拥有一定的用人自主权，对解除和终止劳动合同、违纪被辞退、破产及整顿企业的职工，不再实行国家无条件包下来的政策。为配合企业劳动制度的改革，失业保险制度应运而生。但 1986 年颁布的《国有企业职工待业保险暂行规定》中用"待业"代替"失业"概念，其覆盖面也仅包括"四种人"。由于制度本身的缺陷，加之实施过程中的人为因素，失业保险在相当程度上只是一种制度象征，并不能发挥实际效用。

1993 年国务院颁发了《国有企业职工待业保险规定》，将原来的"四种人"扩大到七类九种人员，待遇水平也有所提高，但其

---

① 姚裕群、莫荣：《我国城镇失业率已进入风险区》，《中国青年政治学院学报》2002 年第 5 期。
② 国家统计局：《中国人口统计年鉴（1997）》，中国统计出版社，1997，第 490、491 页。
③ 陈宗胜：《收入差别、贫困及失业》，南开大学出版社，2000，第 5—7 页。

发展程度和承受能力与建立全国统一的劳动力市场、实现劳动力资源合理配置的客观要求仍相去甚远。1999 年 1 月，国务院颁布《失业保险条例》，标志着为适应社会主义市场经济的进一步发展，我国的失业保险制度的改革也进入了一个新的阶段。《失业保险条例》正式提出了"失业保险"概念，由 1986 年开始一直使用的"失业救济金"正式改为"失业保险金"。《失业保险条例》将失业保险的范围扩大到了城镇各类企业事业单位，包括国有企业、城镇集体企业、外商投资企业、城镇私营企业、城镇其他企业、非企业化管理的事业单位，以保障劳动者由于非本人原因暂时失去劳动机会而丧失工资收入时，从国家或社会获得物质帮助。为了充分发挥失业保险制度的作用，提高失业保险基金的支付能力，从 1998 年开始将失业保险基金的缴费比例由企业工资总额的 1% 提高到 3%，由企业单方面负担改为企业和职工个人共同负担，其中个人缴纳 1%，企业缴纳 2%。失业救济金的发放标准由省级人民政府规定，目前大部分地区按当地最低工资的 70% 发放，发放期限不超过 24 个月。

我国的失业保险制度从建立到现在，发挥了多方面的积极作用。但也存在一些问题，如 1998 年尽管有 93.2% 的下岗人员领到了生活费，但保障水平较低，少数地区仍不能完全按时足额发放。1998 年年底，仍有 45.1 万（其中 6.1 万人没有进入再就业服务中心）下岗职工没有领到生活费。[1] 在下岗人员的基本生活费发放都有困难的条件下，再就业工程的其他功能就更是难以发挥了。下岗职工是否享受到国家提供的保障？现阶段保障水平如何？这些问题构成失业保险制度改革的具体要求。

二　现行失业保险制度中的主要问题分析

自 1986 年以来的十五年，我国的失业保险制度建设取得了较

---

[1] 规划财务司统计处：《1998 年企业下岗职工基本情况》，《劳动保障通讯》1999 年创刊号，第 11 页。

快的发展，对保障失业人员的生活，促进再就业，维护社会稳定，支持企业改革、改制和结构调整发挥了重要的作用。但从下岗职工的生活保障和再就业状况看，获得政府层面失业保险金的人很少，在笔者于 1999 年 5 月和 2000 年 7 月分别对武汉市的 200 名和 150 名下岗职工的调查中，其下岗后生活保障的主要来源为失业保险金的仅占 5.6% 和 2.4%。据专家估计，国有企业下岗职工中有 22 万下岗职工至今未纳入保障范围，677 万进再就业服务中心的下岗职工中有 7 万没有领到生活费，33 万人未足额领到生活费。这个数字还不包括数倍甚至 10 倍于此的"代岗"，"放长假"的企业职工。[①] 可见，失业保险制度的推行全面展开，至今还是困难重重，而造成这种局面的原因是多方面的。

现行失业保险制度发展至今已形成了一定的规模，但随着社会主义市场经济体制的构建，隐性失业显性化，下岗职工、失业人员增多，其弊端和问题也日益突出。具体分析，它存在以下几方面问题。

第一，失业保险制度覆盖面太窄。现行失业保险制度的实施范围仍只在国有企业强制性推行，而其他所有制类型的劳动者，如个体劳动者、私营企业职工、街道小集体企业职工、部分外资企业职工，虽然他们面临更大的失业风险，但没有强制性推行。因此，失业保险的对象非全民化所反映的这种部门差别、职工身份的差别不符合社会保障的公平性、普遍性原则。同时也使下岗职工的就业观念难以更新，仍停留在"重全民、轻集体、鄙视个体"的传统就业观念上，给再就业造成很大障碍。

第二，失业保险基金筹集困难，救助能力弱。根据国务院规定，失业保险金按照企业全部职工工资总额的 0.6% 收取，各省、直辖市、自治区人民政府可以根据本地实际情况适当增减，但总额最多不得超过企业职工工资总额的 1%，在企业缴纳所得税前列支，由企业的开户银行按月代扣，转入失业保险管理机构的保险基金专户。各省（市）、区劳动局、人民银行也联合行文规定失业

---

① 唐钧：《最低生活保障制度的研究与探讨》，《社会学研究》2001 年第 2 期。

保险金一律实行"见单付款"的方式，由企业开户银行办理无承付托收。事实上，现在能在银行直接托收的失业保险金还达不到应缴纳的 20%。其原因一是企业以经济困难为由不愿意缴纳；二是银行也不愿意配合托收。现行法律法规对这些企业和银行没有过硬的制裁措施，使有限的资金也难筹集到位。

第三，管理体制不健全，资金运用不合理，社会化程度低。失业保险金社会化程度低，表现在我国大部分省市的失业保险金仍然处于分散筹集和使用状态，还没有完全实行社会统筹。其失业保险的实施，由多个部门管理，不仅牵涉劳动、人事、民政部门，也涉及财政、银行、税务、保险等部门。结果是政出多门，各行其是，互相掣肘，人为地增加了工作难度。许多地区提取的管理费用大大超过规定的 2% 的提取标准。据国家财政部决算资料显示，1996 年的失业保险基金支出中，用于失业人员生活救济支出的仅占 52.5%，而用于非救济性支出的则高达 47.5%，几乎占去一半。此外，失业保险基金被挤占、挪用的现象也时有发生。

第四，培训和就业指导能力薄弱。建立失业保险制度对失业人员进行的救济只是一种手段。实施失业保险制度的根本目的是帮助下岗职工及失业人员尽快地走上新工作岗位。由于下岗职工的构成情况十分复杂，年龄差异大、文化水平高低不等、技术水平参差不齐、生产技术五花八门，这种结构的多样化给转业训练和就业指导带来了很大困难。不同层次、不同水平的人员培训和再就业指导工作要有一定的人力、物力的投入，但由于失业保险基金有限，能用于转业培训和就业指导的资金就更有限。加之目前要求转业培训和就业指导，并希望能尽快就业的人很多，转业培训和就业指导工作的滞后和薄弱对失业人员的再就业影响很大。

三 现行失业保险制度运行的影响因素分析

失业保险制度运行十多年来，国有企业职工对推行失业保险制度的认识是不一样的，有的理解和认可，有的不理解、不认可。

这对于失业保险金的缴纳、失业保险制度作用的发挥、国有企业职工择业观念的改变都带来了一定的影响。

第一，失业保险制度推行的条件欠佳。在经济运行中，失业人员的出现是不可避免的。妥善解决失业问题，是保证经济体制顺利转轨的必要条件之一。能使失业者尽早就业是最理想的，但也存在诸多障碍。在这种情况下为失业者提供一定的帮助是必要的。但由于我国的具体情况，强制性失业保险制度的推行还难以进行。（1）稳定且足够的失业保险基金是保证失业保险制度正常运转的前提条件。我国现有的失业保险基金，相对于不断涌现的数量庞大的失业人口，只是杯水车薪。（2）常规性的失业保险制度要求企业必须定期缴纳失业保险费。但是，在目前情况下，许多企业经营亏损，不具备这种经济实力。如果强行征集，将会引起企业的不满。（3）现行的失业保险制度，是以户籍来确定失业者的受保护权利的，主要是在国有企业运行，这等于又在城乡之间筑起了一道壁垒，新的不公平正在形成。可见，失业保险制度的建立和推行的基本条件有待完善。

第二，制度的惯性和职工较差的失业保险意识对失业保险制度的推行起消极作用。职工"以厂为家"的心态根深蒂固，对本企业具有强烈的依赖心理，而自我保障心理微弱，承受风险能力差，并且对失业保险制度缺乏应有的认识。人们希望发展生产力，希望物质丰富，并认识到旧的经济体制，如统包统分制度、国家保障、人事制度等束缚了生产力的发展；而一旦触动旧经济体制，实行劳动合同制，把富余人员释放到社会中，隐性失业人员变为显性失业人员，失业公开化，社会成员遇到风险时不再实施国家包揽等措施时，人们又怨声载道，叫苦不迭，希望旧的计划经济体制下的稳态的就业制度继续延续下去。尽管人们认为应该对传统进行改革，但又往往摆脱不了传统的束缚和影响。正如调查结果显示，大部分职工愿意流动，改变职业或单位，但又不愿意改变单位的所有制性质；人们知道企业存在冗员，严重影响企业的发展，但谁也不愿下岗，也不愿看到与自己朝夕相处的工友下岗，更不愿失业。强大的传统惯性，使人们从利益、观念上乃至行动上对改革的新生事物持一种观望态度。23.4％的职工认为推行失业保险制度不太重要，14.1％的职工认为失业保险制度的建立可有可无，这充分说明了问题。这样也就在一定程度上阻碍了失业保险制度的实施。

第三，国有企业占较大比重的所有制格局是影响失业保险制度推行的重要原因。长期以来我们一直以全民企业为主，集体企业次之，私营或个体户则更是作为补充；与此相对应，职工也有着身份的差异，这种所有制和身份的差别，反映的是政府对企业和职工的包揽程度不同。就失业保险制度本身而言，它仍然主要是针对国有企业而制定的。调查中，很多的国企职工认为不会失业，特别是效益好的企业更是如此，以至于职工个人对于参加失业保险大多持观望态度。

第四，再就业难度大，职工对失业保险制度改革心理反应不一样。现行的职业介绍机构还很难担负起间接调控劳动力资源的职能，劳动力供求仍然是企业能进不能出、社会能出不能进的单向流动局面。如调查所显示，52.7％的职工择业的方向还是国有企业中的固定工，15.8％的职工选择国有企业合同工。人们不愿到集体企业去，同时人们择业的标准是比现在收入高、比现在职业好，这给再就业增加了难度，同时人们对失业保险制度能否促进重新就业持有不同的看法。

四　对失业保险制度良性运行的条件和机制的探讨

如前所述，失业保险制度在我国的建立标志着传统的就业保障制度的打破、新的保障制度的建立；而体现在个人层面上，是失业的公开化，以及一系列的社会关系、经济生活方式的变化。因而失业保险制度的建立与推行不仅是制度建立、完善的机制问题，同时还应为这一制度作用的发挥建立良好的基础条件。一般而言，失业保险制度的运行状态大至可归纳为三种，即良性运行、中性运行、恶性运行。良性运行是指失业保险费或税的征缴比例企业和职工均能承受；失业保险基金在满足当期失业人员各种费用的基础上略有节余并能保值增值；失业保险金的发放额既能维持失业人员的基本生活，又能激发起其重新就业的愿望；经过对失业人员的技能培训，使他们尽快再就业，以缩短其在社会中的无业滞留时间，使失业率保持在社会稳定与经济发展所允许的范围内。若要使我国失业保险制度运行为良性，一是失业保险制度有待完善，二是国企职工对失业保险制度的观望态度必须转变。

首先，从失业保险制度运行的机制分析，现行的失业保险制度还很不完善，表现为社会化程度比较低、发展不平衡、政策不配套等方面。必须进一步完善，对基金的管理要加强，使有限的资金发挥应有的作用，使失业保险制度发挥应有的作用。

统一立法，建立健全失业保险制度，进一步扩大失业保险的覆盖面。根据各地经济发展状况和改革情况，将失业保险范围从企业扩大到事业、行政单位；从国有企业、集体企业扩大到三资企业、私营企业、个体经营者以及因各种原因而失业的职工，使更多的非自愿失业人员享受到国家和社会提供的基本生活保障。唯其如此，它才能与当前经济体制改革以及劳动人事制度改革相适应，也才能使国有企业职工"重全民、轻集体、鄙视个体"的传统就业观念有所改变。

多渠道筹集失业保险基金，增加失业保险基金总额，加强救助能力。失业保险基金的来源是多渠道的，除按国家规定的征收之外，筹集失业保险基金还必须广开门路，建立多元化的财源：一是对现行失业保险金缴纳方式应严格管理，保证失业保险金的收缴到位；二是应考虑基金的增值问题。

健全基金管理办法和监督检查制度，用好、用活失业保险基金，实现管理科学化：一是要严格执行国务院关于缴纳失业保险基金的规定，从制度上强制性地要求企业按规定缴纳失业保险基金；二是应按照管钱、管事分开的原则，加强失业保险基金的管理，建立科学的基金管理体制和运作方式，纠正失业保险基金管理费用过高的现象；三是对失业保险金的使用要制度化，加强财务管理和审计制度。

确定失业保险金发放的合理期限，促进失业者积极求职，提供就业指导费用，激励就业。我国的失业保险制度的建立，作用之一是促进再就业，在现行运行的机制中，是划拨一部分失业保险金到有关部门作为再就业指导培训费用实施的，但落实起来显然困难重重。从国外有关国家的方法来看，日本的做法是可以借鉴的。例如，其规定失业者在津贴领取期结束前 100 天或还剩一半的时间找到持续 1 年以上的工作，可领取 30—120 天失业津贴的再就业补助。对提前再就业者，通过提供再就业补助进行鼓励。笔者认为，我国失业保险制度应在这方面制定一些具体的措施，使失业保险制度促进再就业的作用落到实处。

其次，从失业保险制度运行的基础条件分析，失业保险制度实施十多年来，仍然有很多职工因认识不清而产生误解，这使失业保险制度推行遇到了困难。因而应从以下几个方面采取措施，使国企职工认识失业保险制度的重要性。

加强失业保险知识宣传，强化广大企业干部职工的失业保险意识。

加紧进行失业保险立法，并设立相应的执行监督机构。失业保险作为一项政府推行的社会政策，在一定程度上其效果取决于政府的改革决心。因而要加紧立法，并建立执法监督机构，以利于失业保险制度本身的作用发挥。

实施再就业工程，从根本上解决广大国企职工的思想顾虑，积极支持各项改革。发挥失业保险基金的作用，实施再就业工程。一是要加强对职工的转业培训。下岗职工或企业富余职工一般年龄偏大、文化程度偏低，要针对他们的情况进行转业培训，让他们满足新的工作需要。二是加强职业介绍机构的建设。使职业介绍机构为重新就业者和企业之间架起一座桥梁，为重新就业者提供信息。三是扶持下岗、失业职工自救。对这部分职工在资金、场地和税收等方面给予支持，鼓励失业人员自谋职业。四是帮助特困职工渡过难关。

加强政策研究，使失业保险制度与其他社会保险制度、社会救济制度相互衔接配套。通过多渠道筹措资金，增加失业保险基金总额，增强救助能力。

促进就业：下岗失业人员
社会政策支持体系的理性选择[*]

我国通过设立"三条保障线"，即国有企业下岗职工基本生活费、失业救济金和城镇居民最低生活保障，构成了对城镇职工、居民的三道保护屏障，以切实解决因下岗失业而带来的生活困难。实施再就业工程，通过职业技能培训、劳动力市场和社区就业支持等以解决下岗失业人员再就业的矛盾。但我国正在进行现代化建设和经济体制深化改革，随着产业结构的调整、所有制结构的调整、城镇"冗员"下岗分流加速、农村剩余劳动力转移需求逐渐增强，下岗失业人员所面临的就业问题仍然十分严峻。因此，积极探索建立以促进就业为中心的社会政策支持体系、扩大就业、治理失业就具有十分重要的理论价值和现实意义。

一　社会政策概念的一般解释

对社会政策概念的界定，中外学者可谓众说纷纭。制度学派把社会政策视为法令和程序的良性组成部分，如劳伦斯·弗里德曼（Lawrence Friedman）认为，"在我们的社会……有无数的要求产生——需要——需要来自某种有组织的政府的官方控制"；再如行为科学学派把社会政策解释为各种权力力量相互作用的结果，其中某些结果可能与政府的初衷相去甚远。①

---

* 原文为中国社会学学会 2003 年年会论文（湖北省武汉市），与赖志琼合写。
① 拉雷·N. 格斯顿：《公共政策的制定》，重庆出版社，2001，第 3 页。

1. 政府主体论

最早的社会政策只是一种趋于中性的功能性的工具，并不是政府的专利，因此有部分学者认为社会政策的主体和提供范围不仅限于政府，其他社会组织也可以加入进来；但相当多的学者还是持社会政策的提供者是政府或国家的观点。

蒂特姆斯（R. Titmuss）首先把社会政策概念从社会行政传统中释放出来。他认为，社会福利或市民的福祉不只是政府提供的各种社会福利服务或待遇，雇员的就业福利及政府的财政、税收优惠，也反映不同社群的资源分配结果。

戈夫（I. Gough）认为社会政策是政府输出的一个环节，是国家影响劳动力再生产，而最后结果是个人及社群的社会福利。

沃尔克尔（A. Walker）则将社会政策界定为社会资源及社会关系（地位及权力的）再分配。

这些观点着重于对社会政策概念进行静态描述，主要强调政府的主体地位。

2. 政府决策、市场介入、民间参与论

随着时代的前进，学者们关于社会政策的认识也在不断发展。20世纪六七十年代主流意见认为，社会政策是政府对市民福利有直接效果的政策，如提供服务或收入保证，包括社会保险、社会救济、住房、教育及对罪犯的处理。到80年代，社会政策被理解为决定不同社会群体的资源、地位及权力的分配，而这些分配是基于社会制度发展及延续的背后理念。90年代，社会政策则深化了80年代的有关资源、地位及权力分配的概念。

英国费边社将社会政策简要定义为：社会福利的一系列的政策活动。

国内学者杨团将社会政策概括为一定时期、一定区域内的各种社会力量为解决社会协调问题的成果。社会政策是在社会实践尤其是影响社会福利的实践中发挥重要作用的具有政策指导性和政策倾向性的活动，甚至也可以说是只能放在特定社会环境来理解的政治过程。

这些观点说明，社会政策的主体已经悄然发生变化，既可以是政府，也可以是社会，而公共政策的实施主体更主要的是政府。本文的社会政策是指国家为解决劳动就业问题运用行政的手段制定的法规、条例、规范等，以指导和影响各种社会力量解决失业问题、促进社会经济发展。社会政策支持的构成包括：计划生育政策支持、户籍制度政策支持、收入分配制度支持、教育与职业培训制度支持、劳动力市场制度支持、社区就业支持、社会保障制度支持等。

二　未来我国就业形势分析

改革开放以来持续、高速的经济增长，为我国劳动者提供了大量的就业机会，有计划地保持了就业形势的稳定。但未来我国就业的形势是不容乐观的。一方面是企业职工下岗人数依然庞大，再就业越来越困难，再就业率持续走低；另一方面是城镇新增劳动力规模不断扩大，劳动参与率居高不下。这两方面的因素集中在一起，导致我国就业形势越来越严峻，失业人员规模有增无减。同时大量农村剩余劳动力急待输出，对劳动就业安排提出了新的要求。

（一）劳动力供给总量依然庞大，城镇新增劳动力持续上升，城镇失业下岗人员再就业任务艰巨

一个国家的劳动力人口数量反映了该国所拥有的劳动力资源的丰富程度。我国是一个人口大国，劳动力资源异常丰富。据统计，"九五"期间，我国劳动力资源总量由 1995 年年末的 87242 万人，上升到 2000 年年末的 95651 万人，五年间共增加了 8409 万人，年平均增长速度为 1.9%，年均增加人数约 1682 万人，已经超过了同期的人口增长率。如此巨大的劳动力资源供给，给我国就业造成了巨大的压力。

根据国家统计局公布的数据，2000 年年末全国共有就业人员 71150 万，比上年末增加了 564 万。其中城镇从业人员 21274 万，比上年年末增加了 260 万。1998—2000 年，全国共新增下岗职工

2032 万。2000 年年末，全国下岗职工人数达 911 万，远远超过当年城镇登记失业人口，构成现实的城镇就业压力（见表 1）。2000年年底，全国国有企业实有下岗职工为 657 万人，占全部下岗职工的 72.1%。

表 1　1998—2000 年下岗职工变化趋势

单位：万人，%

年份	年末职工数	年末下岗职工数	下岗职工占职工数的比重
1998	12337	877	7.1
1999	11773	937	8.0
2000	11259	911	8.1

资料来源：《中国劳动统计年鉴》（1999—2001），中国统计出版社，1999、2000、2001。

下岗人员增多，却伴随着再就业率的持续走低，再就业变得越来越困难。在 2000 年减少的 544.7 万下岗职工中，有 66.5% 实现了再就业；在协议到期的 76.4 万人中，有 65.9% 实现了再就业。而在 2001 年，共有 227 万下岗职工实现了再就业，再就业率仅为 30.6%。

与此同时，城镇新增劳动力数量却在逐年增加，进一步加大了城镇劳动力的供求矛盾。据统计，城镇劳动力供给与配置存在较大的缺口。2000 年城镇劳动力供给总数为 1665 万，而当年城镇劳动力配置总数为 1009 万，劳动力供给与配置缺口为 656 万（见表 2），比 1998 年的 588 万人增加了 68 万，比 1995 年的 489 万增加了 167 万，劳动力供求矛盾进一步加大。

表 2　城镇劳动力供给与配置状况

单位：万人

年份	本年城镇劳动力供给总数	本年城镇劳动力配置总数	供给与配置缺口
1995	1413	924	489
1998	1513	925	588
2000	1665	1009	656

资料来源：国家统计局，《中国劳动统计年鉴》（1996、1999、2001），中国统计出版社，1996、1999、2001。

根据国家统计局公布的数据，2000 年年底城镇实有失业人数（年末下岗人员＋城镇登记失业人员）高达 1506.3 万，这种就业与失业的压力大致将持续到 2030 年前后。据测算，"十五"期间，由于第三次生育高峰（1983—1992 年）出生的人口开始逐步进入劳动年龄，我国劳动力资源（16 岁以上）呈持续上升趋势。2001年，劳动力资源约为 94419 万人，劳动年龄人口（男 16—60 岁，女 16—55 岁）为 78497 万人；到 2005 年，劳动力资源达到100963 万人，劳动年龄人口达到 83480 万人，平均每年新增劳动年龄人口 1191 万人，超过"九五"期间的年均增长量 912 万人。其中由于年龄构成的影响，2003 年劳动年龄人口增量达到最大。从预测结果来看，"十五"期间的劳动力供给趋势与劳动力资源基本一致，将保持持续上升势头，因此会产生较大的就业压力。学者程连升认为，受年龄结构的影响，2020 年劳动力供给增量达到最高峰。他认为，经济增长速度及其就业弹性系数是影响未来就业形势的关键因素。

目前我国的就业弹性呈整体下降趋势，无论总的来看还是分三次产业来看，就业弹性都呈不断下降趋势。尤其是 1990 年以来，这种下降的趋势更加明显。中国经济增长的总弹性从 1979 年的0.44 下降到 2000 年的 0.10。这一趋势表明，经济增长对就业的拉动效应正在逐渐减弱，即每带动一个百分点的就业增加需要更高的经济增长。当然就业弹性的高低并不直接反映就业形势的好坏，就业弹性的总体下降趋势并不意味着中国的就业形势越来越糟，而是更多地表明中国经济增长的结构正在发生变化：劳动力增加的贡献正在变小，资本和技术的贡献正在变大。就三次产业的就业弹性来说，也并非一致的。总的来看，1979—2000 年，第一产业的平均就业弹性为 0.06，第二产业为 0.34，第三产业为 0.57。这些数字说明第一产业经济增长对就业的拉动作用最小；第二产业经济增长对就业的拉动作用高于第一产业，但趋向于大幅度降低；第三产业经济增长对就业的拉动作用最大，尚有一定的潜力。

从以上分析来看，未来我国的就业形势依然严峻，为此需要政府有关部门制定相应有效的政策来应对。

（二）大量农村剩余劳动力急待输出

目前我国农村到底有多少剩余劳动力呢？学者们对此是众说纷纭，不少学者对我国农村剩余劳动力进行了估算，虽然口径不一，数值大小不等，却反映一个同样的问题，那就是我国的农村剩余劳动力比重相当大（见表3）。近年来由于农业比较效益的降低，农业剩余劳动力的比例和数量仍在增加，农业劳动力就业的压力仍在增大。

表3　对农村剩余劳动力的估算

单位：万人，%

估算者	年份	农村隐性失业人口	农村隐性失业人口占农村劳动力的比例
牛仁亮	1994	5400	12
简单国际比较法	同上	8600	16
国际标准模型法	同上	6200	13.8
（矫正Ⅰ）	同上	4500	10
（矫正Ⅱ）	1994	13800	31
王诚	1994	11730	26.1
王红玲	1998	12000	24.2
周德田、毛代云	2000	20000	36
	2000	13700	25
冯兰瑞	1996	14000	30.9
李辉华	2000	15335	27
	1997	13600	27.7
刘伟	1997	11000	24
袁志刚	2000	17032	46.6
国家统计局农调队			

注：数据引自程连升《中国反失业政策研究（1950~2000）》，社会科学文献出版社，2002，第199页；蔡昉主编《2002年：中国人口与劳动问题报告》，社会科学文献出版社，2002，第72页。

那么，比重这么大的农村剩余劳动力是不是都转移到了非农业产业中呢？根据国家统计局农村社会经济调查总队关于全国31个省、市、自治区农村住户劳动力专项抽样调查的统计数据，1997—2000年，被调查农户中的农村转移劳动力占农村劳动力的比重由18.1%升至23.64%。如果符合随机抽样的原则，那么我们可以结合农村劳动力总数，推算出 1997—2000 年全国农村转移劳动力数由 8315 万增长到 11340 万，平均每年增长 1008 万，平均年增长率达 10.9%。①

这些转移劳动力都转移到哪去了呢？根据调查，1998 年开始，农村转移劳动力在本乡以外就业的比例开始超过本乡内就业的比例，并且保持逐年上升的趋势。本乡内非农就业比例逐年下降，但数量上仍然在增加。县级城市和小城镇吸收农村转移劳动力的数量大于地级市和省会城市。跨省流动就业的农村转移劳动力占农村转移劳动力的比例逐年提高。农村劳动力跨省流动就业的基本格局是从中、西部地区流向东部地区。农村劳动力的跨省流动主要是从四川、重庆、江西、安徽、湖南、河南、贵州、广西等中西部地区向广东、浙江、上海、北京、福建、江苏等东部省市流动。广东省大约吸纳了跨省流动就业农村劳动力的一半。②

由此看来，按农户达到有效配置劳动力资源的角度，我国农村剩余劳动力数量巨大，农村就业的压力非常大。

三　建立以促进就业为中心的社会政策体系

根据经济发展和社会发展的要求，政策支持应该不仅是针对城镇失业人员，而且应该面对全体劳动者，对所有失业人员一视同仁，采取各种有效政策措施缓解失业所引发的社会矛盾，改善失业人员的生活困难状况，从而达到社会共富的目标。

同时政策的制定、出台不仅是针对业已失业的人员，而是应该从源头抓起，把即将进入劳动力市场的人员和已经进入劳动力市场的人员通通考虑进去，以防止出现大面积的失业现象，从而形成政策支持的良性循环。因此本文的政策支持建议着眼于长远，

① 蔡昉主编《2002 年：中国人口与劳动问题报告》，社会科学文献出版社，2002，第 59 页。

② 蔡昉主编《2002 年：中国人口与劳动问题报告》，社会科学文献出版社，2002，第 72 页。

重在提出对未来我国失业治理政策的一些思考和建议。

（一）加大教育投入，提高国民素质，增强人力资本积累

大力发展教育事业、加强职业技能培训，可以从总体上提高劳动者素质，有效防止结构性失业，同时还能降低劳动参与率，延缓新增劳动力就业的压力。

1. 大力发展教育事业，提高劳动者素质

义务教育主要指9年的义务教育阶段，实施义务教育的目的在于使全体国民有一个基本的受教育的权利和机会。实施普遍的义务教育对于保证公民受教育机会的平等，缩小城乡差别，实现社会公平具有重要的意义。义务教育是其他一切形式教育的基础，要缩小任何其他阶段教育的差距都必须从义务教育阶段抓起。

根据第五次全国人口普查的数据，2000年我国15岁及以上的文盲人口尚有8507万，占总人口比重的6.72%。这一数字较第四次全国人口普查的18003万人已有明显的下降，但8000多万的文盲人口绝对数字，告诉我们义务教育工作仍然任重道远。忽视义务教育的基础性作用，势必导致新文盲的产生。

1995年，我国颁布新的《中华人民共和国教育法》，进一步明确了义务教育的基础性地位。目前，城镇的义务教育工作开展得较好，学龄儿童入学率接近100%，但在农村，尤其是一些贫困地区的农村，义务教育工作则开展得不尽如人意。

我国的基础教育实行"分级办学、分级管理"的体制，使得落后地区的教育困难重重，其首要的便是教育经费的缺乏。有些地区上级拨下来的教育经费甚至连教师的工资都难以保证，更何谈教学质量？农村的义务教育到最后往往变成农民自己"埋单"。这些现实因素导致农村学校教育与城镇学校教育根本不能相提并论。起点的不公平，导致日后过程及结果的不公平。这必须引起注意。

2. 加强职业技能培训，实行劳动预备制度，提高就业竞争力

现代人力资源理论指出，在各种社会经济资源中，人力资源

是最宝贵、最重要的资源，是一个国家和地区综合发展潜力最根本的要素。人力资源素质的形成与提高，主要有两条途径：一是通过自己的社会实践；二是通过教育和培训。通过教训和培训是提高自身素质最有效的途径。通过对人力资源进行培训，加快人力资本的形成，对于解决结构性失业、缓解就业压力、提高再就业率、实现再就业、妥善安排流动人口和下岗职工具有十分重要的意义。

1992 年 7 月，劳动部发布了《关于加强待业职工转业训练工作的通知》；1996 年 12 月，劳动部依据《劳动法》和《职业教育法》的有关规定，发布了《劳动预备制度》。劳动预备制度是一种新生劳动力就业准入制度。它是对新生劳动力就业前追加 1—3 年的职业培训和相关教育，从而推迟新增劳动力的就业年龄，又在一定程度上弥补新增劳动力在技能上的欠缺的一种制度。它通过新生劳动力受教育年限的延长来形成一种劳力供给的滞后效应，从而有效缓解就业压力，为失业职工、企业富余人员的再就业创造宽松的条件。

1998 年 2 月，劳动和社会保障部推出"'三年千万'再就业培训计划"，通过运用就业政策和就业服务手段，参加培训与推荐就业相结合的原则，对取得培训结业证书和技术等级证书的下岗职工，纳入劳动力市场信息库，优先推荐就业，或开设专场招聘洽谈会，或推荐到用人单位试工；对愿意自谋生计的，劳动部门要积极落实开办手续、经营场地、减免税费等帮助。

（二）完善包括失业保险制度在内的社会保障政策体系

"十五"期间，我国将面对就业的高峰期，劳动力供需矛盾将进一步突出。因此我国的失业保险制度应在试点的基础上，实行积极的失业保险政策，以达到有效地减少失业、增加就业的目的。失业保障制度主要包括失业保险制度、最低生活保障制度、失业救济制度等，完善失业保障制度，必须改变目前覆盖面窄、社会化程度低、筹资不规范、管理机构混乱、保险分割、工资替代率低等问题。

第一，必须扩大失业保障的覆盖面，力争尽快把所有的受雇人员包括进来，同时以立法的形式强制性地要求雇主和受雇人员必须缴纳失业保险，签订劳动合同，以保障雇员们的合法权益。

第二，扩大失业保险基金的来源，稳定由政府、企业、个人三方共同负担的资金筹集方式。政府主要承担资金补足和基金管理两大重任；向企业收取的失业保险基金必须适当，不应过高，以减轻企业负担（1998年中国社会保险的综合缴费率约为37%，其中企业缴费率为28%）。

第三，国家可出售一部分国有资产，以此收入作为基金的部分来源，切实夯实失业保险基金的基础，以对下岗职工和失业人员做某种程度的"国家补偿"。

第四，管理机构应由各地的社会保险部门负责，消除行业分隔。管理费用应在财政列支，不得从失业保险基金中提取。

第五，失业保险金的替代率应在岗职工实际工资的50%—60%，否则不能起到保障失业人员基本生活的作用。

第六，成立由政府、企业、工会三方共同组成的社会保险基金监督机构，确保资金用到失业人员身上。

同时其他社会保障制度也必须跟进。社会救济制度应尽快完善，最终取代城镇居民最低生活保障制度，发挥社会保障最后一道安全网的作用。养老、医疗、住房等福利待遇尽快社会化、基金化，以解决失业人员的后顾之忧，消除他们进入私营企业的制度障碍。

（三）相关制度改革应以促进就业为中心作为指导思想

目前我国有些相关的制度、政策，妨碍了劳动力资源的有效配置，影响着劳动力市场的发育，因而在这些相关制度中贯彻以就业为中心的社会政策思想尤为重要。

1. 户籍制度

我国从1958年开始实行的户籍制度，与计划经济体制下的统购统销、人民公社制度、城市劳动力就业和社会福利保障制度一起建构和维系着城乡二元体系，将全体社会成员分割成城镇人口与农村人口。由于城镇就业制度是一种保护性的就业制度，城镇青年通过一定的方式进入国有企业或者集体企业工作，便是捧着一个"铁饭碗"，再无失业之虞；农村人口很难进入这个就业体系当中。随着劳动用工制度的改革，铁饭碗被打破，农村人口通过招聘的方式进入城镇就业体系中来；随着户籍制度的松动，农村剩余劳动力大量涌进城市。户籍制度造成的一定的就业障碍被渐渐清除。但一些地方性的就业保护政策随之成为影响劳动力市场一体化的主要制度性因素，这些地方性的就业政策人为地抬高了劳动力异地就业的门槛，限制了劳动力的自由流动，从而破坏了城市劳动力市场自由竞争的效率原则。其给予城市劳动力就业的保护和一些特殊的就业权利，不仅破坏了工资由市场决定的原则，而且还抬高了岗位工资，这些都不利于扩大就业。

同时，地方性的就业保护制度阻碍了城市化的进程，使我国经济增长的潜力不能完全发挥出来，而且以就业保护为特征的城乡分割政策对农村大量剩余劳动力、提高农民收入乃至"三农"问题的最终解决都存在一定的消极影响。

2. 收入分配制度

所谓收入分配制度是政府根据既定的目标而规定的收入分配总量及结构的变动方向，以及政府调节收入分配的基本方针和原则。就业是人们获得收入的基本前提，是缩小收入差距的有效手段。收入分配制度直接影响就业结构、就业选择，甚至就业结果。

当前与就业相关联的收入分配制度主要表现为两个方面。

第一，城乡收入差距逐步拉大，加大城市就业压力。近几年，农村居民人均纯收入增幅远远低于城镇居民人均可支配收入的增长，城乡居民收入差距进一步扩大，见表4。

表4　我国城乡居民家庭人均收入

年份	农村居民人均纯收入（元）	城镇居民家庭人均可支配收入（元）	比值
1985	397.6	739.1	0.54:1
1990	686.3	1510.2	0.45:1

年份	农村居民人均纯收入（元）	城镇居民家庭人均可支配收入（元）	比值
1995	1577.7	4283.0	0.37:1
1999	2210.3	5854.0	0.38:1
2000	2253.4	6280.0	0.36:1

资料来源：国家统计局：《中国统计年鉴》，中国统计出版社，2001，第304页。

人口迁移动因的推拉理论（the push and pull theory）认为，人口迁移存在两种动因：一是居住地存在推动人口迁移的力量；二是迁入地存在吸引人口迁移的力量。两种力量的共同或单方作用导致了人口迁移。由于城乡居民收入差距过大，农村劳动力，尤其是青壮年劳动力向城镇转移的经济动机非常强烈。这无疑加大了农村剩余劳动力转移的规模，加大了就业的压力，增加了失业的可能性。

第二，行业之间、企业之间收入差距扩大，造成一定规模的失业。我国改革开放以来，行业之间和企业之间的收入差距存在不合理扩大的趋势，其因素主要有：一是价格结构不合理，造成某些行业和企业长期处于亏损或微利状态，如石油、煤炭行业；二是部分行业的垄断经营，获得高额利润；三是生产要素的初始占有存在差异，使某些占有国有资源特别是紧缺资源较多的行业和企业获取了大量国有资源垄断收入；四是少数特殊行业，掌握国家生产要素配置权利，通过价格差、利率差、汇率差获取大量寻租收入。

这些行业、企业的工资收入普遍比其他行业和企业的工资收入更高，从而带动了整个社会工资收入的水涨船高。根据西方失业经济学理论，工资收入如果不能准确地反映劳动效率，位于市场平均水平之上的话，会导致对劳动力需求的减少，从而造成一定规模的失业。此外，工资还存在一定的刚性特征，在宏观经济不景气的时候，往往导致大量的失业；在经济发展的条件下，也会导致就业的增长缓慢，使就业难以充分实现。

（四）建立积极劳动力市场政策

所谓积极的劳动力市场政策是相对于消极的劳动力市场政策

而言的。简单地说，"积极"意味着为劳动者创造条件，促进其就业；而"消极"的主要意思是在周期性变化中，用救济等办法暂时在经济萧条时将失业者"养"起来。或者说，"积极"政策注重刺激供给，为失业者创造就业条件，教给劳动者如何就业赚钱的方法；而"消极"政策更注重刺激需求，将失业者"存放"起来。就其一般性情况而言，其主要政策的内容包括以下几点。

第一，增加劳动者的进修与再培训的机会，并使这种机会及劳动者在职业生涯中多次转换职业成为未来经济发展的一种趋势。

第二，改善劳动者的流动性。通过财政援助改善劳动者的流动，鼓励在有过剩劳动力的地区创造就业岗位，通常采取迁居津贴的方式，保证正在衰落地区劳动者的临时工资，在工资、雇佣上鼓励企业到劳动力过剩地区投资，并把这种财政援助与当地劳动力适应新职业的措施结合起来。

第三，照顾处境不利的特殊就业群体。这些人包括没有工作经历的年轻人、青年失业者、长期失业者、残疾人、老年人和家庭主妇等。

第四，对于一些行业的季节性失业，鼓励这些行业在低峰时期完成工作或工程，而不必在高峰时期去竞争岗位。

第五，把就业率的降低看作提高劳动者培训水平的一个机会，并为经济复苏后招雇人数的扩大做准备。在经济周期过程中，利用衰退时期提高劳动者的技能和职业资格，发挥培训的"蓄水池"作用，经济一旦恢复后使劳动者增强对劳动力市场的适应性，从而使就业状况在经济周期的变化中呈现良好的循环趋势。

第六，对面临经营困难和濒临破产的企业，采取预算措施改善企业财务状况，或以贷款来维持企业的正常经济活动，避免过多的失业，维持就业率。

第七，通过各种政策、法律，用强制及非强制的方式维持劳动者与雇主之间的契约关系，以维持就业率。

第八，对提供新增就业进行援助。扩大公用事业部门就业：对私营部门创造就业机会进行一般性的和地区政策性的财政鼓励，如将对企业的地区就业奖励金与就业的增加数进行挂钩，或对私人投资的资助取决于其提供的就业岗位；通过工资补贴，减少社会开支等鼓励企业招聘失业者，特别是长期失业者。

（五）加强社区建设，促进社区就业发展

社区就业岗位一般可分为三类：一是便民利民服务类；二是公共性服务类，公共性服务是为大众提供的公共服务，具有使大众受益的特点，具有非营利性，比如社区建设和管理的许多内容都属于这一领域；三是后勤保障服务类，除社区居民外，在社区内的各类单位所需要的服务也是丰富多彩的。

社区就业具有管理综合性的特点。社区服务活动是一项综合性的社会活动，牵涉面十分广泛。与目前大中型企业和机关、事业单位的就业岗位相比，社区服务的不少就业岗位具有生产、生活和管理的特点。同时，社区就业还具有岗位辅助性的特点，正是这种辅助性决定了部分社区服务活动随意性大、居民需求欠稳定，在一定程度上增加了开发社区就业的难度。社区就业的方式具有一定的灵活性，其岗位往往具有很大的弹性，这就为倡导阶段性就业制度提供了很好的依据。社区就业是市场经济条件下调节劳动力供求关系的一个蓄水池。

社区就业在商业运作的同时，还具有很强的服务性特点，因此需要一定的扶持政策。这些政策不仅是针对下岗失业人员的，而且是应该针对社区就业发展本身的。

综上所述，劳动就业问题的解决是一个系统工程，涉及政府社会政策支持的各个方面，因此政府作为政策制定的决策人，应在相关政策中体现以促进就业为中心的指导思想。具体而言，应积极建立以促进就业为中心的社会政策支持体系：一是通过适当的社会经济政策，提高就业率，降低失业率，以实现充分就业作为政府的社会经济政策的主要目标；二是以制度政策措施为遭遇失业风险的劳动者提供规范化的帮助，并为其能够尽快地实现再就业创造必要的条件。

下岗职工角色转换及其继续社会化[*]

每个人在社会里都占有一定的社会地位。各种社会地位的行为规范的总和，就是占有这个社会地位的社会角色。每一种社会角色都有不同的社会生活内容及其行为规范和心理特点。

一 下岗职工的角色转换

国有企业职工下岗是其社会角色类型的变换。具体说来，下岗职工必须面对劳动方式的转化、社会生活方式的转换、心理取向的转变这三重角色转换过程。这三个层面在转换过程中相互联系、依次递进，职业劳动方式的转化必将带动社会生活方式的转换，从而影响人们的价值观念、心理取向。

国有企业职工下岗首先是职业角色类型的变化。一般来说，在国有企业工作的职工有较稳定的工资收入与福利待遇，能维持其本人和家庭的生活；他们有较为稳定的劳动条件和劳动环境，并有十分固定的有规律性的劳动方式。下岗后，随着劳动岗位的失去（或是半岗、换岗离岗），人们作为一名国有企业职工所拥有的劳动方式基本上不复存在，人们最迫切的目标是寻求一份能提供一定收入的稳定工作，这使人们不得不逐渐适应失业者（或半失业者）的取向角色。

与职业角色的转变相联系，下岗职工角色转换的第二个层面是生活的变化。在时间安排上，下岗职工大多失去了在岗时的有

---

* 本文根据作者主持的教育部人文社会科学研究"九五"规划项目"国有企业下岗职工社会保障研究"（98JAQ8 40004）结题报告第25—28页的内容撰写。原载《江西财经大学学报》2011年第5期，与项益才合写。

序性、规律性。对于大多数下岗职工来说，休闲方式有根本性的改变；在社会交往范围上，人们基本上失去了与昔日同事的联系，与原来亲戚朋友的亲密关系也有所淡化；尤值得注意的是，下岗职工面临着更大的日常生活压力，由于缺乏稳定职业收入来源、国家的社会保障体制不健全，下岗职工难以维持一般的生活水平，在吃、穿、住、用等方面承担着较大的压力。

在心理层面，下岗职工承担着较大的心理压力，并存在一些心理障碍因素，表现出较大的不适应特征。

从下岗到重新就业，这其中存在一个社会角色的转换过程。下岗职工所面临的社会角色转换，在空间和时间上的表现都是跳跃式的，也就是说，其变动的间距是巨大的、时间是紧迫的。要求下岗者在很短时间内，改变十几年至几十年来形成的职业方式、生活方式与心理取向。这种变动是急剧的。

二 影响下岗职工角色转换的因素分析

下岗职工角色转换的最大障碍因素即为心理状态的不适应，据各地调查，职工下岗后普遍存在较强烈的苦闷、焦虑、悲观失望、彷徨不安等心理感受，详见表1。

表1 下岗职工的心理感受情况 N = 2000

单位：%

心理感受指标	有此感受	无此感受
苦闷焦虑	97.2	2.8
悲观失望	74.1	25.9
彷徨不安	51.8	48.2
很轻松	67.4	32.6
生活艰辛	2.1	97.9
很幸福	0.4	99.6
对未来充满希望	16.2	83.8
无所谓	11.3	88.7

资料来源：陈成文：《社会弱者论》，时事出版社，2000，第95—96页。

　　这种心理上的不适应状况在很大程度上迟滞了下岗职工的角色转换过程。与下岗职工这种个体心理感受相联系，下岗职工群体中的高预期心理、期待与依赖心理、矛盾心理、失落心理则是其实现角色转换的主要心理障碍。

　　①高预期心理。下岗职工在重新择业时，普遍存在较高的期望值，具体表现为：所有制性质的选择，重国有、轻集体个体；行业的选择，乐意到高新技术产业，独资，合资企业，旅游、宾馆、饭店、商业服务等第三产业，不愿去建材、机械冶金等传统行业；报酬的选择，乐意到薪水不高、福利待遇好的单位；工种的选择，乐意干无劳动定额，既轻松又自由的工种，不愿干脏、累、苦、重、毒的工种。这种择业过程中的高预期心理，导致许多岗位无人应聘而众多下岗职工再就业难的局面并存。

　　②期待与依赖心理。在个人依赖单位、单位依赖国家的单位保险制度和铁饭碗体制熏陶下，下岗职工仍存在较强的依赖心理，期待国家和单位来解决就业问题和生活困难问题。这种依赖心理和期待心理的进一步强化，使人们淡化了机会和风险意识，缺乏主动精神与进取观念。

　　③矛盾心理。矛盾心理是指同一主体在同一心理过程中同时存在两种对立的反应倾向，如拥护、支持、欢迎政策与不拥护、不支持、不欢迎改革。这两种心理反应倾向是对立的；如果这两种对立的心理反应倾向发生在同一主体身上，这一主体的心理反应就会呈现一种矛盾的状态，由此就会引起心理的失衡与冲突。

　　对下岗职工来说，矛盾的心理反应状态是一种很普遍的心理状态。从宏观上说，人们普遍赞同改革，当改革涉及本身的具体利益时，则持消极状态；下岗后，他们已经有了主动寻找新职业的强烈愿望，但论及具体的求职行为时，则往往瞻前顾后，怕失去原有的劳动人事关系，怕失去数目极少的一部分生活费。在这种矛盾心理状态之中，下岗职工往往陷于一种不知所措、进退维谷、左右为难的情境地。

　　④失落心理。下岗职工的失落心理具体表现为相对剥夺感与怀旧心理两种典型心态。"相对剥夺感"是社会个体和群体在共时

性的横向比较中产生的一种心理感受，一定程度上反映了主观现实与客观现实不一定相符。国有企业职工下岗实质上是一部分劳动者既得利益的丧失过程，因而下岗职工的相对剥夺感十分强烈。在这种心理基础上，不少下岗职工眷念传统、怀念旧体制，必然惧怕改革，厌恶改革。事实上，对传统体制的种种"优越性"的怀念和眷念，已经滋长出一种"回归"情绪，一种"向后看""走回头路"的情绪。这种以相对剥夺感和怀旧心理为特征的失落心态，很大程度上阻碍了下岗职工顺利进行角色转换。

三 下岗职工的继续社会化

下岗职工问题解决的根本出路在于经济体制改革的深化和社会保障制度的建立健全，其角色转换成功与否，涉及社会制度环境和下岗职工个体能力的各个方面。从社会学角度看，个体角色转换是社会化的继续，因为继续社会化是克服心理障碍因素的一个重要方面。

社会化是社会学的重要理论概念之一，既是社会转化个体的过程，也是个体自我转化的过程。美国社会心理学家 W. 巴克教授认为："在当今迅速变迁的社会里，主要的生活抉择在整个成年时期都是未定的。社会化不再局限于童年，而是一个无限的自我定向的过程。"所谓继续社会化是指随着社会的发展变迁，个人不断接受新的社会条件并调整自身活动，使自己适应新的社会生活的过程。伴随着国有企业下岗职工从下岗到重新就业，其间经历着国家经济体制改革和产业结构调整，其变动是巨大的。这要求下岗人员尽快地改变十几年来甚至几十年来形成的职业方式、生活方式与心理取向，在新的社会条件下与社会互动从而达到协调。因此，继续社会化是国有企业下岗职工在现代社会中的必然趋势。

①下岗职工继续社会化的目标。一般来说，在传统计划经济体制下，国有企业职工走的是一条"国家主人翁"目标社会化的模式。在向市场经济转型过程中，下岗职工已由"单位人"变为"自由人"。下岗职工的劳动方式、生活方式、价值取向等有了彻

底的变化，"自由人"既给了下岗职工更多的发展机会，同时也向他们提出了挑战。于是怎样缩短下岗职工失业状态的时间和树立工人职业流动的观念成为从中央到地方极为关注的大事，"下岗职工再就业"成为国家、社会、家庭对下岗职工继续社会化的主要目标。

从下岗职工群体来看，他们是在计划经济向市场经济转型过程中出现的一个特殊群体，面临经济关系和社会地位的双重转变，必须进行继续社会化。但他们已是"社会人"，且大多数年龄在40—50岁，文化程度偏低，大部分原是机械、纺织行业的工作人员。他们中大部分基本上是从传统的单位制（国有企业）岗位上裁下来的，习惯于低工资、高福利、节奏慢的劳动工作方式。下岗人员对原单位有很强的归属感、依赖感，同时对原单位的自我认同也比较高，这极大地阻碍了下岗职工主动就业的积极性。因而下岗职工必须转变其传统的就业观念，彻底打破靠国家安排就业的观念；打破到公有制单位才算就业的观念；打破没有轻闲舒适工作就不就业的观念；打破工资没有原来高就不就业的观念。树立自立、自主、自强、自由竞争择业的观念；树立行行能就业的观念；树立实事求是地根据自身特点不失时机地把握就业机会和选择职业岗位的观念。下岗职工对继续社会化的目标越明确、越坚定，则社会化就会越成功。下岗职工在继续社会化效果上表现出来的差异与其对社会化目标的理解与实践是紧密相关的。

②下岗职工继续社会化的内容。重新获得劳动岗位是下岗职工继续社会化的目标，也是社会、家庭所期望的。下岗职工继续社会化的内容包括以下几个方面。

其一是重新学习以获得系统的知识、技能。一般来说，人力资本可能通过两个途径获得：一是通过接受教育的方式获得，因此每个人都需要将人生的一段时光专门用于接受教育；二是通过在工作过程中不断学习来积累人力资本，即所谓的"干中学"。下岗职工大多都是在"干中学"的，而"干中学"所学的往往是一些很具体的知识技能，专用性较强，一旦工作岗位变换，其所学的知识技能很可能就派不上用场了，这样便会限制其工作的流动性。因此，下岗职工必须重新学习，由此取得谋生的人力资本，为尽快再就业打下基础。这是由社会专业分工的需要和国家产业结构大调整所决定的。当今社会化生产过程越来越受到新的技术和工艺的影响，新技术和新工艺在生产过程中的应用要求劳动者改变自己的知识结构和技能结构，学习和掌握新的技术和技能。很显然，在生产过程的技术革命中，能够迅速学习新技术、适应新技术的人员会在重新择业中处于相对有利的位置。

其二是要重新确立自己的人生目标与价值观念，树立职业流动的观点。这是培养自己的独立意识与自主意识的根本途径。首先，职工下岗后即失业，其劳动方式、生活方式、工作环境、社会关系都将发生改变。下岗职工面对新的变化，其人生目标也受到冲击，过去"国家主人翁"目标社会化的模式也受到挑战。其任何无意或有意忽视确立自我人生目标的行为，都会使个体轻易卷进盲从和无所事事中而不能自拔。为此，下岗职工既要克服传统的"单位制"带来的负面影响，也要克服"自由人"的个人中心主义的影响。其次，国家新增生产力提供就业的机会一般来说总要低于劳动力的就业需求，而且这种就业机会也是不均等的，这是由资源的稀缺性和市场竞争规律所决定的。所以面对计划经济向市场经济转型过程中体制改革、中西文化的冲突、市场经济规则的不完善、激烈竞争的就业岗位，下岗职工必须树立积极的人生目标。

其三是继续学习生活方式的行为规范。随着新旧职业的变更，其生活方式的行为规范也发生了变化。特别是国有企业下岗职工，在时间安排上大多失去了在岗时的有序规律性；在社会交往范围方面，人们建构在昔日同事基础上的亲密关系已逐步淡化。因而面对时间的无序性和社会交往关系的变化，下岗职工在生活方式上如何合理安排时间、正确选择交往方式成为继续社会化新的内容。下岗职工原有的生活规范和交往方式一般仅限于单位内部，过去生活中的热闹场面，如生日聚会，子女就业、上学，红白喜事等在单位都由同事们或单位出面来营造热闹的气氛，而现在这些随着岗位的丢失、时间的推移，在职业、工作场地、居住地相同的"同事"基础上建立起来的亲密关系正在淡化，有的甚至逐渐消失。重新寻览生活中的朋友、建立友谊成为当今下岗失业职工中的一个重要问题。

　　培养与发展健全的个性是下岗职工继续社会化成功的关键问题。从再就业出发，作为国家，希望下岗职工能适应不断变化的市场经济竞争的要求，尽快重新回归新的"单位"，再次成为国家的建设者；作为家庭，希望下岗职工尽快找到工作，不至于待在家中引发家庭冲突；作为个人，既希望尽快有所归属，归于某一个组织，又不希望重新就业的工作岗位及其经济收入和社会地位与原职业特点相差太远。

5 社会发展与社会保障

我国现行社会保障体系的
缺陷及其完善对策

一　引言

　　社会保障制度是一个国家或政府为了推动经济增长、维护社会稳定、促进社会公正而进行的一项制度设计与安排。党的十七大报告提出"要以社会保险、社会救助、社会福利为基础，以基本养老、基本医疗、最低生活保障制度为重点，以慈善事业、商业保险为补充，加快完善社会保障体系"。[①] 社会保障体系建设是构建社会主义和谐社会的必要条件；完善社会保障体系，使全体社会成员能够享受全面普适的社会保障，是社会主义社会的本质要求，也是改善民生的重要手段。当前国内学者对社会保障体系的建立与完善进行了深入研究：郑功成指出要尽快弥补社会保障制度的缺漏，推进社会保障体系一体化、完备化；[②] 郑秉文分析了社会保障制度选择的重要性，尽量让制度兼顾不同社会群体的要求，不要出现制度碎片化；[③] 陈怀远认为应实行普遍的福利保障制度，社会保障的市场化、社会化改革必须以实现社会公平为前提；[④] 杜江峰、王继新提出要以人为本，建立统一的社会保障制

---

①　胡锦涛：《高举中国特色社会主义伟大旗帜　为全面夺取小康社会新胜利而奋斗》，《人民日报》2007 年 10 月 25 日第 1 版。

②　郑功成：《社会保障：和谐社会的基本制度保障》，《法学家》2005 年第 5 期。

③　袁泽春：《和谐社会需要完善社保　社保实践呼唤科学理论——和谐社会与社会保障理论座谈会在京召开》，《中国劳动保障》2006 年第 8 期。

④　陈怀远：《和谐社会的社会保障释疑》，《江淮论坛》2007 年第 1 期。

度，加快社会保障制度立法进程，实现社会保障的法制化；^① 赵冰
提出要扩大社会保障的覆盖面，将农民纳入社会保障体系中，城
乡并重地完善社会保障体系，确实解决三农问题。^② 上述研究为我
国当前的社会保障体系建设指明了方向，具有重要的理论价值和
现实意义，为后续研究提供了可贵的借鉴。进一步从深层次的理
念层面剖析我国社会保障体系的设立初衷，可以更好地理解现行
社会保障体系存在的弊端，明确完善的对策与方向。从宏观上说，
社会保障是和谐社会的重要内容和必要条件；从微观上讲，社会
保障是对个人生存能力的恢复和维系、对发展能力的重建与扩展，
这是社会保障的本质所在。本文尝试从人的生存与发展视角，重
新审视我国社会保障体系的目标和构架，探讨建立符合人的发展
需要的社会保障制度。

二　我国现行社会保障体系的制度缺陷

社会保障在本质上是为实现社会成员的生存权和发展权服务
的，"为人性"是它的根本特性，所谓"为人性"指的就是社会保
障体系设计应当突出以人的生存和发展为本。以人的生存与发展
为基点，审视现行社会保障体系的产生与发展，可以发现其在诸
多方面还有待完善。

1. 制度理念没有体现"为人性"的本质要求

现行社会保障制度产生于计划经济体制向市场经济体制过渡
时期，被视为国有企业改革的一项配套政策措施。这种背景和理
念下形成的社会保障制度，从一开始就背离了社会保障"为人性"
的本质。客观地说，当初的社会保障改革对安置国有企业下岗职
工具有积极的作用，但是对于非国有部门职员以及处于流动状态
的农民工的适应性很差。应当承认，我国社会保障制度产生的初

---

① 杜江峰、王继新：《构建和谐社会的社会保障制度》，《山西高等学校社会科学学报》2007 年第 7 期。
② 赵冰：《社会保障与和谐社会的构建》，《社科纵横》2007 年第 6 期。

衷并不是为了解决大多数人的生存与发展问题，而是为国有企业脱贫减负服务的。这种设计理念的偏离，是我国社会保障体系最根本的缺陷。可以认为，我国社会保障体系其他方面的不完善，都是根源于这一理念的错位。

2. 社会保障体系有悖公平和正义

我国社会保障制度从建立伊始就呈现城乡二元分治的特征。从社会保障的内容看，城市已经建立起相对完善的社会保障系统，保障内容已经涵盖了城市居民基本生活的各个方面；在广大农村社会保障体系还没有最终确立起来，许多地方的基本保障仍然处于起步或者空白状态。从社会保障的水平看，我国城市的社会保障水平也远远高于农村。此外，不同性质的单位之间社会保障待遇悬殊。社会保障待遇在国家机关、事业单位、企业以及其他劳动者之间存在显著差别，这种差异在养老保障、医疗保险等方面表现得最为突出。以养老保障为例，整体而言国家机关以及享受全额拨款的事业单位，其职工的退休工资要远远高于企业退休职工的养老金。而在广大的农村，农民的养老基本上还处在家庭养老阶段。城乡社会保障体系以及不同性质单位间社会保障待遇的巨大反差，是影响我国社会保障制度公平性和普适性的最重要因素，不仅制约了经济社会的可持续发展，也损害了社会的公平正义。

3. 社会保障体系运行成效不高

社会保障的基本功能是保障社会成员最基本的生活需求。由于制度缺陷，许多身居农村处于边缘境地的老人、儿童、残疾人士、患者无法享受到低保，生存处境依然艰难。除贫困地区和边远农村外，我国中西部城市中也存在相当一部分贫困人口游离于社会救助之外。如何做到社会保障的广覆盖，特别是把农民工、个体劳动者、灵活就业人员等群体都纳入社会保障体系中，实现"应保尽保"的目标，这是真正发挥社会保障制度功能的关键。现有的社会保障体系不仅覆盖率有待提高，而且由于社会保障待遇在不同地区和行业之间的差异，反而加大了原本存在的贫富不均。我国社会保障政策多是立足于缓解贫困，并没有将缩小收入差距作为制度的目标，这在客观上弱化了其缩小贫富差距的功能，制约了我国社会保障体系的运行绩效。

4. 社会保障的可流动性不强

增强社会保障的公平性、适应性、流动性和可持续性，是"十二五"期间我国社会保障发展的总体目标。公平性就是要解决社会保障的差异性问题，实现社会保障的广覆盖和缩小收入水平差距。若社会保障达到了基本的公平，它在全国范围内流动的障碍也就基本解除了。当前社会保障的适应性差，主要表现就是它不能适应流动人口的需求，不能协调不同地区社会保障存在的差异。适应性要解决的就是社会保障的开放性，一个开放的社会保障体系必然是可以流动的，能够促使社会保障关系在各地区之间自由流转。从人的自由与发展视角来看社会保障的可持续性，意指社会保障制度安排应当蕴含合理性本质。从中国当前的实际来定义社会保障的合理性、制度的公正性是固有的内容，而明确社会保障的可流动性要求也是应有之义。社会保障关系只有可以流动了，这项制度才有活力，而不是成为人们自我选择的羁绊。

5. 政府在社会保障体系中的责任不清

"社会保障产品在中央政府与地方政府之间的权责划分，是社会保障管理体制的核心问题。"[1] 社会保障是对社会财富的再分配，并且政府又是社会保障资金的重要提供者，因此，政府在社会保障体系建设中具有不可推卸的责任，只有政府才有能力处理好公平与效率的关系。明确中央政府与地方政府之间的权责分配，促进社会保障管理体制的制度化，是社会保障体系建设的重要内容。由于制度的原因，中央政府和地方政府以及地方各级政府之间，在社会保障制度建设中需要承担的责任划分并不清楚，不仅降低了社会保障体系的运行效率，也影响了社会保障体系的可持续发展。

---

[1] 柯卉兵：《社会保障转移支付的公共经济学解析》，《当代财经》2010 年第 8 期。

三 完善我国社会保障体系的对策建议

我国社会保障体系建设，应当在以保障人的生存，促进人的发展为理念，以城乡平等、全面覆盖为基本目标，以满足所有社会成员基本生活需求为最终落脚点的基础上，实时完善，全面推进。

1. 社会保障体系建设的基本目标

社会保障体系设计必须以公平、高效、充满活力以及社会和谐为指向，不断扩展保障项目，提升保障水平，以普遍提高人们的生存质量，实现社会成员的自由全面发展。具体来说，新型的社会保障体系应该包含以下目标。

第一，初级目标——反贫困。贫困依然是制约我国弱势群体发展的重要因素，特别是广大农村贫困标准偏低，贫困现象更是突出。在城市也没有确立权威的贫困标准，而且流动人口的贫困问题也日益凸显。以"家庭人均可支配收入为基数来估算城乡贫困线的水平。2006 年城乡低保标准分别占当年人均收支均值的 17.3% 和 23.7%，2007 年城乡低保标准分别占当年人均可支配收入的 15.9% 和 20.3%"。[①] 若按照国际上通行的民众收入中位数的 30% 为极端贫困标准，我国的低保水平当属极端贫困线。社会保障反贫困实际上就是要解决社会成员的基本生存需求，缩小贫富差距，促进社会公平，实现弱势群体再社会化，避免他们因贫困而与社会"断裂"。

第二，基本目标——抵御风险。养老、疾病、失业、工伤等社会风险已经成为现代社会制约人的发展的重要因素，随着家庭和单位抵御风险能力的逐步弱化，仅靠个人已经无法防范这些潜在风险。通过社会保障抵御社会风险是现代社会的必然要求，我国的社会保障体系建设要遵循科学发展观，树立以人为本的理念，

---

① 陈正光、骆正清：《我国城乡社会保障支出均等化分析》，《江西财经大学学报》2010 年第 5 期。

重视对风险的防范，使社会风险得到有效管理和控制。

第三，重要目标——促进平等与迁徙自由。公平是人类社会的基本价值之一，当前我国社会的最大不公平表现在城乡之间公共服务的巨大差异。严格的户籍制度限制了公民的迁徙自由权，致使社会成员在就业、医疗、社会保障等方面存在不平等的待遇。迁徙自由是人身自由权的重要组成部分，它是公民追求幸福生活、实现人生价值的重要条件，也是发展社会主义市场经济的必然要求。社会主义市场经济体制的确立，意味着人们不仅在国内可以自由选择工作和生活地点，而且出入国境从事各种经济活动的情况也日益增多。只有确认公民的迁徙自由权，消除依附在户籍关系上的各种社会经济利益，建立统一的社会保障服务体系，才能最大限度地保障人的自身发展、实现社会的公平和正义。

收入差异是市场经济的必然产物，也是市场机制能够有效运行的必备条件，但这种差异一定要限制在合理的范围之内。财富分配的极大差异不仅会抑制公民的基本需求和经济发展的活力，更是社会冲突的根源。社会保障作为国民收入再分配的重要方式与手段，其基本功能就是维护社会的平衡和稳定。因此，社会保障的重要功能在于纠正市场规则所主导的一次分配的不公平结果，实施收入再分配，消除绝对贫困，缩小贫富差距，最大限度地保障社会的相对公平。

第四，最终目标——提升人的发展能力。人的发展能力主要包括人的理性能力、实践能力、创造能力和劳动能力等，其中人的劳动能力具有根本和基础性作用。社会保障就是要对意外事故中的不幸者进行救济，为失业者提供失业保险，为患者提供医疗保障，消除各种危及人的生存和发展的社会风险，恢复他们的劳动能力，充分地调动劳动者的积极性和创造性。社会保障制度不仅是保障所有国民享有平等的生存救济权，还要保障所有国民享有平等的发展权，即平等地享有受教育权、就业权和其他各种发展机会，使全体社会成员各尽其能、充分发展。

2. 社会保障体系建设的内容

在社会保障制度产生之初，其主要使命在于为社会成员的生存提供制度层面的保障，当生存不再是社会的主要矛盾，发展则成为人们现实的渴望，社会保障的主要功能也必然由保障人们的基本生存需求转为促进社会成员的发展。我国的社会保障体系建设，应当在保障民生、促进发展的总体思路下进行制度创新。

第一，建设基于平等理念的社会保障体系。随着经济增长和城市化的发展，流动人口的不断增加，现有的城乡二元社会保障体系已经越来越不适应社会经济发展的需要。必须对城乡社会保障制度进行整合，特别要加快完善农村社会保障体系，使其与城市社会保障体系接轨，同时要将农民工及其子女逐步纳入城市社会保障体系范围内。只有坚持"广覆盖、保基本、多层次、可持续"十二字方针，综合考虑城市、农村和流动人口的社会保障问题，才能实现社会的公平正义，确实维护社会成员的生存与发展。

统筹城乡社会保障制度的重要内容就是实行相对统一的城乡社会保障标准。目前，社会福利和公共服务事业主要由地方政府和村集体承担，现行财政税收体制和农村经济发展的不平衡，使得越是欠发达地区社会保障资金的缺口越大，社会保障制度很难取得成效。因此，必须统一全国的社会保障标准，完善公共财政体系，加大对农村社会保障基金的转移支付，缩小城乡社会保障的差距。

第二，完善基于生存价值的社会保障体系。贫困和各种社会风险都会引发社会成员的生存危机，社会保障主要是通过实施反贫困措施以及管理和抵御各种社会风险，化解社会成员的生存危机。

反贫困的社会保障体系建设，主要包括社会救助制度和城乡最低生活保障制度。当前我国农村贫困与城市贫困问题并存，政府应该针对所有城乡贫困人口建立统一的救助制度，包括救助对象、救助标准和申请审批等环节，最大限度地覆盖城乡贫困居民。与此同时，积极推进城乡居民最低生活保障制度建设，修改和完善低保法律、法规，扩充低保资金来源渠道，形成稳定的保障机制，健全低保配套项目，减少低保群体的医疗、教育成本。

风险控制的社会保障体系建设。针对社会风险的复杂性，全面建立和完善面向所有社会成员的养老、医疗、失业、工伤等风险控制网。在养老保险方面，进一步开发劳动力市场，增强就业容量，逐步建立养老基金完全个人积累制度，做实个人账户，化解隐形债务，强化养老基金运营管理，实现保障基金保值增值，稳妥推进农村养老体制改革，发展商业养老，完善养老保险体系；在医疗保险方面，继续扩大基本医疗覆盖面，实行基本医疗保障强制性参保和政府补贴相结合，特别关注贫困人群的基本医疗保障，健全基层医疗卫生服务体系，确保基本公共卫生服务均等化；在失业保险方面，转变失业保险理念，实现失业保险与促进就业有效结合，引导失业保险与社会救济制度、最低生活保障制度有效衔接，明确失业保险权利与义务相统一原则，提高失业保险的统筹层次和覆盖质量；在工伤保险方面，建立以预防为主、兼顾康复的保险体系，突出对高危行业和特殊人群的工伤保险机制的完善。

第三，基于发展价值的社会保障体系建设。在社会主义初级阶段，制约人的发展的因素是多方面的，对于公民个人而言，最直接的就是因严格的户籍制度而失去的迁徙自由和教育福利的不公平。从保障公民的发展权利出发，社会保障体系应在以下方面加强建设。

发展教育福利，确保教育公平。我国教育公平和福利的缺失主要表现在农村义务教育资源的严重短缺和不同地区间不平等的教育福利。国家要最大限度地实现教育福利的公平，增加社会保障对教育的投资，确保教育投入不受财政状况的影响，实现国民义务教育的福利化，推行各种教育援助计划，提供惠及全民的职业技能培训体系，并最大限度地保障教育机会的公平，以增强社会成员的发展能力，缔造起点公平，实现社会和谐进步。

实现社会保障的可流动性，促进迁徙自由。社会保障是实现迁徙自由的物质基础，建立可流动的社会保障制度是促进迁徙自由的重要举措。因此，进行以迁徙自由为导向的社会保障改革，就是要实现社会保障的可流动性。建立统一完善的社会保障体系，做到社保基金全国累积计算是其中重要的措施。在此基础上，重点完善外来务工人员的社会保障制度，建立统一的城乡基本保险制度，实现社会保险关系跨地区转移衔接。

3. 完善社会保障体系运行的保障机制

首先，明确各级政府的社会保障责任。在社会保障立法方面，中央政府负责全国统一的社会保障立法，确定社会保障的基本原则、制度框架和运行规则。地方政府在中央立法的指导下，制定地区法规及实施细则，并承担具体实施责任。在财政责任方面，中央政府应对公共基本养老保险负责，失业保险与医疗保险则由地方承担，中央政府主要是制定规则来引导其发展。中央政府要兜底农村医疗保障，承办农村新型合作医疗事业。关于社会救助和社会福利，经常性的救助项目和一般意义的社会福利主要应由地方政府提供，中央政府应对社会救济负最终责任并承担军人的有关社会福利待遇。另外，要逐步完善政府间的财政转移支付制度，共同发挥中央财政与地方财政在社会保障地区均等化方面的作用。

其次，完善社会保障体系的筹资机制，确保充足的资金来源。总的方向是建立中央政府、地方政府、企业与个人共同筹资的资金分担机制。目前我国社会保障基金的筹集，最主要的矛盾表现在养老金运营与管理上。由于社会统筹和个人账户的混账（统账结合）运行，养老保险基金的绝大部分用来保证支付当年的养老金，严重透支了职工的个人账户，致使个人账户只是名义上的空账，没有形成实际积累，这是目前社会统筹和个人账户一本支出所带来的新的缺口和风险。要做实个人账户，就必须废除现行的现收现付制，实现完全意义上的个人积累制。可给"新人"建立完全的个人账户，确定合理的积累率，把单位和职工缴纳的保险金作为个人的养老储蓄，如数存入个人账户，将来完全凭借个人账户的积累额领取养老金，实现个人自我养老保障，避免产生代际冲突。完全积累制可以提高个人缴费积极性，并且账户资金可以交予专门的机构进行投资管理，达到保值增值。

四　结语

　　社会保障对调节收入分配、促进社会公平、保障个人的生存与发展具有重要作用，是我国现阶段民生建设的重要内容。建立和完善社会保障体系，是国家长治久安、人民生活幸福、经济持续增长的基础。构建和完善社会主义社会保障体系，应当坚持社会成员生存与发展的并重原则，重新定位社会保障制度的目标功能，切实加快解决城乡二元社会保障结构问题，重视教育公平和福利，明确各级政府的社会保障责任，推进社会保障体系的可持续发展，实现城乡居民平等享受社会保障，建立起符合社会主义本质要求、适应经济发展水平的社会保障体系。

土地流转制度下农村流动人口的
社会保障权实现：以城乡统筹为视角[*]

一　问题的提出

我国现阶段的家庭联产承包责任制在形成之初充分调动了农民生产的积极性，彻底解决了人民公社旧体制下的"出工大拨轰，分配大锅饭"的弊端。而在解放生产力、促进农业生产发展的同时，人地矛盾却随着劳动生产率的提高而进一步激化。农村联产承包责任制在进一步缩短了农时、减少了人力的同时，创造了大量的农村剩余劳动力和剩余劳动时间，从而为农民走出田间、从事多种经营并实现人口流动提供了可能。^① 农村剩余劳动力增多加上市场经济条件下城市发展对劳动力供给的大量需求，农民流动有了现实需求。始于 20 世纪 50 年代的户籍制度和统购统销制度也逐渐松动，这对农民流动也适时地提供了制度可行性。自由开放的市场经济政策要求包括物资、信息与劳动力等在内的市场资源能够自由流动、高效配置。农民尽管是廉价的劳动力主体，但在几方面的"推拉"因素中，^② 经过权衡计算仍然为获得更好的生活

---

* 原载《兰州学刊》2012 年第 4 期，与谭丽合写。

① 柏贵喜、罗义云：《西南民族地区乡城人口流动的推阻因素分析》，《湖北民族学院学报》（哲学社会科学版）2005 年第 1 期。

② "推拉理论"（pushand pulltheory）是研究流动人口和移民的重要理论之一，它认为，在市场经济和人口自由流动的情况下，人口迁移和移民搬迁的原因是人们可以通过搬迁改善生活条件。于是，在流入地中那些使移民生活条件改善的因素就成为拉力，而流出地中那些不利的社会经济条件就成为推力。人口迁移就是在这两种力量的共同作用下完成的。

而开始迅速向城市集中。

大量的农村流动人口最初是载着对更好生活的梦想来到了城市，但当他们付出更多、更艰辛的劳动却没有回馈更多的收获，尤其是以农地为业、以农地为保障的农民在年老、疾病、失业、工伤、子女教育等一系列问题中遭遇尴尬境遇的时候，他们的社会保障问题愈显突出了。不仅如此，在家庭联产承包制的小规模、零散化的经营方式下，经济发展的落后和土地资金投入的有限性使土地资源浪费严重。生产力的发展又进一步地要求生产关系进一步发生变革。因此，改变农村原有的土地经营模式、实行土地规模经营，已成为提高土地收益、实现农业现代化的必然要求。于是，具有引领新一轮改革意义的党的十七届三中全会通过的《中共中央关于推进农村改革发展若干重大问题的决定》中提出："加强土地承包经营权流转管理和服务，建立健全土地承包经营权流转市场，按照依法自愿有偿原则，允许农民以转包、出租、互换、转让、股份合作等形式流转土地承包经营权，发展多种形式的适度规模经营。有条件的地方可以发展专业大户、家庭农场、农民专业合作社等规模经营主体。"在现有承包关系长久不变的情况下，通过农户间土地承包经营权流转，可以实现适度规模经营。只有形成土地规模经营，农民才能增加投入，才能实现集约经营。土地流转实行土地规模经营，使得农村剩余劳动力向非农产业更持续、更大量地转移，同时带来流动的长期化、家庭化。可以想见土地流转制度的顺畅执行、城市化进程的快速发展必然会鼓励一部分农民切断与土地的联系，那么原来就出现的流动人口的社会保障问题固然会更加的激烈。这也成为我们不能回避的问题。本文意在讨论土地流转制度下更加棘手的农村流动人口的社会保障问题。

其实，土地流转制度的产生和适用与农村人口流动之间具有一定的互促效应，我们很难剥离二者的纯粹因果关系或先后次序，但我们可以肯定的一点就是土地流转制度是我国农业繁荣、农村发展、农民幸福的大势。土地流转非常重要的一点就是要保障农地用途不变，在农民外出"找钱"的同时避免大量的抛荒弃耕，我们鼓励农民转让其土地承包权，让农民中的一些种田能手有更多的发挥空间，让本是小农户经济的原始生产状态可以顺利过渡到规模经营、集约型经营。土地流转后大量流动农村人口在农村—城市的经常性、普遍性的空间转换会带来农民与市民的史无前例地接近，而究其根本人们会发现身份的区别依然存在，与这一身份紧密绑定的社会保障也从来都是城乡分割、清晰有度的。在我国，社会保障制度的"城乡二元结构"在很大程度上就是建立在农民有土地保障功能的基础之上的，但随着土地流转制度化的发展，与土地联系越来越少的务工"农民"要怎样解决未来的养老、失业、医疗等问题呢？笔者认为城乡统筹的思路是有效解决这一问题的重要视角。

二 从城乡统筹的社会结构看土地流转与农村流动人口的社会保障

城乡统筹不同于城乡一体化，更不意味着城乡统一，而是要把城市和农村的问题作为一个有机统一的整体加以筹划。因为城乡之间经济结构、保障需求、保障条件等方面都有所不同，建立完全一样的制度不必要，也不可能。景天魁认为试图把城镇现行的社会保障制度推广、延伸、照搬到农村，是完全错误的，也是行不通的；[①] 应当"根据农村居民的实际需求，建立和完善其他相关福利保障制度"。[②] 社会保障城乡统筹还意味着社会保障关系在城镇之间、乡村之间、城乡之间都能够有效接续。城乡制度的协调与衔接是城乡统筹社会保障制度建设的目标指向和高级阶段。但我们认为从某种意义上讲，城乡统筹发展的目标是社会学所说的社会阶层的自由流动，即社会分层的意义所在。通过流动缓和社会矛盾，在兼顾效率与公平的同时，起到稳定社会的作用。城

---

① 景天魁：《城乡统筹的社会保障：思路与对策》，《思想战线》2004 年第 1 期。
② 鲁全：《城乡统筹的社会保障制度与和谐社会建设》，《山东社会科学》2008 年第 10 期。

市与农村生产生活方式的不同决定了需求的不同，产生了不同的
阶层，进而不同的社会制度、体系迎合这种不同的阶层，差别地
享有社会的稀缺资源。[①]

　　社会结构，指社会成员基于获得的资源与获取资源的机会的
不同而在社会中形成的关系。从统筹城乡社会结构的公平性出发，
处于城乡不同社会阶层的公民都能基于不同的保障制度获取相应
的保障资源。过去城乡分异的保障方式在土地流转的条件下发生
了根本性的转变。农民主要依靠土地养老，当然，从 2011 年开始
全国有 10% 的县进行社会养老保险的试点，但这并没有改变农民
依靠土地养老的主要模式。有人会认为农民还有家庭养老，即通
常意义上的养儿防老，但是，农民的下一代也通常主要是依靠土
地获取供养物资的，所以从根本上讲，家庭养老和养儿防老都是
依靠土地养老。但是为促进农地转让、防止土地细碎化，最终的
结果可能就是强迫或诱导流转土地后的农民放弃土地保障。[②] 农民
的土地保障功能被剥去，社会保障功能尚未建立，甚或是歧视性
对待，试问这种做法是否公平呢？由于受到就业、生活、交往等
多个层面的社会排斥，大多数农村流动劳动力未能实现稳定定居，
处于"半城市化"阶段。[③] 所以中国城市化的问题在于拓宽内涵。
"城市化"不仅仅是空间地域性的物化概念，还应是人的城市化，
因此农民的市民化才是核心。一方面城乡差距在逐步拉开，另一
方面要提高城市化率，这样势必会造成公平性的降低。统筹城乡
成为公平发展的要求，不能割裂城乡发展的必然联系，应注重农
民的社会保障等一系列市民待遇的给予。

　　从农村流动人口数量的功利化计算中可以窥见我们显然没有
重视社会公正。农村流动人口在多项指标的统计中意义不同。在

---

① 于秀丽：《城乡统筹发展与农村社会保障制度建设》，《甘肃社会科学》2004 年
　　第 4 期。
② 李长健、阮晓毅、董芳芳：《我国农民工弹性养老保险制度构建研究——基于
　　公平和人权的视角》，《经济界》2009 年第 3 期。
③ 白南生、李靖：《城市化与中国农村劳动力流动问题研究》，《中国人口科学》
　　2008 年第 4 期。

计算城市化率时，进城的流动农民作为统计意义的城镇人口，可提高人口城市化率；在计算城市人均 GDP 时，进入城市的农民生产的总量 GDP 是分子，却不算作分母，以提高该城市的政绩水平；城市的基础设施建设是农民一砖一瓦地完成的，但地方基础设施建设的财政预算却不包含这些苦累的建设者；实现职业转化和地域转移的进城农民为城市税收做出贡献却难以分享其成果，无法实现其本身应当享有的城市社会保障。

根据 2007 年的统计数据显示，中国 40.8% 的农民创造了 11.3% 的社会财富，这就是社会结构差距的根源，但它不是因为中国农民不会种田，而是因为他们占有的生产资料少。美国一个农民能种 3000—5000 亩，中国一个农民只有 1.5 亩地，在一些地方人均不到 1 亩，产值必然很少。提升土地利用率和劳动效率具有共同的指向，即农民身份的转变。很多农村流动人口通过在城市务工而生产生活在城市，这就是一个最好的契机，可让这部分流动人口真正成为市民。但是我们必须强调，土地流转也好、提高土地利用率和城市化进程也好，都要以部分农民的社会保障得到切实解决为前提。已经被纳入社会保障体制的农民更愿意放弃土地保障，所以应当构建社会保障与土地保障之间的替代，让农民土地流转没有顾虑，让城市化发展更具内涵，让社会结构更趋于公平。

在国外通过制度诱导弥补保障功能的做法也并不鲜见。其中，日本 1971 年实施的农民年金基金制度就规定，农民年金分老龄年金和经营权移让年金。经营权转让是享受经营权移让年金的条件，日本农民要想获取经营权移让年金，必须在 60—65 岁实际转移农地经营权。同时，农民年金基金除了办理农民年金业务外，还采取多种办法促进农地流动。法国也对放弃耕地的老年农民给予补助，为农民养老提供了一定的补充保障。为防止土地因继承而细化，1962 年，法国立法设立"调整农业结构社会行动基金"，作为对 65 岁以上领取退休金的人放弃经营农业的补助，平均每人每年可得 1500 法郎。那些已经领取退休金但仍在从事耕作的老年农民不能享受补助，以鼓励他们将土地转让出去。我们会发现制度公平是建立在对社会结构的人性考虑、对弱势的相对照顾而不是相对剥夺的基础上的。

目前很多农民不愿意为土地所累，或者将土地委托给亲戚、邻居、朋友耕种，甚至撂荒不种，即使其耕种土地，收入也很难满足需求。可见，在大多数农村流动人口看来，土地并不能留住他们。但奇怪的现象是很多农民，尽管不愿意务农种地，但他们仍然会抵制土地流转或放弃土地，因为这是他们的最后一道生存保障。所以只有在农民获得较为稳定的社会保障后，才会更安心地在城市发展，也自然愿意交出土地。土地流转与农村流动人口的社会保障问题的解决要城乡统筹，实现社会公正。改革以来，支持弱势群体的社会政策呈现一些显著的补偿性特点。如果从社会公正的角度出发，任何社会政策都具有补偿性特点，即社会政策实际上是对因社会变迁而受到损害的群体的利益补偿。① 反哺是建设城乡统筹社保制度的基本策略。而反哺策略的核心内容是在保持财富存量分配格局不变的情况下，调整财富增量的分配方式，在财富增量的分配中向农村地区倾斜。② 因此，农村流动人口的社会保障需要考虑更多的不是缴费与收益平衡原则而是补偿原则。

三 从城乡统筹的产业结构看土地流转与农村人口流动后的社会保障

目前中国农村剩余劳动力存量超过 1.5 亿，在土地流转后的规模经营和农业现代化过程中将进一步增多。剩余劳动力的转移成为国家经济发展的有利因素，但问题在于如何提供如此之多的就业岗位，还要让这么多的农村人口转变为城市居民并真正"市民化"享有更多的福利项目。单靠现有城市的扩张是不够的，还要进行农村的就地城市化，即通过农村农业经济结构的转变和产业经济的发展形成产业转移，进而实现城市化。由"离土不离乡"

① 王思斌：《改革中弱势群体的政策支持》，《北京大学学报》（哲学社会科学版）2003 年第 6 期。

② 鲁全：《城乡统筹的社会保障制度与和谐社会建设》，《山东社会科学》2008 年第 10 期。

的农村工业带动农村剩余劳动力就业转移，因此需要城乡统筹规划发展。纵观一些工业化国家发展的历程，在工业化初始阶段，农业支持工业、为工业提供积累是带有普遍性趋向的；但在工业化达到相当程度以后，工业反哺农业、城市支持农村，最终实现工业与农业、城市与农村协调发展，也是普遍性的趋向。现阶段农村也理应分享经济发展带来的机会或利益，实现以工促农、以城带乡。

伴随产业结构变化，农业在整个国家经济中所占比重越来越小。第二产业，尤其是第三产业的加速发展必然会导致农民比重的减少，即现有农村剩余劳动力填补到非农产业所需的就业领域中。农业的工业化和现代化要求资本和技术的大量投入，这样一方面可提高农业劳动生产率，另一方面可推动农产品市场化。最终的结果便是农产品的生产优质化、安全化和高效化，农业生产结构升级，初级生产与优质加工相结合等高端产业链的形成。在拓展的刘易斯模型中，经济发展过程分为三个阶段，具体来说，通过在农业部门引入现代要素进行改造以实现农业专业化和规模化生产。通过提高劳动生产率，农业产出增长能够有效地满足现代部门的需要，于是部门之间的均衡发展把经济发展带入第三阶段，即经济一体化阶段。① 统筹城乡的产业结构发展，为农业、农村未来发展指引方向，客观上要求农民无论是"离土离乡"还是"离土不离乡"都应形成对社会保障的制度需求。

四 从城乡统筹的劳动力市场看土地流转后的农村人口流动及其社会保障

在执行一系列惠民政策的同时，如果不注意帮助农村富余劳动力走出农村，不改变资源配置的巨大错位，惠民政策就可能成为治标不治本的"缓解药"。用农业产值比重除以农业劳动力比

---

① 侯东民等：《从"民工荒"到"返乡潮"：中国的刘易斯拐点到来了吗?》，《人口研究》2009 年第 2 期。

重，即为单位农业劳动力的相对生产率。数据显示农业劳动力的相对生产效率一直在下降：1952 年为 0.58，1978 年为 0.40，2000年为 0.29，2005 年为 0.28。将 45% 的劳动力配置在只产出 12.6% 的部门，这种低效率就是资源配置的巨大错位。[①] 若土地经营仍然为小农经营的规模，必然会影响资本和技术对农业的投入，同时也会进一步排斥相对过剩的农村劳动力。而城市发展也需要更多的劳动力供给。在一供一需之间似乎保持了劳动力市场的供需平衡，但我们也不难发现目前农民工工作环境恶劣、工作时间长、劳动强度大、危险性行业偏多等。这些供需平衡背后的不公平用工制度将会带来长远发展问题。如果说工作承担的行业和种类与进城务工的农民自身文化水平和知识技能有关，那么报酬低则显然是其被压榨的结果。农民工获得劳动保护、培训的权利以及社会保障权是基于公民身份而获得宪法确认的，与文化知识技能毫不相干。在市场和再分配的双重弱化作用下，农民工弱势地位不但无法改善而且还会呈现恶性循环。"不需要对东部发达地区的城市居民和西部落后地区的农村居民进行对比，即使在同一地区的城乡居民之间，收入分配也显得极不平衡。"[②] 更显而易见的是同样是在城市做工，差别竟是如此之巨。

土地流转后，纯农户逐渐减少，农民分化加剧，人口流动增强，城乡统一劳动力就业市场逐步形成。当劳动力统一市场形成以后，如果没有城乡统筹的社会保障制度与之协调，那么势必会造成劳动力市场上的不公平，最终会伤害进城务工的农民，进而影响城市本身的发展。劳动力市场的统一意味着流动性的增强，通过趋利性流动形成劳动力市场合理的市场配置。因此城乡统筹的劳动力市场的形成不但要求城市社会保障制度扩大覆盖面、增强包容性、提高开放度，接纳进城农民工，而且也要求尽快建立并完善农村社会保障制度，为广大农村居民提供基本生活保障，

① 白南生、李靖：《城市化与中国农村劳动力流动问题研究》，《中国人口科学》2008 年第 4 期。
② 郭红军：《论公平分配的现实障碍与运行机制》，《南昌大学学报》（人文社会科学版）2011 年第 1 期。

并且随时接纳返乡农民工的转保。① 城乡隔绝的社会保障制度，使市场经济条件下的人才资源优化配置难以形成。通过城乡之间可衔接的社会保障制度的建立，尤其是对进城务工的农村流动人口进行社会保障体系的对接，才能促进劳动力市场分工协作的发展，强化人力资源的优化组合，推进各种人才间的互补，形成总体利好的综合性人力社会资源。

五　以城乡统筹为视角实现农村流动人口社会保障机制的路径选择

以城乡统筹为视角来看待农村流动人口的社会保障制度的建立，我们会发现这是一个长期的过程，不可能一蹴而就。具体可以从以下几个方面来探讨其实现的路径选择。

首先是分类保障问题。在外出务工的农村流动人口中有一部分会愿意与土地割断联系，他们在适应了城市生活后会彻底转化为市民。他们应当享受向上流动后的城市居民福利（在相当长一段时期内这属于农民在社会中的一种向上流动，无论是收入还是职业地位以及所享受到的特有的城市文明），城市养老是其最终的选择。将部分农村流动人口的社会保障制度与城市居民社会保障并轨有利于社会结构转型，更好地促进城乡统筹，同时还会对农业现代化产生积极作用。这有利于推进农业规模化经营，土地集中将伴随农村流动人口的顺畅、有序进行而获得较快的进程。此外这也有利于实现农业由低效率向高效率转变，蔡昉就认为"农业劳动生产率的提高常常不是劳动力迁移的原因，而是对劳动力得以稳定转移做出反应的结果"。② 关于部分农村流动人口市民化的具体制度，各地都在进行探索，标准体系的公开性、公平性是核心因素。中山市最近的尝试则有一定的建设性。其在全国率先

---

① 杨翠迎、黄祖辉：《建立和完善我国农村社会保障体系——基于城乡统筹考虑的一个思路》，《西北农林科技大学学报》（社会科学版）2007 年第 1 期。

② 蔡昉：《城市化与农民工的贡献——后危机时期中国经济增长潜力的思考》，《中国人口科学》2010 年第 1 期。

全面推行流动人员积分制管理制度。市政府决定将按照社会经济发展需要、以积分排名的方式为外来流动人员安排一定数量的入户指标，达到一定分数的流动人员子女亦可入读公办学校。在对流动人口的分类中还有一部分短期季节工，其在兼顾土地生产之外还可以流动务工，我们可称之为"兼业式"农民。他们仍享有土地，可以将土地流转并享有土地流转的财产权益，或自己耕种，但同时可以依托于农村相对较低的社会保障（将土地保障功能或土地收益计算在其中）在外务工。这种方式一方面缓解城市提供稳定长期就业的压力，另一方面农民在务工同时所享受的土地收益可作为市民待遇的弥补。会成为其具有更多的公平感和获得财富收入的正当途径。但此类进城务工的农民同样要受到同工同酬的待遇和相应的劳动保障权利。农民工中不仅非正规就业的比例大，还有许多人是自我雇佣形式的以及部分临时就业、短期就业，他们经常性地外出务工，流动性很大。因此让部分农民工顺利做好选择，要么加入"城保"要么加入"农保"是非常重要的。

其次，进一步完善农村社会保障，为土地流转后的流动农民免除后顾之忧。有学者指出，2009 年国家已经开始在全国范围内试点新型农村基本养老保险制度，农民工参与社会养老保险存在多种选择。但调查显示被访农民工回家参加新型农村社会养老保险的意愿最高，而在务工地参加城镇职工基本养老保险的明显偏低。在参保类别上，保障水平不高且正处于试点阶段和主要面向农村居民的新型农村社会养老保险成为农民工参保的首选。其中原因之一是最终能够定居城市的农民工比例并不高，也就是说返乡养老还是大多数农民工的最终选择。[①] 土地流转顺畅实施后大量农村人口流动后形成的老年人口集中农村的现状又会形成农村人口养老保障迫切需要解决的新问题。随着大量农村劳动力人口的外出务工，农村留守老人的照料问题也日益凸显。在人口老龄化和社会转型的双重背景下，农村留守老人面临的诸多问题日益凸

① 姚俊：《农民工参加不同社会养老保险意愿及其影响因素研究——基于江苏五地的调查》，《中国人口科学》2010 年第 1 期。

显。孙鹃娟从生活照料角度，研究了农村劳动力迁移对农村留守老人生活照料的弱化作用，并提出要整合国家、社会、家庭和个人的照料资源，建立合理的应对机制。① 周祝平也认为农村留守老人问题是具有城乡、年龄和迁移三个维度特征的人口问题，是中国工业化、城市化和人口转变所必然伴生的现象。政府在农村提供公共养老资源，是经济现代化的需要，也是建立健全社会的需要，它就像在城市完善公共基础设施一样具有公共产品的特性。② 与生活照料相比，收入是农村留守老人问题的主要方面。还应当注意的是这种意愿调查是在现有制度下进行的，农民工在养老保险市民化的选择中决定返乡养老是固然的。如果其他配套社会保障制度在农民工与普通城市居民之间不再做区分，笔者认为更多的农民工会选择留下，从而让自己的身份发生转变。而对于新一代农民工，他们大多是"80后""90后"，既不会务农也不愿务农，其返乡就业或养老的可能性比上一代农民工大大降低。因此统筹城乡发展建立完善的农村社会保障制度才能让理性的农民做出合理的选择。要逐步弱化土地的福利性和社会保险功能，为土地流转者解决后顾之忧。在促进农业适度规模经营的同时，必须积极推进农村社会保障体系改革，逐步建立和完善农村的各项社会保障制度，弱化土地的社会保障功能，最大限度地发挥土地的市场要素功能。

再次，应当重视城市"拉力"作用。李强在谈到我国农村人口流动中的"城市拉力"和"农村推力"两种力量相权衡时认为，"还是农村中的推力所起的作用更大些"。③ 所以今后应当从城市"拉力"作用的方向努力，注重人性化发展和真正内涵式的城市化发展。可以看到，目前巨大的经济驱动力是促使农民工大规模外出的主要动力。城乡之间巨大的经济差异和收入差异是人口向城

① 孙鹃娟：《劳动力迁移过程中的农村留守老人照料问题研究》，《人口学刊》2006年第4期。
② 周祝平：《农村留守老人的收入状况研究》，《人口学刊》2009年第5期。
③ 李强：《影响中国城乡流动人口的推力与拉力因素分析》，《中国社会科学》2003年第1期。

市流动的最主要原因。伴随中国农业经济和农村的发展，由农业现代化、农民增收产生的农村经济推力自然会减小，而城市收入差异的拉力也同样减小，那么，农村富余劳动力的转移应当如何引导呢？答案是应该提升城市的社会保障供给拉力。一方面加快城市化建设，让更多的农村地区进行农业到工业、服务业的转变，以吸纳更多的农村人口。另一方面就是我们要加大城市除经济差异之外的拉力因素，给部分农村流动人口向上流动的机会，让其获得充分全面的社会保障。

被人们称为"颠覆性观点"的是陈平的"短视论"：正是由于中国没有统一平衡的保障体系，劳动成本低，中国才成为国际资本和劳动密集型产业的转移地；中国农村因为没有社会保障所以刺激农村劳动力流动以追求更高的报酬，所以进一步扩大现行社会保障制度纯粹是"自取衰败之道"。[①] 这就是加大"推力"的做法，实为万万不可取的危险理论。农村人口流动的初始动因是对物质财富的追求，随着这一因素作用的减弱，农民工的激励制度环境形成制度性的排斥，必然会形成流动人口的"回流"。因此，为避免这一现象发生，我们要适当进行制度激励，增强包容性，以形成经济社会统筹发展，如将就业体制嵌入其他体系中，提升职业地位、职业发展能力。实践上可借鉴美国对城市新移民及其子女进行的福利措施，如对城市新移民进行工作实践培训、对新移民子女进行教育实践活动。在法国，在农村劳动力向大城市转移过程中，政府通过发展农村经济减少农村"推力"[②] 的方式减缓农村人口的流出速度也是值得学习的。

---

① 陈平：《建立统一的社会保障体系是短视国策》，《中国改革》2002 年第 4 期。
② 刘自敏、邱恬：《城乡统筹视角下农民工激励机制研究》，《乡镇经济》2009 年第 8 期。

村域社会资本、互动与新农保
参保行为研究[*]

一　引言

从 2009 年下半年起，我国农村开始推行新型农村社会养老保险（以下简称"新农保"）。受传统观念的影响和生存环境的限制，农民更重视眼前利益。尤其是年轻人对长期性养老保险的兴趣和热情普遍很低，对新农保制度是否维持长期缴费意愿有很大不确定性，即使参保，中途退保的可能性也很大。[①] 在自愿参与原则下，新农保制度的实施效果很大程度上取决于农民的参保行为。在新农保制度的试点推广阶段，分析农民的参保行为及其影响因素十分必要。

已有文献主要集中在对老农保的研究上，有关研究表明，影响老农保参保的主要因素是农民的个人、家庭特征等变量。[②③④⑤⑥]

[*]　原载《人口与经济》2011 年第 2 期，与吴玉峰合写。

①　林义：《破解新农保制度运行五大难》，《中国社会保障》2009 年第 9 期。

②　石绍宾、樊丽明、王媛：《影响农民参加新型农村社会养老保险的因素——来自山东省入户调查的证据》，《财贸经济》2009 年第 11 期。

③　乐章：《现行制度安排下农民的社会养老保险参与意向》，《中国人口科学》2004 年第 5 期。

④　史清华：《民生化时代中国农民社会保险参与意愿与行为变化分析——来自国家农村固定观测点 2003—2006 年的数据》，《学习与实践》2009 年第 2 期。

⑤　梁鸿、韩雪辉、姚宇：《农村社区保障目标优选的研究：苏南实例》，《市场与人口分析》2001 年第 6 期。

⑥　王海江：《影响农民参加社会养老保险的因素分析——以山东、安徽省六村农民为例》，《中国人口科学》1998 年第 6 期。

还有学者从村域角度进行研究，认为参保不仅是农民个体选择的结果，而且还受村庄的自然环境、社会经济与政治民主情况影响。[①] 村域是影响农民参保行为的重要因素已经得到学界的认同。已有研究多从村域的经济因素来分析农民的参保行为，忽略了非经济因素的影响。为探讨村域非经济因素对参保行为的影响，本研究试图将社会互动和社会资本理论纳入分析框架，实证检验二者对农民参保行为的影响。

二　理论分析与文献综述

社会资本与社会互动组成了农民参保行为的结构性因素。农民的参保行为不仅受到经济理性人逻辑的支配，还受到村域社会人逻辑的支配。也就是说，农民是否参与新农保，不仅仅是制度激励的结果，也是村域社会资本和社会互动共同支配的结果。

就本质而言，与其他金融投资一样，新农保参保行为也是一种融资行为。农民和新农保制度之间存在交易：我现在投资了这些钱，为的是将来某个时候获得更大的收益。这种交易能否发生取决于农民是否获得信息和农民是否信任制度。村域社会资本影响农民参保行为的机制有两个：一是促进农民对新农保信息的共享；二是促进农民对新农保制度的信任。首先，社会资本降低了农民搜寻信息的成本。作为一种网络结构，社会资本充当了重要的信息流通载体，降低了农民搜寻信息的成本。那哈皮特（Nahapiet）等认为社会网络可以促进个体之间的信息共享，增加信息交换的广度、深度和效率；[②] 作为一种关系特征，社会资本增进了农民之间的信任，信任使得农民更愿意给对方有用的信息，信息在农民之间的转移无须核查，从而降低信息搜寻成本。安德鲁斯（Andrews）等认为社会资本在信息共享中的重要性甚至超过了正

---

① 赵德余、梁鸿：《农民参与社会养老保险行为选择及其保障水平的因素分析——来自上海郊区村庄层面的经验》，《中国人口科学》2009 年第 1 期。

② Nahapiet J. Ghoshal S，"Social Capital, Intellectual Capital, and the Organizational Advantage," *The Academy of Management Review 2*（1998）：23.

式的合作程序。① 其次，社会资本促进了农民对新农保制度的信任。农民是否参与新农保取决于农民对政府推行的其他政策、政府人员，甚至是村干部的信任程度。目前，新农保制度还没有立法依据，农民对新农保制度的信任在交易中起着关键作用。社会资本在农民和制度信任之间架起了一座桥梁。正如美国学者帕克斯通（Paxton）指出，社会资本中富含一种积极的情感，这种情感激发了普遍信任和制度信任的产生。②

除了社会资本因素外，农民是否接受新农保也是通过社会互动形成村域相对共识后达成的。曼斯基（Manski）把社会互动分为内生互动、外生互动和交互效应。内生互动指个体行为决策受到参照群体成员行为的影响，而这种决策可能反作用于参照群体成员；外生互动指个体行为决策受参照群体成员行为的影响，但个体的决策并不能反作用于参照群体成员。③ 曼斯基提出的内生互动和外生互动对应于达尔夫（Durlauf）提出的内生互动和情境互动。达尔夫认为社会互动通过内生互动和情境互动这两种机制来影响居民的金融决策。④ 内生互动实际上是一种个体与参照群体成员之间的互相影响和暗示，表现为"看别人参保了，我也要参保；我缴费多，别人也缴费多"，这种互动的影响是双向的，结果是不确定的。情境互动则强调个体行为受到参照群体行为结果的影响，表现为"我是否参保，看别人参保结果的好坏"，这种影响是单向的，结果也是不确定的。宏（Hong）等以美国为例，就社会互动对居民参与股市的影响进行了理论和实证分析，发现社会互动程度越高的居民，其参与股市的概率也越高。因为社会互动程度越高，居民观察性学习和交流股市话题的机会就越多，参与股市的

① Kate M. Andews. & Brian L. Delahaye, "Influences On Knowledge Processes in Organizational Learning: The Psychosocial Filter, " *Management study* (2000): 37.

② Paxton Pamela, "Is social Capital Declining in the Unites Stated? A Multiple Indicator Assessment," *American Journal of Sociology* 1 (1999): 105.

③ Charles F. Manski. "Economic Analysis of Social Interactions," *Journal of Economic Perspectives* 3 (2000): 14.

④ Durlauf Steven "Neighborhood Effects," in J. V. Henderson and J. F. Thesse, *Handbook of Regional and Udmn Economics* (Amsterdam: North Holland, 2004).

净成本就越低。^① 贝斯特夫（Beiseitov）等研究了美国社会中社会
互动对老年人购买商业医疗保险的影响。研究发现社会互动通过
传递医疗保险信息而影响保险购买。社会互动程度越高，即经常
和朋友、邻居交流，居民购买保险的可能性越低。^②

需要指出的是，本文中村域社会资本与社会互动既有联系又
有区别。蔡（Tsai）将社会互动作为社会资本的结构维度，^③ 社会
互动反映了农民社会交往的规模和密度，是社会资本的一个方面。
在本研究中，社会互动并非一般意义上农民的日常交往活动，而
是特指农民在新农保信息和态度上的互动，这和一般意义上的交
往活动有区别。

三 样本数据与主要变量的测量

本研究于 2010 年 5—8 月进行，调查对象为 16—59 岁的农村
居民。调查采用立意抽样方法选择了陕西省的神木县、耀州区，
西安市长安区，山东省青岛市即墨区为调查点。在神木县发放问
卷 730 份，回收 694 份；在耀州区，发放问卷 480 份，回收 432
份；在西安市长安区，发放问卷 320 份，回收 310 份；在青岛市即
墨区，发放问卷 200 份，回收 176 份。本次调查，成功访问村民
1612 人：从性别结构看，男性占 66.1%，女性占 33.9%；从年龄
结构看，30 岁以下占 7.1%，31—40 岁占 33.3%，41—50 岁占
50.5%，51—59 岁占 9.1%。

本研究的目的是弄清楚村域社会资本、社会互动对农民参保

① Hong Harrison, Jeffrey D. Kubik, and Jeremy C. Stein, "Social Interaction and Stock—Market Participation", Working Paper No. 8358. NBER, 2001.
② Beiseitov Eldar, Jeffrey D. Kubik and JohnR. Moran, "Social Interaction and Health Insurance Choices of the Elderly: Evidence from the Health and Retirement Study," Working Paper, Syracuse University. 2004.
③ Tsal, W. and GluHim, I. S, "Social Capital and Value Creation: The Role of Intrafirm Networks," *Academy of Management* 4 (1998): 141.

行为的影响。因此，村域社会互动和社会资本的测量是重点。

1. 村域社会互动的测量

已有文献对社会互动的测量均有不足之处。贝斯特夫等把社会互动操作化为个体与朋友、邻里进行医疗保险信息的交流程度。[1] 测量强调了内生互动的重要性，忽略了情境互动的影响。何兴强等把社会互动操作化为居民春节期间给亲戚、朋友拜年的总人数，上个月人情交际费用支出和居民人际交往程度的自评。[2] 这同样没有区分内生互动和情景互动。依据贝斯特夫的做法，本文把内生互动操作化为农民获得新农保信息的两个非制度性渠道：是否亲友告知信息、是否邻居告知信息。这两个指标体现了个体和参照群体成员之间在新农保信息上的交流。严格来讲，情境互动应该是参照群体体验新农保之后对潜在参保农民的影响。由于新农保推行时间短，"结果示范"效应无法显现，农民获得"结果示范"效应的唯一渠道是政府对新农保的宣传。因此，本文把情境互动操作化为农民获得信息的两个制度性渠道：是否通过地方政府宣传了解信息、是否通过村民会议了解信息。社会互动指标构成和分布见表1。

表1 内生互动和情境互动指标构成与样本分布 N = 1570

单位：%

社会互动	指标	人数	占有效样本
内生互动	亲友告知信息	540	34.4
	邻居告知信息	683	43.5
情境互动（制度性互动）	通过地方政府宣传了解信息	735	46.8
	通过村民会议了解信息	484	30.8

从表1可以看出，亲友告知信息和邻居告知信息是农民获得信

[1] Beiseitov Eldar, Jeffrey D. Kubik and JohnR. Moran, "Social Interaction and Health Insurance Choices of the Elderly: Evidence from the Health and Retirement Study," Working Paper, Syracuse University. 2004.

[2] 何兴强、李涛:《社会互动、社会资本和商业保险购买》,《金融研究》2009 年第 2 期。

息的两个重要的非制度性渠道；地方政府组织宣传和村民大会宣传是两个重要的制度性渠道。

2. 村域社会资本的测量

已有文献对社会资本概念的操作化有很大差异。何兴强等把社会资本操作化为居民在近三年中是否有过无偿献血、是否主动为赈灾捐钱捐物、是否参加过义务社会工作三方面的情况。[1] 这些指标集中反映了"普遍的互惠"。[2] 张里程使用社会信任指数和互惠指数进行测量,[3] 也没有全面反映社会资本的概念。国外文献通常把社会资本分为信任、社会凝聚力、社区归属感、参与社团、社会网络、社会支持、参与公共事务、互惠、非正式社会控制、志愿主义和集体主义等维度。[4][5][6] 有些维度是社会资本的结果而非社会资本本身,如集体行动、参与公共事务；有些维度是互相包含的,如互惠和社会支持。鉴于此,参照胡荣的做法,本文把"村域社会资本"操作化为农民之间的信任、交往、互惠和规范四个维度。[7] 通过用被访农民对亲戚、本家族成员、同姓村民、同小组村民、同自然村村民、同行政村村民以及村干部的信任、交往

① 何兴强、李涛:《社会互动、社会资本和商业保险购买》,《金融研究》2009 年第 2 期。

② 普特南把互惠分为均衡的互惠和普遍的互惠,前者指人们同时交换价值相等的东西,后者则指在特定时间的无报酬和不均衡的交换,参见 Putnam, Robert D. , "Bowling Alone: Americas Declining Social Capital," *Journal of Democracy* 6 (1995)。

③ 张里程、汪宏等:《社会资本对农村居民参与新型农村合作医疗支付意愿的影响》,《中国卫生经济》2004 年第 10 期。

④ Kawachi, I. Kim, D. , Coutts, A. , Subramanian, S. V. , "Commentary: Reconciling the Three Accounts of Social Capital," *International Journal of Epidemiology* (2004).

⑤ De Silva, Mary, "System Review of the Methods Used in Studies of Social Capital and Mental Health," In Kwame McKenzir and Trudy Harpham, eds. , *Social Capital and Mental Health* (London: Jessica Kingsley Publisher, 2006).

⑥ Harpham, Trudy, "The Measurement of Community Social Capital Through Surveys," In Idiro Kawachi, S. V. Subramanian and Daniel Kin, eds. , *Social capital and Health* (New York: Springer, 2007).

⑦ 胡荣:《社会资本与中国农村居民的地域性自主参与——影响村民在村级选举中参与的各因素分析》,《社会学研究》2006 年第 2 期。

程度来测量信任、交往维度。用被访农民对"邻里之间应该互相帮忙干活""邻里之间应该互相借用东西""邻里之间应该互相经济支持""邻里之间帮忙应该不求回报"4个项目的认同程度测量互惠维度。测量社区规范的问题有7个，"你认为在本村生活有安全感吗？""你经常会因为你是本村的村民而感到光荣吗？""与周围村相比，本村的社会风气如何？""邻村的姑娘是否愿意嫁到本村？""你村地里庄稼是否经常被盗？""你村家里东西是否经常被盗？""你村邻里是否经常争吵？"每个问题都采用李克特量表法进行测量。为简化村域社会资本指标，本文运用主成分法对25个项目进行因子分析，经过最大方差法旋转，共抽取六个因子。根据因子负载，分别将这些因子命名为：村域信任因子、村域交往因子、村域互惠因子、村域认同因子、亲属关系因子和村域凝聚力因子。六个因子分别反映了农民对一般关系的信任、对一般关系的交往、对邻里互惠的认同、对村域的归属感、对亲属的交往和信任、村域的凝聚力，输出结果见表2。

表2　村域社会资本的因子分析

指标	因子						共量
	1	2	3	4	5	6	
与亲戚交往程度	-0.026	0.151	0.055	0.074	0.658	0.022	0.465
与本家族交往程度	-0.025	0.342	0.015	0.086	0.628	-0.055	0.523
与同组村民交往程度	0.132	0.767	0.094	0.023	0.172	-0.017	0.645
与同自然村村民交往程度	0.130	0.765	0.104	-0.036	0.202	0.040	0.657
与同行政村村民交往程度	0.284	0.742	0.107	0.104	0.060	0.019	0.658
与村干部交往程度	0.290	0.642	0.051	0.240	-0.009	0.080	0.562
对亲戚信任程度	0.386	-0.056	0.169	0.071	0.619	0.129	0.585
对本家族信任程度	0.377	0.027	0.148	0.148	0.632	-0.014	0.586
对同姓村民信任程度	0.765	0.100	0.196	0.054	0.216	0.088	0.690
对同组村民信任程度	0.813	0.200	0.095	0.072	0.148	0.087	0.744

指标	因子						
	1	2	3	4	5	6	共量
对同自然村村民信任程度	0.820	0.195	0.133	0.058	0.068	0.063	0.740
对同行政村村民信任程度	0.800	0.186	0.095	0.099	-0.009	0.039	0.695
对村干部信任程度	0.593	0.230	0.020	0.309	0.018	0.141	0.521
邻里应该互相帮忙认同程度	0.069	0.051	0.612	0.024	0.256	0.056	0.451
邻里应该互相借东西认同程度	0.069	0.128	0.822	0.080	0.047	-0.047	0.707
邻里应该互相借钱认同程度	0.203	0.123	0.735	0.127	-0.116	-0.012	0.626
帮忙不求回报认同程度	0.094	0.024	0.634	0.047	0.105	0.050	0.427
姑娘是否愿意嫁到本村	0.064	-0.077	0.147	0.540	0.059	-0.279	0.404
本村生活是否有安全感	0.053	0.129	0.083	0.591	0.159	0.308	0.496
是否为本村感到光荣	0.176	0.125	0.032	0.719	0.067	0.113	0.582
本村的风气好不好	0.116	0.098	0.067	0.696	0.097	0.323	0.625
果园或农作物是否经常被盗	0.100	-0.025	0.041	0.272	-0.029	0.598	0.445
村民家里是否经常被盗	0.070	0.015	-0.035	0.113	-0.018	0.739	0.566
邻里之间是否经常吵架	0.085	0.051	0.047	-0.029	0.074	0.668	0.464
特征值	6.020	1.984	1.756	1.626	1.363	1.118	13.867
平均方差	25.082	8.266	7.319	6.776	5.678	4.657	57.778

注：1—6 分别为村域信任因子、交往因子、互惠因子、认同因子、亲属关系因子和村域凝聚力因子。

四　Logistic 回归分析与研究发现

1. 变量选择

根据传统对农民参保的解释，我们选择农民的性别、年龄、受教育年限、是否党员、是否干部、家庭儿子数、上年家庭纯收入和所在村与县城的距离共八个变量作为控制变量，加上社会互动的四个指标、社会资本的六个因子共十八个变量为自变量，以是否参保为因变量进行 Logistic 回归分析。是否参保是二分变量，是为 1，否为 0。性别、是否党员、是否干部都是定类变量。采用虚拟方法，男性记作 1，女性记作 0；党员记作 1，非党员记作 0；干部记作 1，非干部记作 0。年龄是定序变量，取值分别对应 16—26 岁、27—37 岁、38—48 岁和 49—59 岁，近似作为定距变量引入方程。家庭纯收入是定序变量，取值为 1—10，分别对应 5000 元以下、5000—10000 元、10001—15000 元、15001—20000 元、20001—25000 元、25001—30000 元、30001—35000 元、35001—40000 元、40001—50000 元和 50000 元以上，近似作为定距变量处理。学龄、家庭儿子数和所在村与县城的距离为定距变量直接引入模型。

2. 筛选显著变量

为寻找解释能力最强的自变量，并尽量减少自变量之间多重共线性的影响，采用 SPSS 中 Logistic 回归自动筛选显著自变量的方法，建立最优的逐步回归方程。分步回归概率临界值 0.05 进入，0.1 剔除。最终模型剔除了性别、学龄、是否党员、家庭儿子数、家庭纯收入、村域互惠因子、亲属关系因子和村域凝聚力因子九个变量，具体见表 3。

表 3　模型中排除的变量

变量	得分	df	Sig
性别	2.259	1	0.133
学龄	0.939	1	0.332
是否党员	0.067	1	0.796
是否干部	0.491	1	0.484
家庭儿子数	0.005	1	0.943
家庭纯收入	0.002	1	0.961
村域互惠因子	0.094	1	0.760
亲属关系因子	0.022	1	0.881
村域凝聚力因子	0.142	1	0.706

性别和年龄变量被剔除，这印证了石绍宾和王海红的结论。在乐章的研究中，党员和干部身份是影响参保行为的重要变量，因为党员、干部在老农保中可以享受较多集体补助的权利。[①] 本文研究不支持这一结论。对此可能的解释是，新农保注重公平性避免了对干部参保的不正当激励。有学者认为儿子越多，老人越倾向于靠家庭养老。本研究没有证实这一点。在传统解释方面，农民家庭人均收入跟参保显著正相关。本研究不支持这一点，缴费能力不再是影响农民参保行为的因素。

村域互惠对农民是否参保没有影响，这和张里程的结论一致。对此，可能的解释是，互惠程度越高，农民养老越可能得到周围人群的支持，减少了农民对制度供给的需求。村域互惠、亲属联系因子、村域凝聚力因子都跟农民参保行为没有关系。社会资本作为一个多维度概念，它对农民参保的影响只是通过村域信任、交往和认同三个维度实现的。正如奈克（Knack）的论断：社会资本是一个异质性的概念，其不同的维度会产生完全不一致的作用。对社会资本的维度不加区分、笼统对待的做法是不合适的。[②] 以往的研究也有相同的论断，社会资本是一个多维度概念，不同维度对社会发展以及政策运行会产生不同的影响。[③][④][⑤]

3. 最终模型

为了排除不显著变量的干扰，采用变量全部进入的方法重新构造因变量与九个显著变量的 Logistic 回归方程，输出结果见表 4。

---

① 乐章：《现行制度安排下农民的社会养老保险参与意向》，《中国人口科学》2004 年第 5 期。

② Knack Stephen, "Social Capital and the Quality of Government: Evidence from the States," *American Journal of Political Science* (2002): 46.

③ Callahan William, " Social Capital and Corrup60n: Vote Buying and the Polities of Refrain in Thailand, " *Perspectives on Politics* 3 (2005).

④ Fukuyama Franci, "Social Capital and Development: The Coming Agenda," *SAIS Review* 2 (2002).

⑤ Uslaner Eric, *The Moral Foundations of Trust* (New York: Cambridge University Press, 2002).

表 4 农民是否参保的 logic 回归分析

变量	B	S. E	Wals	df	Sig	Exp（B）
内生互动						
是否亲友告知信息（是为 1，否为 0）	− 0. 378	0. 139	7. 369	1	0. 007	0. 685
是否邻居告知信息（是为 1，否为 0）	− 0. 460	0. 138	11. 138	1	0. 001	0. 632
情景互动（制度性互动）						
是否地方政府宣传（是为 1，否为 0）	0. 585	0. 138	17. 916	1	0. 000	1. 796
是否村民会议宣传（是为 1，否为 0）	0. 502	0. 153	10. 732	1	0. 001	1. 653
社会资本						
村域信任	0. 159	0. 068	5. 446	1	0. 020	1. 172
村域交往	0. 132	0. 066	4. 038	1	0. 044	1. 141
村域认同	− 0. 146	0. 068	4. 653	1	0. 031	0. 864
控制变量						
年龄	0. 364	0. 098	13. 829	1	0. 000	1. 440
所在村与县城距离	− 0. 008	0. 002	10. 937	1	0. 001	0. 992
常量	0. 308	0. 309	0. 995	1	0. 319	1. 361

首先，我们关注社会互动对农民参保行为的影响。内生互动的两个指标都达到了 0. 01 的显著水平。模型显示，内生互动与农民参保行为之间存在负相关，跟邻居、亲友互动的农民倾向不参保。从发生比来看，在控制其他变量的条件下，由亲友告知信息的农民，其参保的可能性要低于参照农民，二者概率相差 31. 5% 左右。由邻居告知信息的农民，其参保的可能性低于参照农民 36. 8%。本文的研究结论支持贝斯特夫的观点，内生互动不利于农民参与新农保，但同时并不否认宏的结论。内生互动有助于降低农民搜寻信息的成本，但是不利于农民之间互相鼓励参保。情境互动增加了农民参保的可能性。情境互动的两个指标也达到了 0. 01 的显著水平。从发生比来看，通过政府、村民会议了解新农保的农民，其参保的可能性比参照农民分别高 79. 6% 和 65. 3%。

其次，我们关注社会资本对农民参保行为的影响。社会资本因素中，村域信任、认同和交往都达到了 0.05 的显著水平。在控制其他变量的条件下，村域信任水平每增加一个单位，农民参保的可能性会增加 17.2%；村域交往水平每增加一个单位，农民参保的可能性会增加 14.1%。与此相反，村域认同水平每增加一个单位，农民参保的可能性会降低 13.6%。村域认同不利于农民缴费参保，这说明社会资本作为一个多维度概念，对参保行为存在复杂的作用。这再次证实了奈克的研究论断。

最后，农民的年龄和所在村与县城的距离也是影响农民参保行为的重要变量。年龄每提高一个单位，农民缴费参保的可能性就提高 44.0%。青年农民还没有面临养老问题，考虑自己未来的养老保障相对少些；而中老年的农民对自己的养老风险有更多的感知，更倾向于缴费参保。赵德余的研究表明，所在村与县城距离越近，其购买养老保险的可能性越小，① 这与本研究的结论不一致。所在村与县城的距离越近，农民越能感知到制度养老模式的重要性。

本文的研究为新型农村社会养老保险参保行为提供了一个新的理论解释，也为新农保制度的有效推行提供了一个政策视角。新农保设计充分考虑了农民的利益，在这种条件下，经济因素不再是新农保参保率偏低的原因，而非经济因素在其中起重要的作用。如何扩大情景互动的优势，规避内生互动的不利影响，增进农民对制度的信任，应该成为新农保政策推行中的重要思考。

---

① 赵德余、梁鸿：《农民参与社会养老保险行为选择及其保障水平的因素分析——来自上海郊区村庄层面的经验》，《中国人口科学》2009 年第 1 期。

乡镇企业职工工伤保险的调查与思考[*]

本文系作者在广东、上海、湖北三省调查乡镇企业实施工伤保险制度情况的报告。本文在对我国乡镇企业实施工伤保险制度必要性和可行性分析的基础上，就乡镇企业是否建立工伤社会保险制度及其待遇标准、因工伤亡划分标准、工伤补偿原则、基金筹集原则等若干政策问题进行了探讨。针对现行工伤保险制度在乡镇企业中实施的难点，提出了在乡镇企业实施工伤社会保险制度工作的具体建议与相应措施。

一 我国乡镇企业职工工伤保险基本状况分析

（一）乡镇企业工伤事故发生率高

近十年来，我国乡镇企业得到迅速发展，据 1992 年年底统计，全国乡镇企业共有 2079.2 万个，其中乡（镇）办企业 39 万个，村（村民小组）办企业 113 万个，联户（合作、合伙）办企业 90 万个，户（个体、私营）办企业 1837 万个，分别占乡镇企业总数的 1.9%、5.4%、4.3% 和 88.4%，全国乡镇企业职工人数已超过 1 亿人。[①] 但由于乡镇企业普遍起点低，人员素质差，安全制度尚未建立健全，且 88.4% 的乡镇企业为户办，管理水平低下，工伤事故发生率高，职业危害严重。劳动部公布的 1992 年职工伤亡统

* 本文原载《社会学研究》1995 年第 3 期。作者系《乡镇企业职工工伤保险的调查与思考》一文的执笔者。课题组成员：刘中荣、吴伯威、倪守强及作者。
① 《乡镇企业产权界定应揭开面纱》，《中国乡镇企业报》1993 年 8 月 18 日

计数字表明，1992 年全国乡镇企业工伤死亡 7152 人，千人死亡率为 0.068，乡镇企业伤亡人数呈上升趋势。① 又据卫生部和农业部对全国 15 个省、30 个县的部分乡镇工业调查，有 80% 以上的厂矿存在不同程度的职业危害。生产环境中矽尘、煤尘、石棉尘、铅、苯、铬、汞、噪声 8 种有害因素浓度（强度）超标率平均为 63%，其中危害严重的矽尘浓度超标率高达 93%，而且近 34% 的工人就在这样的有害因素环境中作业。以上 8 种有害因素引起职业病检出率为 4.4%，观察对象检出率为 11.4%。② 在乡镇企业较为发达的沿海省份，乡镇企业的工伤事故则更为严重。根据广东省统计年报，乡镇企业管理局、安全生产委员会提供的资料整理表明，1990 年、1991 年、1992 年乡镇企业工伤死亡人数分别为 388 人、459 人和 551 人，千人死亡率分别为 0.059、0.065 和 0.070，呈明显上升趋势。而且每年乡镇企业的工伤死亡人数都接近或超过国有企业和大集体企业伤亡人数之和（见表 1）。重大恶性事故频繁发生，1992 年 8 月 17—31 日仅半个月时间，广东省珠江三角洲沿海经济区连续发生 6 起重大伤亡事故，死亡 69 人，重伤 27 人，发生这些恶性事故的企业大部分是乡镇企业。以上资料表明，我国乡镇企业在经济获得较大增长的同时，工伤事故的发生也较为严重，这一现象是不容忽视的。

表 1 广东省企业职工伤亡人数年报表

单位：人

年份	国有企业		大集体企业		县以下企业	
	死亡	重伤	死亡	重伤	死亡	重伤
1988	163	271	64	96	325	89
1989	217	257	99	89	306	133
1900	211	278	52	84	388	152

① 晓讷：《1992 年职工伤亡事故上升》，《劳动保护》1993 年第 4 期。
② 林静：《何界生副部长说乡镇企业是今后卫生工作的重点》，《劳动保护》1992 年第 2 期。

续表

年份	国有企业		大集体企业		县以下企业	
	死亡	重伤	死亡	重伤	死亡	重伤
1991	206	237	81	80	459	218
1992	234	262	101	123	551	149

注：县以上企业含国有企业和大集体企业，县以下企业主要为乡镇企业，其中包括乡（镇）办企业、村办企业、联营企业和个体户。

（二）乡镇企业职工现行工伤保险制度实施状况

我国现行的工伤保险制度基本沿用四十年前的老制度，即1951年我国政务院颁布的包括工伤死亡在内的《中华人民共和国劳动保险条例》（以下简称《条例》）。《条例》中工伤保险制度实施规定的范围很广，但实际上《条例》的实施演变成为单一的全民企业保险。集体企业仅是参照执行，私营企业、乡镇企业、城乡个体户等工伤保险更是有章不循，有的无，有的高、有的低，随意性大。尤其是乡镇企业隶属关系复杂、安全管理比较混乱。在广东、湖北两省的调查中发现，乡镇企业在处理其工伤事故时，极少参照《条例》执行，大多为本企业自定，"大闹大解决，小闹小解决"，问题较之国有和城镇集体企业更为严重。其中丧葬抚恤费最高的为20528元，最低的为5985元，一般水平在6000元至15000元；补助费有高达8438元的，也有没有补助费的，没有统一的给付标准。

乡镇企业的经济类型繁多，既有由乡、镇（区）、村农民集体兴办的企业，也有外商投资企业、"三来一补"企业、股份制企业、联营企业、个体及私营企业等。其行业十分复杂，几乎覆盖国民经济所有的企业，职业伤害风险有大有小。企业主和职工的文化素质一般较低，由于以往没有执行工伤保险制度的经历，不了解工伤保险的政策、法规，企业主一心只想多盈利、多赚钱，认为参加工伤保险要缴钱、吃亏，不参加保险、不执行工伤保险制度你奈何不了我，出了事就自行处理。因此，在乡镇企业中开展工伤保险工作并普遍实施，使其按条例规定执行，阻力和难度要比在国有企业和县以上大集体企业要大。

（三）乡镇企业建立工伤保险制度的可行性

乡镇企业事故频发，处理无章可循或有章不循，给乡镇企业的发展带来了一定的影响。为此，应尽快在乡镇企业建立工伤保险制度，以推动乡镇企业进一步发展。首先，乡镇企业处于蓬勃发展的势头，经济状况良好，对统筹保险基金有一定的承受能力。对广东省乡镇企业参加工伤保险情况和意愿调查表明，乡镇企业对缴纳工资总额 1% 左右的工伤保险费一般是可以承受的。其次，在乡镇企业建立工伤保险制度符合工伤保险制度改革的目标。中共中央宣传部、劳动部和全国总工会《企业劳动、工资、社会保险制度改革宣传提纲》中提出：为保障所有职工都平等地享受工伤保险待遇，工伤保险要逐步扩大实施范围，覆盖各类企业的各类职工。因此，工伤保险实施范围从城镇扩大到乡镇，从国有企业、大集体企业扩大到乡镇企业、私营企业，符合国家整个社会保险制度改革的方向和要求。再次，工伤保险制度逐步扩大到乡镇企业，已在广东省先行。广东省于 1992 年 1 月颁布了《广东省企业职工社会工伤保险规定》，将全省境内所有企业和实行企业管理的事业单位、城镇个体工商户及其所属全部职工都包括在统一的保险制度中。截至 1992 年 9 月底，广东省乡镇企业参加工伤保险的单位有 8261 个，人数为 745663 人，分别约占全省参加工伤保险单位总数和总人数的 24% 和 27%。总之，乡镇企业的经济发展、国家的方针政策、试点成功的乡镇企业等为在乡镇企业建立和实施工伤保险制度提供了可行性。

二 乡镇企业职工工伤保险若干政策问题

乡镇企业的兴起是我国农村改革的重大成果，亦是我国 8 亿农民的伟大创举。乡镇企业不同于国有企业，没有"铁饭碗"，也没有纳入国家计划，必须按价值规律办事，按市场需求生产。乡镇企业职工主要来自农民，有工做是职工，无工做是农民，户籍在农村。这些决定了乡镇企业独有的特点。如何在乡镇企业实施工伤保险制度是社会保险改革中面临的一个重要问题。

（一） 应建立统一的企业职工工伤保险制度

近年来乡镇企业有了很大发展，企业的生产经营和职工人数比较稳定，经济效益逐年提高，职工有比较固定的工资收入作为家庭生活的主要来源，这给乡镇企业执行国有企业统一的工伤保险制度创造了条件。建立统一的工伤保险制度，将工伤保险实施范围扩大到乡镇企业，有利于安全生产。最近国务院确定，由劳动部负责全国安全生产工作，对安全行使国家监察职权。工伤保险由劳动部门所属的社会保险机构负责管理，可将劳动安全卫生工作与工伤保险有机地联系起来，使事故前的预防工作与事故后的经济补偿得以互相促进。乡镇企业执行统一的工伤保险制度，有利于精简机构和减轻企业负担。工伤保险实施范围扩大到乡镇企业，只需在现有的社会保险机构的基础上扩充业务，这样可减少机构设置，降低管理费用，提高效能。根据大数法则，实施范围越广，资金调剂的范围越大，基金的保障能力越强，可以使各企业负担的保险费接近总体负担水平，从而减轻企业缴纳保险费的负担。

（二） 应执行统一的工伤保险待遇标准

乡镇企业职工与国有、城镇集体企业职工是否应执行同一工伤保险待遇标准。对这一问题的研究，我们走访了广东、上海、湖北等省、市乡镇企业的管理人员和职工 189 人次，并召开小型座谈会，其中绝大多数人认为乡镇企业职工与国有、城镇集体企业职工应执行同一工伤保险待遇标准。若按所有制不同、用工形式不同而实行有区别的法定工伤待遇标准，就会在城镇、国有企业与乡镇企业、职工与职工之间产生差别、攀比和矛盾，对职工的合理流动和多种经济形式的发展带来不利的影响，也不利于工伤保险的社会化管理。从世界各国的工伤保险制度实施情况分析，其工伤待遇的支付主要根据是是否符合工伤所限定的范围和伤亡情况与规定的伤残鉴定标准，所有受保单位和受保人都实行同一待遇标准，这体现了社会保险的平等原则。乡镇企业职工与国有企业、城镇大集体企业职工应执行同一工伤保险待遇标准，这也正是我国社会保险制度完善的一个方面。

（三）因工伤亡的划分标准

工伤保险中的"工伤"一词，是国际劳工组织使用的术语。在工伤保险制度建立初期，工伤仅指工作中意外事故造成的伤害，后来才把由于职业性质造成的职业病也包括进来。我国现行的工伤保险制度，即《条例》从三个方面对因工伤亡的范围做了原则规定：执行日常工作以及执行企业行政方面或资方临时指定或同意的工作；从事与企业有利的工作；从事发明创造或技术改进工作。以后，根据在实际工作中遇到的具体问题，全国总工会、劳动人事部等部门又做了一些比照因工处理事故的规定。包括参加单位组织的游泳比赛、加班工作、出国援外、乘坐单位汽车等而造成伤亡的，都可以比照工伤处理。

调查中发现，作为因工伤亡处理的事件远远超过上述范围，同时，有些事故因无标准认定，引起劳资双方纠纷，工人利益受到损害，诸如：①工作时间在本单位生产工作区域内遭受非本人所能抗拒的意外灾害；②在紧急情况下，未经本单位领导指定而从事对本单位有益的工作；③从事抢险救灾，维护社会治安，保护国家和人民利益；④因工出差或外勤期间或工作调动途中发生非本人责任的意外事故；⑤在生产或工作中猝然发病等其他伤亡情况也应纳入工伤保险的范围。

（四）工伤补偿原则

根据工伤保险的性质，工伤补偿应遵循以下基本原则。第一，保障与补偿相结合。工伤补偿，从性质上看属于"损失补偿"，应包括保险与补偿两方面。保障是指受保人因工负伤或死亡，部分丧失或完全丧失劳动能力，工资收入减少或中断，造成经济损失，社会保险机构理应给予一定的经济补贴，使其本人或原其供养者大体保持原来的生活水平；补偿是指受保人遭遇工伤后，肢体、器官或生理功能受到损害，甚至丧失生命，给本人身心和家庭造成极大的痛苦，社会保险机构理应给予适当的补偿、体现对人体生命价值的承认，因此，应对永久伤残者和事故当场（含抢救中）死亡者增加二次性补偿项目。第二，补偿本人直接经济损失。受保人从事第一职业的工资收入，是维持本人及其家属生活，进行劳动力再生产的最直接、最主要的费用来源，当其身受工伤后，这部分收入没有或部分减少了，形成直接经济损失，必须给予适当的补偿。第三，伤残待遇与评残标准挂钩。伤残待遇应根据不同的伤残等级确定，形成相对合理的梯次结构。第四，补偿水平要适应当前社会生活水准和企业的经济承受能力、确定待遇水平要兼顾需要与可能，一方面提高和增加目前偏低和缺项的待遇、以维护伤残职工或其遗属的合法权益；另一方面要充分考虑生产发展水平和企业经济承受能力，在与生产发展相适应的基础上确定各项待遇水平。第五，有利于促进安全生产。补偿待遇应根据本人在发生工伤事故中是否负有主要责任而有所区别，这样有利于增强职工的安全意识，重视安全生产。第六，走工伤预防、工伤补偿、工伤康复相结合的道路。补偿、预防、康复是工伤保险紧密相连的三个方面，三者之间一条龙服务是当今国际工伤保险的潮流。

（五）工伤保险基金筹集原则

工伤保险基金，是指为实施工伤社会保险制度而向企业筹集、主要用子工伤补偿的专项基金。根据工伤保险的特点、基金的筹集应遵循以下原则。第一，以支定收，留有储备。即根据目前由工伤社会保险机构支付的补偿项目所需支付的补偿金额来筹措保险基金。由于工伤事故具有突发性和偶然性，因此基金须留有储备。第二，实行等级差别费率。即根据各行业职业伤害风险程度划分不同的费率档次，风险程度高的行业，费率相对高些；风险程度低的行业、费率相对低些。并根据各企业实际发生的工伤事故频率和费用收支情况，定期调整各企业应缴的费率。这种费率机制收费公平合理，有利于促进企业安全生产，能够为企业和社会所接受。国外也多采用这一原则。第三，保险费由企业缴纳，列入企业成本。由企业负担保险费，是继承了雇主应对工伤承担补偿责任的传统。这笔保险费用属于劳动力更新和再生产的费用、应列入生产成本。这可以促进企业加强和改善安全卫生设施、以预防和减少工伤事故及职业病的发生，从而节省开支，降低成本。第四，以企业职工工资总额作为征收保险费的计算基数。工资在一定程度上反映了劳动者对社会贡献的大小。工伤补偿待遇标准是以职工工资作为计发基数，所以，征收保险费也应以工资总额作为计算基数。工资总额的统计范围应按国家有关规定执行。第五，逐步扩大社会统筹项目和统筹范围。由现行的工伤"企业保险"转变为"社会保险"，这是社会保险改革的目标。由于职工受以企业为家的传统影响，社会保险机构也有一个逐步完善的过程。因此，这个改革目标不可能一步到位，当前宜实行社会管理与企业管理相结合，以社会管理为主的过渡方式。社会统筹项目应由少到多，逐步增加。统筹范围也应由以地、市为单位统筹，进而扩大到全省。

三 乡镇企业建立工伤保险制度的
难点与对策

中华人民共和国国民经济和社会发展十年规划和第八个五年计划纲要中指出，要努力推进社会保险制度的改革，改革医疗保险和工伤保险制度。中国共产党十三届八中全会通过的《中共中央关于进一步加强农业和农村工作的决定》也指出，要逐步建立农村社会保险制度。无论从国家大政方针，还是从乡镇企业发展的实践看，在乡镇企业建立工伤保险制度已显得十分必要。目前，在乡镇企业比较发达的地区已进行了工伤保险改革试点。广东省人民政府于 1992 年 1 月 17 日和 4 月 3 日相继颁布的《广东省企业职工社会工伤保险规定》和《广东省企业职工社会工伤保险规定实施意见》中已明确规定乡镇企业必须参加工伤保险。但从其实施状况和整体上分析，在乡镇企业开展工伤保险工作还有一定的难度，主要表现在以下几个方面。

①乡镇企业职工社会保险意识淡薄，是开展工伤保险工作最大的阻力。由于乡镇企业经济类型繁多，行业十分复杂，且企业主和职工的文化素质较低，其管理还停留在传统的家长式水平上。企业主既是企业财产所有者，同时也是企业的经营管理人。一心只想多盈利，多赚钱，出了工伤事故，能推则推，不能推则赔，不出工伤事故钱是我的，总比白缴（保险费）好。一些人认为工伤社会保险实行基金统筹是吃"大锅饭"，搞"一平二调"；还有些企业为员工投了人身意外伤害保险，就以为参加了工伤保险。这些模糊认识，给乡镇企业开展工伤保险工作造成了较大的阻力。

②乡镇企业经营不稳定，且事故多，社会机构不愿意承保，这使工伤保险工作难以开展。由于乡镇企业一般管理水平较差，工伤事故发生频繁。特别是从事采矿、采煤、采石、建筑、冶炼、化工和烟花爆竹等生产的企业，职业伤害风险大，工伤事故多，社会保险机构不大愿意承保。另外，乡镇企业点多、面广，主要分布在广大农村乡镇，一个乡镇企业只有几名到十几名职工，这给工伤保险基金的征集、支付和管理带来一定的难度，使社会工伤保险机构难以全面向乡镇企业开展工作。

③社会工伤保险的手续烦琐在一定程度上影响工伤保险工作的开展，从广东省开展的社会工伤保险业务分析，从企业投保、申报缴费、申报工伤到领取工伤保险金，企业普遍反映手续较为烦琐，要安排专人负责此项工作。乡镇企业管理人员本来就少，过繁的手续使一些乡镇企业望而却步。

通过上述分析，我们认为在乡镇企业开展工伤保险工作势在必行。妥善处理乡镇企业的职工工伤保险问题是保护、支持乡镇企业发展的重要环节。对于在乡镇企业开展工伤保险工作中出现的问题，必须制订相应的对策，应着力从以下几个方面入手。

第一，加强工伤保险知识宣传，增强职工保险意识。深入乡镇政府、乡镇企业，着重宣传工伤保险政策、法规，宣传具体的工伤保险的实施办法，说明工伤社会保险与人身意外伤害保险的区别。如广东省东莞市是乡镇企业参加工伤保险工作较好的一个地区，市社会保险机构在《东莞市职工社会工伤保险暂行办法》颁布前后，通过报纸、电视、电台和张贴宣传资料等各种形式，宣传改革工伤保险制度的必要性和意义，宣传新的社会工伤保险办法。同时，他们深入乡镇政府、乡镇企业进行宣传，运用典型事例解释工伤法规，收到很好的效果。截至 1992 年年底，乡镇企业参加工伤保险的单位 9174 个，占全市乡镇企业总数的 90.5%。宣传工伤保险知识，增强社会保险意识，争取各级领导和企业主的支持，是开展工伤保险工作的关键。

第二，完善各级社会保险机构的自身建设，是搞好工伤保险的基础。由于乡镇企业点多面广，大多分布在乡镇（区）农村，工伤保险基金的征集、支付和管理等大量日常工作主要在基层。因此，应建立健全各镇区社会保险管理所，配备适当适量的人员处理日常工作，形成社会保险网络，就近征集资金，处理工伤事故和支付待遇。这样既方便了乡镇企业，又可明显提高工作效率。

第三，应简化工伤保险手续。乡镇企业职工一般是亦工亦农，流动性较大。乡镇企业的劳动、工资、经营和管理一般较为灵活，管理人员较少。为有利于在乡镇企业中开展工伤保险，应简化目前的社会工伤保险手续，其保险费的收缴和补偿金的支付，可借鉴人民保险公司人身意外伤害保险的有些管理方法。

总之，工伤社会保险制度在乡镇企业全面实施，是一个逐步推进的过程。在这个过程中，针对乡镇企业的特点，在管理上制定相应的政策措施，最终在乡镇企业实行一套完善的工伤保险制度，以促进乡镇企业的进一步发展。

略析社会保险与商业保险[*]

随着我国社会保险制度的改革，社会保险制度逐步由城市推向农村，其实施范围由国有企业、大集体企业扩大到各所有制形式的企业、机关、社会团体和事业单位。目前，全国大部分县市都建立了专门的社会保险机构。在开展社会保险工作中，有一部分管理者认为他们已在人民保险公司开设了人身意外伤害保险和雇主责任保险等商业保险险种，因此困惑于现在推行的社会保险是否为商业保险的一种。由于这些模糊认识和现行管理体制尚未理顺，严重地影响了社会保险制度的改革和发展，正确地分析社会保险和商业保险的异同，发展和完善我国社会保险制度，妥善解决亿万人民的生、老、病、死、伤残、失业等带来的社会问题，对促进我国社会经济的发展，具有一定的意义。

一　社会保险：一项重要的社会政策

所谓社会保险，是指国家和社会通过立法，采取强制手段，对国民收入进行分配和再分配形成的专门基金，对劳动者或公民在其生、老、病、伤残、失业以及由于其他原因而丧失劳动能力，生活发生困难时，给予一定的物质帮助，以保证其基本生活需求的一种社会保障制度。它是中国社会保障体系最重要的组成部分，是国家的一项重要的社会政策。

从历史上看，社会保险作为一项重要的社会政策在各个国家的政治和经济生活中发挥着极其重要的作用。社会保险渊源于社

---

　　* 原载《社会科学辑刊》1995 年第 3 期。

会成员间的经济互助，形成于 19 世纪 80 年代的德国。以俾斯麦为首相的德国政府，1883 年颁布了世界上第一部《疾病保险法》，对失业工人施行疾病救济，标志着政府对公民施行社会保险的萌芽。继而在 1883—1889 年，德国确立了包括伤害、残废、疾病、养老等内容的社会保险体系。这一制度的建立使工人解除了疾病、伤残、年老的后顾之忧，一定程度地减少了由此引起的一系列社会问题，使德国在 19 世纪晚期获得举世瞩目的大发展。20 世纪 30 年代，美国面临一场空前灾难的经济危机，工厂倒闭，市场萎缩，失业人数剧增，社会不宁，千百万人挣扎在死亡线上，经济危机带来的危害如此沉重，必须建立由国家出面制定的社会保障制度。由此在罗斯福总统领导和主持下，美国在 1935 年推出美国历史上第一部《社会保障法》，作为保障人们在任何风险下都能享受到基本生活的"社会安全网"，这一制度的实施使美国走出了经济危机的死胡同。第二次世界大战后，在恢复和发展经济的同时，英国政府在"贝弗里奇"计划的基础上，1946 年先后颁布了《社会保险法》《工业伤害法》《国民健康服务法》《国民救济法》等六项立法。西欧各主要国家相继重建社会保障制度，从而调整了社会内部阶级关系，促进了社会与经济的迅猛增长，改善了民众的生活福利。中国社会保险制度的建立以 1951 年政务院颁布的《中华人民共和国劳动保险条例》为准，根据我国的经济、社会状况不断地修订、补充实施至今。纵观世界各国社会保险制度的建立与发展，无不与当时的社会经济背景有紧密的联系，它是社会发展到一定历史阶段的必然要求。社会保险制度的建立和发展，为各国的经济增长创造了一个良好的社会环境。

社会保险作为一项社会保障事业，在国家的社会经济生活中起着重要的作用。①社会保险是国家的一项社会福利政策，它保障劳动者的经济利益，努力实现人与人之间收入的再分配。世界各国的社会保险费大都由国家财政、企事业单位和个人三方面筹集，只是筹集的份额不同而已，并不仅仅是劳动者个人负担。劳动者享受标准是根据国家的有关规定给付的。其标准以补偿并保障劳动者的基本收入，满足他们基本生活的需求为基础，达到人与人之间相互公平、合理的补偿，从而减少社会矛盾和冲突，起到稳定社会秩序，促进社会发展的作用。②社会保险是保障人民基本生活的重要措施。社会保险几乎关系到每个公民，每个劳动者的全部生命周期。例如，生育保险是对婴儿出世以及妇女劳动者怀孕、分娩的保障；失业保险是对暂时失业人员的生活保障；对退休养老者，有养老保险给予保障等。社会保险各项险种的建立，使被保险人在人生历程中的各个阶段或遭遇各种不幸事故时，都可获得经济上的保障或补偿。公民的安全感得到满足，就会全身心投入工作中去。③社会保险是实现劳动力再生产的必要条件。现代经济的发展，一方面要求物质资料生产经常在扩大的规模上实现再生产，另一方面要求劳动力也保持扩大规模的再生产。工资收入，福利收入，再加上社会保险对劳动者各种风险的保障，便是劳动力扩大再生产的基础。例如，疾病保险，能保证劳动者减少疾病的侵害，患病也能及时治疗恢复健康，保持旺盛的精力投入生产。④社会保险有利于多种经济的发展。社会保险制度逐步在集体企业、个体劳动者、乡镇企业、广大农村中实施，一定程度上减轻了部门与部门，企业与企业之间的差别，使劳动者不论在何种类型部门工作，都能发挥积极作用。

总之，社会保险从它产生以来，就关系到千家万户，这与国泰民安息息相关，作为管理国家的一项社会政策，是整体发展战略的有机组成部分。它通过为没有劳动能力或丧失劳动能力及暂时失业者提供经济帮助，以保障其基本生活，缓解社会矛盾，预防社会问题发生，促进社会稳定和经济发展。

二　商业保险：一种经济补偿制度

所谓商业保险，是人们为了应付自然灾害或意外伤害，通过订立合同实现补偿或给付的一种经济形式。它是一种经济补偿制度，以合同方式集合众多受同样风险威胁的被保险人，由合同当事人的一方（即被保险人），向合同当事人的另一方（即保险人）交付一定的保险费，组成保险基金，用以补偿被保险人的经济损失。商业保险属于经济范畴，它同银行、信托、储蓄等类事物共同成为国家重要的经济支柱。

保险作为弥补灾害事故造成的损失的一种手段，是随着人类社会私有财产的产生而出现的。商业保险的形成源于 1400 年开办的海上保险业，国际贸易的扩大使海上保险业逐步商业化、专业化、制度化。随后，商业保险由于工业的发展、流通领域日益扩大，各种经济关系日趋复杂，保险的对象和经营范围扩大为财产保险、人身保险、责任保险和保证保险等类型。

商业保险作为一项经济事业，在世界各国经济建设中得到迅速发展，起到组织经济补偿，聚集货币资本和促进国家经济发展的作用。保险人按损失分摊原则组织保险基金。一定时期内因自然灾害或意外事故而造成财产损失的只是部分被保险人，但这些损失被看作全体被保险人的共同损失，由全体被保险人共同承担，其实质是众多的无灾害事故的被保险人，帮助少数因灾害事故而受到损失的被保险人。

商业保险的作用主要体现在以下几个方面。①通过对遭受自然灾害或发生意外事故的被保险人的经济补偿，尽可能消除灾害事故带来的后果，保证社会再生产的正常进行，解决群众生活困难。②随着经济体制的转换，企业承担的经济责任和风险相对增大；农村普遍实行了多种经营方式的承包责任制和发展多种经济形式，同样承担着经济责任和风险。商业保险为城乡不同经济层次提供经济保障，使各个经济单位全身心地投入国家经济建设中，促进生产力的发展。③为国家经济建设积累资金，灾害事故在各年度的发生频率和损失程度并不平均，保险公司聚集的保险费，除用于经济补偿和日常开支外，保持了相当数额的保险备用基金。这部分基金以有偿返还方式重新投入社会扩大再生产过程，从而扩大生产的规模。④商业保险国外业务的开展、为我国对外经济贸易提供经济补偿的保障、扩大同世界各国的经济和技术交往、同时进行国际的再保险业务，发挥了更大规模的资金再分配作用。

三　社会保险与商业保险的比较分析

社会保险和商业保险同作为"保险"，它们之间必然存在着一些共性的联系。其产生、发展都经历了相当长的历史过程，并与社会生产力及商品经济发展水平密切相关，同属商品经济发展的产物。建立社会保险和商业保险的前提，是风险的客观存在。风险可能发生，但在何时、何地发生及发生后造成多大危害很难预测。在风险的威胁下，人们为了经济生活的稳定，要将超过自己的负担能力以上的风险责任转移出去，转移的主要方式之一就是参加保险。正因风险的存在，才有保险的存在；被保险人有保险的需要，保险人才有承保的可能。社会保险和商业保险都是根据风险的不确定性和发生危害的可能性，在风险发生之前筹集保险基金，以作为支付补偿的开支。通过保险补偿确保社会再生产的继续和人们生活的安定，通过集中与分散资金来分散风险，尽量扩大风险承担的范围，其具有互助性。

社会保险和商业保险，既然分为"社会"保险和"商业"保险，它们之间必然有不同之处。

第一，社会保险是通过立法的形式建立的，一般带有强制性，由政府举办，由社会专门机构管理，是体现政府的社会政策的保险制度。只要是在国家社会保险法规定范围内的投保人，都被视为参加保险的法定被保险人，必须参加社会保险，享受者是丧失劳动能力或中断了生活来源的劳动者。而商业保险是一种经济补偿制度，一种非强制性保险，由保险公司经营，注重经济效益。一般是具备了投保条件的单位和个人参加，并且保险人与被保险人双方均有自由选择的权利，除少数险种外，大多数险种在法律上没有强制的规定。享受条件取决于投保人所保的险种、缴纳保险费的金额、保险的期限等条件，按契约给付，并具有自我储蓄的性质。

第二，社会保险注重社会效益，是非营利性的，直接目的是贯彻政府的社会政策和劳动政策，解决某些社会问题，使依靠劳动收入维持生活的劳动者，在丧失工作能力和失业期间，有从国家或社会所举办的社会福利事业中获得物质帮助的权利。商业保险是具有营利性的一种营业性保险，注重经济效益。商业保险经营的效益包括经济效益和社会效益，其开办的各种人身保险虽然也具有在公民丧失工作能力或年老退休时，保障其基本生活的功能，但直接目的有别于社会保险。

第三，保险基金来源不同。社会保险的保险费，是对劳动者创造的剩余产品或国民收入的一种特殊的再分配，用来满足社会共同需要的社会消费基金，而又返还于个人，用于个人消费的部分。所以保险费的筹集通常是由企业和个人双方以被保险人之所得按比例分担，其保险费率相同，国家按比率或定额给予补贴；也有的完全由企业、机关、社会团体负责，即由企业或单位行政部门按工资总额的一定比例提取，国家从财政预算中拨出一定数额，予以补贴，职工不负担任何费用。个人缴纳费用的多少，并不决定将来给付的标准，而取决于当时收入的高低。商业保险是建立在商业原则上的契约关系。其保险费全部由被保险人负担，而且保险企业的营业和管理费用也在所收保险费项下开支。因此，商业保险的收费标准一般高于社会保险。赔偿保险费的金额多少，完全取决于投保人缴费的情况，实行"多投多保，少投少保，不投不保"的原则，保障的程度完全受个人缴费能力所制约，按保险单付完保险费后，保险责任即告终止。

第四，管理体制不同。社会保险是由各级政府及其所属的社会保险机构管理，经营主体实质就是政府，属于非营利性质的服务机构。它的管理，无论是保险金的筹集和支付，还是劳动能力丧失程度的医务鉴定等，都由劳动部门和工会部门管理，发生劳动争议时，用劳动法加以调整。商业保险则由商业保险公司自主经营，保险公司是以营利为目的的金融企业，在财务上实行独立核算，自负盈亏，讲求经济效益。保险的经营主体，是由国家有关部门审查批准专门经营保险业务的法人，不一定是政府。它的管理工作，以严格履行保险合同为目的，保险人与被保险人发生纠纷时，由民法加以调整。

　　通过以上分析可以看出，社会保险与商业保险有着本质上的区别，两者不可混淆。社会保险是一项社会保障事业，而商业保险是一项商业经营活动。社会保险和商业保险既有一致性，又有差别性。但在我国由于社会保险制度还没有完全建立起来，保险公司代行了一部分社会保险职能，由此而引起人们对社会保险和商业保险的模糊认识。商业保险在对人的保险方面，是建立在人们除维持正常生活外，还有剩余的基础上的，因此，绝大多数低收入的劳动者均无力参加。而社会保险则面向广大低收入者，社会保险承担了商业保险没有承担的风险，进一步完善了保险体系。社会保险作为国家的一项重要的社会政策，必须建立在国家立法的基础上，统一管理，不断完善，才能发挥它不可缺少的保障作用。

城市社区弘扬和培育民族精神的
实施策略和路径研究[*]

许多学者认为，现代社会发展的路径走向有着传统与现代性的某种断裂，又有着新现代性的逐步生成，它是终结与承续、解构与建构的辩证统一。^① 现代性面临重大转折之日，必定也是社会重构、个人重塑、个人与社会的关系重建之时。^② 城市社区也在解构与重构中，原有的社区成员已分化为具有不同社会地位和经济利益特点的阶层群体，这种分化猛烈地冲击传统社区精神，使传统关系密切、出入相友、守望相助、疾困相扶的乡亲、邻里情感及心理上的认同感趋于弱化。因此，继承传统中有现实意义的价值观念、发展适应现代社会生活需要的共同理想信念、推进城市社区建设，成为迫切需要研究的现实问题。

一　城市社区与民族精神的社会学解读

城市社区包括两层含义：一是指地域性、功能性的人类集合体，表现为一种存在的状态；二是指一种符号互动的过程，是一个动态的变化过程，是个体行动者和法人行动者的交往过程。在我国，城市社区是指市辖区和不设区的市的范围，包括街道社区

---

*　本文根据杨叔子等《弘扬与培育民族精神研究》，经济科学出版社，2009，第410—415 页和刘献君主编《现实挑战与路径选择——民族精神的对策研究》，人民出版社，2009，第 322—349 页的吴中宇参著的内容缩写。

① 周大亚：《全球化与中国社会发展——中国社会学会 2002 年学术年会综述》，《学术动态》（中国社会科学院内部刊物）2002 年第 7 期。
② 郑杭生：《和谐社会与社会学》，《新华文摘》2005 年第 4 期。

和居委会社区。基于此，本文所说的城市社区是指一定地域范围内，城市居民的生活共同体。

随着城市社区的发展，许多社会学家对城市社区的各种社会现象进行了系统的研究，发表了大量的论著。其中，影响较大的研究有德国社会学家滕尼斯对城市社会与农村社会的比较和研究，法国社会学家涂尔干的《社会劳动分工论》（1893），德国社会学家齐美尔的《城市与精神生活》（1903），韦伯的《论城市》（在他去世后的 1921 年发表），美国芝加哥大学的社会学家 R. E. 帕克发表《对都市环境中人类行为进行考察的建议》（1916），E. W. 伯吉斯和帕克于 1925 年合编的《都市》，1926 年 E. W. 伯吉斯编纂的《都市社区》，纽约学派林德夫妇的《中镇：当代美国文化研究》（1929），沃思发表的《作为一种生活方式的城市性》（1938），刘易斯发表的《未崩溃的城市化》（1952），甘斯的《城市村民》（1962），达尔的《谁统治：美国城市中的民主和权力》，等等。在我国，人类学家、社会学家吴文藻先生和吴景超先生最早倡导中国本土化社区研究。如吴文藻的论文《现代社区研究的意义与功能》《中国社区研究的西洋影响与国内近状》，费孝通的《清河：一个乡镇村落社区》《江村经济》。20 世纪 80 年代具有代表性的是由费孝通教授指导的"江苏小城镇研究"课题及系列化成果，以及中国社会科学院社会学所对我国东、中、西部各类型城市的研究及其成果。90 年代曹锦清等人的《当代湖北乡村的社会文化变迁》（1995），徐中振、卢汉龙等主编的《社区发展与现代文明》《上海城市社区发展研究报告》（1996），王春光的《社会流动和社会重构——京城"浙江村"研究》（1995），吴德隆、谷迎春的《中国城市社区建设》（1996），雷洁琼的《转型中的城市基层社区组织——北京市基层社区组织与社区发展研究》（2001），张晋俐的《构建和谐社会的社区文化》（2005）等有关文献从不同的角度阐释了城市社区文化精神和人的精神层面的建设。

可见，国内外社会学对城市社区发展中民族精神作用的研究是非常丰富的，这为探讨当前城市社区弘扬和培育民族精神的路径提供了基本理论。在这个意义上，滕尼斯的共同体精神、涂尔干的集体意识、韦伯的资本主义精神等理论的分析，有助于我们从社会学角度理解在城市社区发展中弘扬和培育民族精神为什么那么重要。

1. 滕尼斯：共同体精神与城市社区发展

德国社会学家滕尼斯（1855—1936）的成名作《共同体与社会——纯粹社会学的基本概念》（又译《社区和社会》或《礼俗社会和法理社会》）抽象地概括出共同体和社会两种生活类型的特征。他认为社区是由同质人口组成的，关系亲密、守望相助、疾病相扶、富有人情味的社会团体。农村社区就是人们生活的共同体，是一种持久的和真正的共同生活的载体；共同体又可区分为血缘共同体、地缘共同体和精神共同体三种类型或层次。在他看来，农村社区共同体中的人际关系，是一种古老的以自然意志为基础的关系，是一种亲密无间、相互信任、默认一致、服从权威并且基于共同信仰和共同风俗之上的人际关系。而城市的情况和农村相反，城市居民没有维系彼此关系的共同纽带，没有共同意识，家庭和邻里关系淡漠，人与人之间互不关心。由此可见，人们之间的关系，"在共同体里，尽管有种种的分离，仍然保持着结合；在社会里，尽管有种种结合，仍然保持着分离"。① 换句话说，"人们在共同体里与同伙一起，从出生之日起，就休戚与共，同甘共苦。人们走进社会就如同走进他乡异国"。所以，滕尼斯将共同体视为富有生机的整体，认为社会只不过是机械的集合体。随着大城市的兴起，"共同体的生活方式作为惟一的、现实的生活方式，还继续持久地存在于社会的生活方式内部，尽管日益枯萎，甚至日益消亡"。② 虽然城市社区发展带来很多社会问题，但共同体的精神以新的表现形式推动城市社区的发展。

2. 涂尔干：集体意识与城市社区发展

从社会学的角度看，民族精神是一种社会整合的力量，能使单独的个人团结为一个共同体。作为三大古典社会学家之一的法

---

① 斐迪南·滕尼斯：《共同体与社会》，商务印书馆，1999，第94、95页。
② 斐迪南·滕尼斯：《共同体与社会》，商务印书馆，1999，第341页。

国学者涂尔干（1858—1917）敏锐地意识到了这一点，在他的
《社会劳动分工论》等著作中，都反对人的自利心，倡导人与人之
间的互助意识，主张以人类利他的道德力量来整合社会，以获得
社会的共识，并对集体意识与城市社会的发展做了详细分析。首
先，他认为，集体意识是"一般社会成员共同的信仰和情感的总
和"。个人是集体的表现。当人们进入一个每个人都可能并愿意成
为最不能替代的生物的社会时，个人仍旧是集体的表现。集体结
构要求个人都负有自己的责任。集体意识是社会团结的精神基
础。[①] 其次，涂尔干目睹了城市社会的发展变化，提出了与滕尼斯
相对立的观点。他认为，农村社会的基础是一种机械团结。因为
传统的农业经济是一种自给自足的经济，农村居民从事着大体相
同的劳动，每个家庭、每个村庄基本上都自给自足，彼此间互不
依存，在这个基础上的团结是真正的"机械团结"。而城市的情况
则恰恰相反，城市内分工复杂，居民分别从事不同的职业，彼此
相互联系、相互依存，形成一种不可分割的整体。在这个基础上
的团结是真正的"有机团结"。城市内尽管有各种矛盾，但与"机
械团结"相比较，城市则是巨大的进步。

　　涂尔干进一步解释，机械的团结是前工业社会的特征。在前
工业社会，集体意识和集体信仰主宰一切，个人意识缺乏，个人
差异被限制到极小，社会成员为共同利益而奋斗，产生了机械的
团结。"产生于一致性的团结，在群体意识完全围绕着并重合于整
体意识时，达到其最高峰。"在机械团结的社会，个人的行为总是
自发的、不假思索的、集体的，机械的团结也就是一个把个人直
接而和谐地同社会联系在一起的社会结合形式。有机的团结的基
础是分工与社会分化。与机械的团结相比，有机的团结产生于个
人的差异性而不是一致性，它是劳动分工的产物。随着社会中不
同功能的日益分化，每个社会成员都可能与这种越来越细的社会
分工相联系，社会成员之间生活方式、活动方式不同，个人的独
立性、个性得到发展。正是因为个人的自主性的强化，社会这个

---

① 雷蒙·阿隆：《社会学主要思潮》，华夏出版社，2000，第216、221页。

有机体越发呈现类似于高级动物的生理连带关系，即他们躯体上的各个器官的个体化程度越高，功能分化越强，机体的统一性越大。所以，有机团结的社会中，人们的相互依存性却远大于机械团结的社会。"在这种使每个人都具有个性的社会里，还会有比我们所想象的大得多的一部分集体意识出现于个人意识之中。"① 可见，集体意识是社会整合的重要力量，是人们出于天性创造出的一种基于自愿的道德义务力量的社会调节方式。

3. 韦伯：资本主义精神与资本主义的发展

社会学史上，马克斯·韦伯（1864—1920）无疑是最为重要的人物之一。《新教伦理与资本主义精神》（1904）一书是他最负盛名的著作。韦伯阐述了新教伦理、资本主义精神及资本主义经济本身的关系，他认为，正是在特定的文化观念作用下，资本主义才得以兴起和发展。这一经典研究无疑可以视为一种以文化因素来解释资本主义发展的社会学宏观理论。

韦伯认为资本主义社会是一个理性化的社会，而理性化的资本主义却仅在西欧产生和兴起，其原因自然不是物质方面的，而在于精神与观念。韦伯认为时间观念、节俭积累观念、诚实谨慎观念、计划收支及职业责任观念等伦理观是资本主义社会最为需要的，而事实中的理性化资本主义精神也正表现于这些方面。在资本主义生产方式中，这些观念代表着资本主义精神，并对现实起了重要作用。正是它们孕育和推动着资本主义的形成和发展。由此，韦伯得出了资本主义社会产生的规范性条件是资本主义精神的结论，并且在对资本主义的分析过程中，始终把这种规范社会的条件——资本主义精神放在首位。资本主义的兴起并不仅在于"投入该行业的资金流，而是新的精神，即资本主义精神"，"凡是资本主义精神出现并且能够发挥作用的地方，它就产生自己的资本和货币供给，作为达到其目的的手段，反过来则不正确"，这清楚地表明了韦伯的观点：资本主义精神导致了理性资本主义

---

① 雷蒙·阿隆：《社会学主要思潮》，华夏出版社，2000，第214、221页。

的出现，精神因素推动了现代资本主义的产生。① 同时，韦伯还从宗教的方面进行分析，认为新教的天职观和命定论是资本主义精神得以实现的最大宗教动力。

资本主义精神作为西方社会一种独特的价值体系，规范约束着人们的行动。韦伯表明的是"我们每个人的利益的走向受我们的世界观的支配"。韦伯的论点有助于人们积极、科学地理解道德准则和信仰对于人类行为的影响及其对历史发展所起的作用。②

4. 民族精神是建构人类社会规范体系的内在核心部分

民族精神是建构人类社会规范体系的内在核心部分，与其他重要规范处于相互补充、相互支持的关系之中。法国启蒙思想家孟德斯鸠认为"理性就是法的精神，就是民族精神"。③ 一个社会的民族精神反映这个社会的人们如何看待世界和他人，代表某种特定的生活方式。而这种"社会生活的结构"同样体现在该社会的其他规范（包括法律）之中。在社会学家韦伯的社会理论中，相互关联的个人行动之所以能够构成某种和谐的社会秩序，其主要原因大致有两个：一方面，某一社会中的个人在共同生活的过程中形成或接受了某种共同的思想或信念，这种共同的知识体系可以被称为一个生活共同体所特有的精神气质（ethos），是这个社会中的人们采取某些一致行动的心理基础；另一方面，社会中存在一些先于个人，也外在于个人的规范，这些规范可能是代代相传的风俗习惯，也可能是社会中的权威机构人为制定、由专门人员负责执行的法律。韦伯认为这两方面的因素是相互支持、互为补充的。个人可能会在某种外在暴力的强制下做出某种行为，但这种情况不可能形成一种社会常规。要使某种社会规范获得持久的效力，必须使它获得人们的自愿支持，也就是获得"正当性"。民族精神是一种兼具精神气质和社会规范两种属性的社会存在，与风俗、道德存在某种结构和功能上的互补。

① 朱国宏主编《经济社会学》，复旦大学出版社，2003，第419—420页。
② 雷蒙·阿隆：《社会学主要思潮》，华夏出版社，2000，第362—363页。
③ 罗国杰、宋希仁：《西方伦理思想史》（下册），中国人民大学出版社，1988，第286页。

我国目前和谐社会的建构，在很大程度上取决于全体社会成员的道德素质。道德属于意识形态、精神文明，它通过一定的善恶价值标准和行为准则来规范人们的相互关系、约束个人行为，从而调节社会关系。社会通过教育和社会舆论来提高社会成员的思想认识和道德觉悟，赋予人们以道德自律的行为准则和精神力量。个人则是通过学习、实践去认知和确立自己行为的原则和规范，并使之成为一种发自内心的自觉要求。因而，弘扬和培育民族精神是维护社会秩序、规范人们思想和行为的重要手段，是一种重要的治国方略，是实现社会和谐的重要途径。

二 城市社区文化建设的深厚历史积淀和现实基础

城市社区文化是指社区居民在特定的区域内，经过长期实践而创造出来的物质文化、制度文化和观念文化的总和。它对人们的思想观念、道德情操、行为方式以及人格理想的形成和发展具有重大影响，甚至制约着当地的经济、政治。城市是各国经济、政治、科学技术、文化教育的中心，是历史的积淀。城市历史文化遗产是通过漫长的历史演变逐步形成和遗留下来的丰厚的文化资源。这些历史悠久丰厚的文化资源是现今城市社区文化建设的基础。不同城市的文化资源折射出城市的不同特色，从不同层面反映城市居民丰富多彩的精神生活。例如，北京代表中国元明清的历史文化，西安代表中国周秦汉唐的历史文化，上海则代表中国近现代的历史文化并形成了自己独特的中西交融的海派文化。又如，湖南长沙自古就是各种思想文化交汇碰撞之地，形成了"心忧天下、敢为人先"的长沙城市精神。这些是中华民族精神的体现。

对于城市社区建设来讲，文化遗产就是自己的品牌和个性，就是财富，就是创造与建设现代特色城市的基础。但是，伴随着城市化进程的加快以及城市社区的不断发展，城市社区文化特色的保护也面临诸多问题。一是新建筑覆盖了老城区，到处高楼林立，旧貌换新颜，独特的人文环境的物化形式出现趋同性。二是有些历史文化名城，商业氛围越来越浓，而文化氛围却日益淡化。如丽江古城是世界历史文化遗产，它的古朴曾是抚慰人们精神的港湾，但现今市场经济的激烈竞争也演绎在古城内的各个角落。三是城市社区文化持续发展战略制定的科学化有待加强。国外一些大城市在发展中提出了文化发展战略，以文化求发展。例如，伦敦作为一个世界级的大都市，进入21世纪后，在文化方面采取了一系列重大举措。伦敦市长2003年2月公布了《伦敦：文化资本市长文化战略草案》，提出文化战略要维护和增强伦敦作为"世界卓越的创意和文化中心"的声誉，成为世界级文化城市。在伦敦市政府的目标中，"世界城市不仅在经济上是世界的中心之一，有很强的影响力和辐射力，同样在文化方面也应该是世界的中心之一"。西班牙的巴塞罗那也提出了"城市即文化，文化即城市"的观点，提出将文化作为其建设"知识城市"的发动机。

民族精神的发扬，城市社区的发展离不开城市里各个部门的积极参与和共同建设。城市社区文化建设要为弘扬和培育民族精神整合有效资源。从根本上说，城市社区文化建设中的各个战线、各个部门，如社区里的企业、学校、文化馆、文化中心等各企事业单位和各种各样的文化设施，历史上遗留下来的许多文物史迹、现实生活中的许多节日庆典、先进事迹等都包含丰富的有利于弘扬和培育民族精神的宝贵资源，都能够在弘扬和培育民族精神的工作中发挥积极作用。

三　城市社区弘扬和培育民族精神的路径选择

城市社区文化建设和城市社区居民民族精神教育是一个长期、复杂、循序渐进的过程，需要整合各个方面的资源，引导广大城市居民积极参与，才能将弘扬和培育民族精神落实到实处。城市社区弘扬和培育民族精神主要要做好以下几个方面的工作。

1. 以先进文化提升城市文化精神，构建城市居民的精神支撑

先进文化是人类精神文明的结晶，又是推动社会经济政治发

展的巨大动力，它顺应历史潮流、反映时代精神、代表社会发展
方向、体现人民群众的根本利益。在当代中国发展先进文化，就
是发展面向现代化、面向世界、面向未来的，民族的、科学的、
大众的社会主义文化，以不断丰富人们的精神世界、不断增强人
们的精神力量、不断满足人们的精神文化需求。[①]

　　城市文化遗产是物化的民族精神，对人性的形成、人的素质
和品格的培养，以及不同民族性格与精神的造就，具有重大作用。
挖掘历史文化，充分发挥城市文化遗产所具有的作用是构建城市
居民精神支撑的一项重要工作。目前，我国在城市社区文化建设
过程中，正在贯彻"保护第一、抢救第一"的方针和"有效保护、
合理利用、加强管理"的原则，对城市丰厚的文化遗产和文化资
源实行保护性开发战略，使现代化建设与保护历史文化名城完美
统一，在城市发展中兼容与弘扬相融合。在吸纳外来文化的基础
上弘扬本土文化，保护和发掘城市丰厚的历史文化资源，有利于
塑造人们特定的生活、生产方式，思维、行动方式，感情方式，
乃至个体的心性和习惯；有利于激发广大市民建设热情、增强城
市亲和力。城市根源于地方自然条件和历史文化传统遗产所具有
的特色，是弘扬民族精神的现实基础。因此挖掘历史文化遗产，
是建设社会主义先进文化不可或缺的组成部分，也是建设社会主
义精神文明的重要内容。

　　城市文化孕育了独特的大众文化，它反映人民对生活及文化
氛围的向往和追求。随着市场经济的建立与完善，伴随而来的是
大众文化的繁荣，表现为人民文化需求意识和文化消费观念的多
姿多彩。通俗文化逐步成为大众文化的主流之一。这种"通俗"，
实际上是一种"以人为本的文化倾向"，是一种大众文化的理性回
归。城市的大众文化表现在多方面，如以"茶楼文化""歌厅文
化""吧文化"为代表的通俗文化，自发形成的广场文化、社区文
化有着庞大和稳定的参与群体。民间工艺、民族音乐、民族歌舞、

---

① 严昭柱：《先进文化：构建社会主义和谐社会的精神支撑》，《求是》2005 年第
　8 期。

民族戏剧等绚丽多彩的民间艺术，以人们喜闻乐见的方式所展示的精神文明风貌，渲染一种社会文化氛围，可塑造和优化城市居民团结互助的群体意识。所以弘扬和培育民族精神，大众文化的整理、优化是不可缺的。

2. 加强社区文化建设，引导城市居民建构民族精神

社区文化建设总是涉及人与物两个方面，总是处在一定的文化环境之中和一定的文化基础之上。通过人的作用，一定的文化必然成为经济和社会发展的重要因素。良好的社区文化环境能潜移默化地影响城市居民的素养，培育城市居民的民族精神和高尚人格。

大力开展音乐艺术等文化活动。社区文化是一个庞大的系统工程，其实践特点就在于要发挥社区的综合优势。以社区基层文化为龙头，以社区各街道、居委会、住宅小区以及企事业单位的文化活动场所为阵地，以发挥社区党员的模范带头作用为引导，以社区居民搞好各种服务为基础，利用各种载体引导群众广泛参与，如抓住重大事件、重要节日开展丰富多彩的文艺活动，开展有偿性的文化艺术节、各类教育培训等生动活泼的社区文化活动，使得不同文化修养及情趣爱好的群众能各展其长、各得其乐。使更多的人通过丰富多彩的文化活动在艺术感染中受到教育，身心得到陶冶。①

营造积极向上、优美舒适的人文环境和规范环境，为城市居民创造文明、健康、高品位的文化氛围与精神氛围。社区举办社区发展史展览，在社区主要干道及主要活动场所设置高雅的人文景观、高水平的宣传画廊，如公益广告，在主要公共设施的活动场所、走廊里悬挂伟人、文化名人、典型人物、社区优秀人物的画像、名言等，能陶冶城市居民情操、激发其爱国情感、鼓舞其奋发向上。文化底蕴深厚的社区，必将赋予居民的精神世界以更多的色彩。

---

① 张晋俐：《构建和谐社会的社区文化》，《光明日报》2005 年 5 月 18 日第 11 版。

充分注重互联网在社区文化建设中的地位。网络技术的迅猛发展，一方面给城市居民提供了一条快速获取信息和进行多向交流的新渠道，有利于社区文化建设；另一方面，网络上获取信息的随意性，又使一些居民容易受到不良影响。针对这种情况，一是要建立高质量、大容量、有着强吸引力的"红色网站"，开辟"红色论坛"及有关民族精神的网站建设和网页的制作，利用网络这个信息工具更好地向人们介绍、宣传中华民族精神，抵制那些不利于弘扬和培育我国民族精神的言论。二是可根据居民不同层次、不同年龄的需要，逐步建立健全群众文化活动网，如少年儿童文化活动网、青年文化活动网、老年人文化活动网、家庭文化活动网、社区科普活动网，向各类居民提供更贴近他们民族精神的教育内容。还可以在这些网站上设立各类型的主题，引导居民主动参与各类讨论，在与网友的交流中加深对民族精神内涵的理解，从而增强自身的民族精神修养。

强化社区文化制度管理，整合有效资源。城市社区文化建设是建设和谐社会的一项基础性工作，在城市社区文化建设全过程中弘扬和培育民族精神，必须以更加开阔的思路，从社区文化建设的整体出发来思考、规划、落实弘扬和培育民族精神的工作，把弘扬和培育民族精神纳入社区文化建设的全过程。社区文化建设各方面工作的开展，都要围绕这一目标和任务，努力为其创造文化条件、整合有效资源、提供有力保障。

3. 以城市社区居民为主体，激发城市居民主动参与建构民族精神

涂尔干认为，人的欲望本身是无止境的、多方面的，人不仅有物质性的、生理性的需求，而且有精神上的相互交往的需要。由于人在本能上是不知足的，人的需求的满足必然受外界即社会的控制。社会强制地约束人的需求，促使人不再过分追求自己的愿望，才会形成一个社会成员共同的目标，增强社会的凝聚力。弘扬和培育民族精神不仅需要城市社区管理者发挥主导作用，更需要社区居民的主动参与和配合，以做到主导教育和自身塑造的有机结合。

第一，大力宣传民族精神的重要性，激发城市居民的主动参与性。对于一件事情，只有当人们包括城市居民知道它的重要性时，才对此重视，才会自己主动积极地去参与建构民族精神。要在城市居民中更好地弘扬和培育民族精神，就应该让他们知道为什么要弘扬和培育民族精神，其对国家、社会、他们自己有什么影响。如上所述，一个民族的精神所包含的内容是很丰富的，涉及人们认知的众多方面。正因如此，我们在弘扬和培育民族精神时就必须针对不同的群体有不同的侧重点。本章在对我国城市居民民族精神认知进行调查分析的基础上，认为应该着重注意以下几个方面的内容：进行时事、基本常识教育，特别是有关国家代表、台湾问题以及中国与世界和平关系方面的知识；加强历史方面的教育，让城市居民更加深刻地理解、认同江泽民同志在党的十六大上所做报告中高度概括的"在五千多年的发展中，中华民族形成了以爱国主义为核心的团结统一、爱好和平、勤劳勇敢、自强不息的伟大民族精神"；针对目前部分城市居民中对人际关系和诚信的错误认知现象，进行正确的诚信观和人际观教育；受市场经济中不良现象的影响，部分城市居民对劳动和获得财富的手段存在不正确的认知，在这方面也应该加强教育；大力宣传我国的民族精神，让更多的城市居民知道、认同民族精神；加强科学教育，消除迷信；在市场经济的背景下，在城市居民中应强调如何正确对待和处理自身利益和他人利益、集体利益、国家利益之间的关系。

第二，加快建立和谐城市社区，提高城市居民的社区服务意识。城市社区是一定地域范围内，城市居民的生活共同体。每个城市居民的直接生活世界与社会环境都有自己居住地所独特的社区文化和社区意识，而这些社区文化和社会意识又通过各种行为规范、社会心理、价值标准、风俗习惯、伦理道德等对所在社区的居民发生深刻影响。小康社会、和谐社会的建立离不开和谐城市社区的建设，民族精神的弘扬和培育也同样离不开和谐城市社区的建设。而在建设和谐城市社区时，城市居民参加社区服务活动的态度，是城市居民的社区意识的具体体现。社区服务是指在党和政府的统一规划和领导下，在民政部门的倡导和组织下，以社区组织为依托，以社区居民的自助互助为基础，突出重点对象，面向社区全体居民，以提高社区居民生活质量为最终目的的社会性服务。社区服务主要包括开展面向老年人、儿童、残疾人、优抚对象、社会贫困户的社会救助和福利服务。社区服务活动的开展要和社区文化活动及其社区教育等方面结合起来，以满足社区发展和社区成员自身发展的需要，这也是提高社区成员思想认识的一个重要环节。

第三，开展多种形式的志愿服务，促进城市社区居民志愿精神的发扬。一般来说，志愿精神的基本内容是"奉献、友爱、互助、进步"。这样的精神和中华民族的传统美德及我们大力倡导的时代新风是一脉相承的。中华民族素有助人为乐和扶贫济困的传统美德，从"老吾老以及人之老，幼吾幼以及人之幼"到"先天下之忧而忧，后天下之乐而乐"，这些传统美德几千年绵延不绝，深刻体现在志愿服务的精神中。通过社区志愿者活动，也可以使参与活动的居民获得更为广阔的生存空间（包括心理空间），使其获得满足感、归属感，从而有利于促进居民的社区认同。

第四，完善社区居民自治管理制度，增强社区居民参政议政的积极性。社区建设主体是社区居民。社区居民的自我管理、自我教育、自我服务是社区建设的生命力所在。社区居委会，社区居民代表会议制度、社区居民座谈会制度的建立，为社区居民参政、议政提供了可能。这样既有利于加强社区组织与社区居民以及居民与居民之间的沟通，又有利于将基层民主还原归位给社区居民，培育社区居民民主意识以及认同感、归属感和责任感。

第五，继承优秀传统伦理规范，加强沟通与交流，重建社区内个人、企业、政府之间相互信任的诚信与伦理道德机制。引导城市社区成员确立新时期的伦理价值观，以及在这种价值观基础之上形成的行为规范，都是要通过人与人之间的交流、沟通来达到的。继承和弘扬传统伦理规范的诚、信、孝、仁、义以协调家庭关系、邻里关系、同志关系、单位关系。现代运输工具的发达使世界日益成为一个村落，不同文化、不同经历、不同职业背景下的人有更多的机会直接或间接地进行交流、沟通，城市居民要主动提高跨文化沟通能力。在不断地与他人交流、沟通中，培育民族精神，塑造社区文化形象。

总之，弘扬和培育民族精神不是一时一事的权宜之计，而是文化建设长远而持久的任务。同时，民族精神不能自发地产生和传承，必须通过一代又一代中华儿女坚持不懈地倡导和实践。因此，弘扬和培育民族精神必须经常化、长期化，通过全体社会成员的自觉实践不断深化，并为全体社会成员提供强大的精神支撑。

互利是企业发展的深层动力[*]

考察各种关于公共关系的定义，其无外乎从三个方面给予界定：一是公共关系这种特殊的管理职能的目的——树立良好的企业形象，创造企业发展的内外环境；二是建立良好公共关系的基础——确认建立和维持组织与公众之间的互利关系；三是公共关系的独特的活动方式——传播和沟通。这里确认、建立和维持组织与公众的互利关系是公共关系活动的实质，也是建立良好的公共关系的深层动力。公共关系人员通过调查，了解公众的利益所在，预测公众需求的变化趋势；寻求双方利益的交叉点或者矛盾所在，促使组织（特别是高层管理人员）关心公众的利益，迅速做出合乎公众利益的反应和决策；并且通过传播和沟通，使公众理解和支持组织的政策行为，形成组织生存和发展的良好内外环境。

本文从上述观点出发，探讨企业公关的深层动力——企业与公众的利益关系。

美国无线电公司总经理认为："每个公司的所有日常经营活动都必须对公众的利益十分敏感和明智。一个具有高度社会责任感的公司必须是一个善于为公众利益着想的组织。它能够拒绝接受暂时的短期经济利益的诱惑，并充分估计自己的行为对所有个人和组织的影响。这些个人和组织包括从股东到雇员和顾客，以及居住在我们土地上的每个平民。一个成功的企业，必须把社会道德看成是自己经营活动必不可少的准则。"这里，他把对公众利益的重视称为"具有高度的社会责任感"。

---

* 原载《公关世界》1995 年第 7 期，与王平合写。

社会主义初级阶段存在多元的利益主体。除了企业自身以外，国家和各部门、地方、顾客、职工及其家庭都有独立的利益。这些利益主体构成了企业生存和发展的内外环境。造就企业发展的良好的外部环境，就要正确处理企业与国家、企业与地方（或部门）、企业与企业、企业与顾客之间的利益关系；而要形成良好的内部环境，则必须对企业内部员工的利益有深入的了解，并进行合理的分配。从公共关系的角度，善处企业与国家之间、企业与企业之间的利益关系，增强互利意识，是促进企业发展的内在动力。

一　企业与国家关系的协调

企业是国家的"集体公民"，是创造国民经济财富的基本单位。全民所有制企业的投资者是国家，享有企业的所有权。投资者希望企业成为一个成功的经济组织，通过企业的成功经营满足社会市场所需要的产品和劳务，希望企业按照国家的法律规定纳税，增加国家的财政收入，同时，还要帮助国家为社会成员提供更多、更稳定的就业机会，吸引和培养人才。而企业则希望从国家那里获得更多的投资及有利于企业发展的政策。国家与企业的关系，具体地表现为企业与企业所在地的政府各职能部门的关系，以及与银行、税务等部门的关系。

国家的利益包含了企业及其职工的某些利益，国家通过发展科学、教育卫生事业；公共设施及建立强大的国防等为企业创造了良好的外部环境，因而政府希望多获得财政税收。企业则希望多留些利润，作为企业的发展基金和职工的福利基金。这两者之间，一方面是"大河有水小河满，大河无水小河干"，另一方面是"万条涓流汇成河，条条大河归大海"，国家对企业过度地索取，必然妨碍企业的发展。企业不考虑国家利益就破坏了企业成长的大环境。企业家一方面受国家雇聘，要接受政府从宏观上管理全社会所有企业的经济活动；另一方面，他又代表企业员工的利益，和政府发生利益分配关系。当前，在处理国家与企业之间关系上还有不少困难，主要是两者之间的关系尚未明朗化，企业所在地政府没有充分地履行其社会职能，实现政府职能的社会化。例如，企业破产后职工的社会保障以及贫困线下职工的社会救济问题，很多还是依靠企业。而企业家职能亦尚未达到企业化，存在不合理的摊派和过重的社会负担，承担了本来应由政府承担的某些社会职能。国家与职工之间的关系不合理地转化为企业家与职工的关系，给企业增添了一些难以解决的困难。

在这种情况下，企业公共关系的任务：第一，关心国家利益，谋求企业与国家的共同发展；第二，要认识到在改革转轨时期国家和企业的困难，协调二者的关系，使企业和政府部门明确各自的社会职能；第三，采取某些过渡的办法，企业协助甚至担负某些政府职能，以缓解矛盾；第四，对由于国家困难，一时解决不了的问题，要向企业职工做出解释。同时对职工进行正确处理集体利益和国家利益关系的教育。

二　企业间利益关系的协调

在现代化大生产中，任何企业都不可能成为一个自给自足的经济实体。随着我国商品经济的发展，企业集团的建立已成为我国企业发展的一种趋势。不同的经济联合都在某种程度上吸收了现有的科技成果，并利用规模经济、组合经济及纵向一体化经济促进生产要素的合理流动和重新组合创造出巨大的经济效益和社会效益。在实践中，出现了一些优秀的企业集团，但也有不少联合体最终"不欢而散"，究其原因，关键是联合体的利益及其分配关系处理的恰当与否。企业联合协作的本质是多个主体在利益责任和权利方面的重新组合和分配。正确地处理企业在联合、协作中的利益关系，不仅是经济问题，也是企业公共关系面临的新的重大课题。经济联合体中成员企业之间的关系，既是联合体内部的公共关系，但对于任何一个成员企业而言，又是外部公共关系。这里联合体的利益及其分配关系是处理联合体中成员企业之间良好公共关系的实质。

联合体内的利益结构包括经济利益结构、行政权力结构，科学技术和信息分享结构等，其核心是经济利益结构。在社会主义初级阶段，允许集体、个人对生产资料拥有所有权，因而在联合体内实际上存在着多种经济成分和多个利益主体。如何按照商品经济的内在规律设计各企业对资产的分割和占用，如何在成员企业之间进行分配，这不仅涉及各成员企业的发展，也涉及企业家和职工的利益。联合体内行政权力的分配，科学技术信息的分享等可能存在不同的期望和不同的标准，这就给处理企业之间的关系增加了困难，往往成为联合体领导班子棘手的难题。树立正确的公关意识有利于形成企业之间的良好关系。

从公共关系的角度，应该树立如下观念。

①整体和发展的观念，即将各成员企业的目标与联合体的整体目标统一起来。联合体的各成员企业是捆在一起的利益共同体，"一荣俱荣，一损俱损"。各成员企业之间技术水平的高低、工艺设备的好坏、生产能力的大小不相同、不匹配的情况是经常发生的，但从整体利益出发，要求按照整体优化、分工协作的原则进行资金、设备、人员的调整，从而发挥整体优势。

树立发展的观念，就是要从联合体的长远利益出发，根据市场的变化和发展新产品、开发新技术的需要，对各成员企业进行合理的投资，提留发展基金，而不能只顾眼前利益分光吃净。这是集团公司发展的需要。

②科学、民主的管理观念。企业的联合是几个甚至几百个企业在科技、设备、资金、人员等多方面的专业化、社会化的分工协作。其领导制度的确立是责权利的重新组合与分配，是领导行为的重新调整。利益分配处理不好，容易发生矛盾，直接影响联合效益。从管理的角度看，新的领导体制的建立应贯彻精简、统一、高效的原则，充分体现集中经营的特点。联合体领导班子的组成既要有利于联合体战略目标的实现，又要考虑到合适的人才匹配，也要能有利于反映集团各方的利益和意志，使集团各方处于平等的地位，还应有利于国家各级经济行政管理机构实现间接管理，实行决策权与经营管理权的分离，政企分开。科学地设计

企业集团组织机构，理顺分层管理关系，充分授权合理分权，实行民主管理是各方互利的基础。

③利益均沾、风险共担的观念。企业集团的建立之所以能带来较大的经济效益，其根本原因在于其实现了规模经济和合理的分工，扩大了市场，增强了技术能力，提高了生产要素的利用率。在经济效益提高的前提下，合理地分配利益，才会使企业集团产生强大的凝聚力。各成员企业是企业集团有效运转的链条中不可缺少的一环。树立与企业同在的指导思想，在企业集团盈利时，能正确地估价各企业在企业集团中的地位；在企业集团遇到困难时，要勇于承担风险。特别是企业集团中的核心企业，要正确处理与全民企业、集体企业、个体企业、中央企业、地方企业、乡镇企业的利益分配关系，互相不得侵占和剥夺，这对企业集团的发展起着主要作用。

④核心企业要树立和其他成员共同发展的观念。企业集团的凝聚力和牵动力，主要依靠核心企业的产品、科技和资本的实力。为此，核心企业在自身发展的同时，要重视比较利益，扶持对方的发展。对主体厂而言，联合的利益在于利用对方的生产要素，以此代替资金密集生产方式所需追加的投资，实现较大的利益，在这种情况下，可以较多地让利，使其他企业觉得加入企业集团，对联合做出的贡献得到了应有的报偿，有一种公平感。同时，核心企业要利用自己在技术和资金上的优势，扶助对方发展。

企业联合体（或称企业集团）是在我国近年来出现的新生事物，它的进一步发展，不局限于生产制造厂家，要进一步扩大到有关科研、设计、教育、经销、金融等企事业单位，进行全方位的联合，这其中的经济利益、行政权益关系错综复杂，为公共关系的进一步发展带来了新的领域和新的问题。要把公共关系的工作纳入产业结构调整需企业改组的战略目标，为经济体制改革和创立有中国特色的公共关系做出贡献。

图书在版编目（CIP）数据

筚路致远：变革中的人们和社会保障制度／吴中宇
著. -- 北京：社会科学文献出版社，2016.12
（华中科技大学社会学文库. 教授文集系列）
ISBN 978 - 7 - 5097 - 9670 - 2

Ⅰ.①筚… Ⅱ.①吴… Ⅲ.①社会保障制度 - 研究 -
中国 Ⅳ.①D632.1

中国版本图书馆 CIP 数据核字（2016）第 215892 号

华中科技大学社会学文库·教授文集系列
筚路致远
——变革中的人们和社会保障制度

著　　者／吴中宇

出 版 人／谢寿光
项目统筹／谢蕊芬　任晓霞
责任编辑／任晓霞

出　　版／社会科学文献出版社·社会学编辑部(010)59367159
　　　　　地址：北京市北三环中路甲 29 号院华龙大厦　邮编：100029
　　　　　网址：www. ssap. com. cn
发　　行／市场营销中心（010）59367081　59367018
印　　装／三河市尚艺印装有限公司

规　　格／开　本：787mm × 1092mm　1/16
　　　　　印　张：22.25　字　数：299 千字
版　　次／2016 年 12 月第 1 版　2016 年 12 月第 1 次印刷
书　　号／ISBN 978 - 7 - 5097 - 9670 - 2
定　　价／89.00 元

本书如有印装质量问题，请与读者服务中心（010 - 59367028）联系